edition suhrkamp 2670

Inspiriert durch einen Aufenthalt in Berlin und die Lektüre Max Webers hat Sérgio Buarque de Holanda Ende der zwanziger Jahre seinen folgenreichen Großessay geschrieben. Folgenreich, weil der Historiker und Literaturkritiker darin ein bis heute gültiges Bild Brasiliens, »dieses reichen Landes der Armen«, entwirft. Auf beeindruckende Weise verbinden sich in dem in viele Sprachen übersetzten Klassiker stilistische und analytische Kraft mit einer zutiefst menschlichen Vision der Geschichte.

Sérgio Buarque de Holanda, 1902-1982, pflegte im Alter bescheiden zu sagen, er sei »nur der Vater von Chico« – dem berühmten Liedermacher und Idol Brasiliens. Dabei war Buarque senior seinerseits ein maßgeblicher Journalist, Schriftsteller und Historiker, der sich besonders im Bereich der Sozialgeschichte hervortat.

Sérgio Buarque de Holanda
Die Wurzeln Brasiliens

Essay
Mit einem Nachwort von Sérgio Costa

Aus dem brasilianischen Portugiesisch
von Maralde Meyer-Minnemann

Suhrkamp

Die Originalausgabe erschien 1936 unter dem Titel *Raízes do Brasil.*

edition suhrkamp 2670
Erste Auflage 2013

Satz: Hümmer GmbH, Waldbüttelbrunn
Druck: Druckhaus Nomos, Sinzheim
Umschlag gestaltet nach einem Konzept
von Willy Fleckhaus: Rolf Staudt
Printed in Germany
ISBN 978-3-518-12670-7

Inhalt

I
Grenzen Europas

Es ist der Versuch, die europäische Kultur in ein ausgedehntes Gebiet zu verpflanzen, dessen natürliche Gegebenheiten sich ihrer tausendjährigen Tradition zwar nicht widersetzten, ihr jedoch weitgehend fremd waren, der die brasilianische Gesellschaft von ihren Ursprüngen an am tiefsten und nachhaltigsten geprägt hat. Unsere Formen des Zusammenlebens, unsere Institutionen und unsere Ideen stammen aus fernen Ländern, und wir, die wir uns noch damit brüsten, sie in einer ihnen häufig ungünstigen, ja feindlichen Umgebung aufrechtzuerhalten, sind noch heute Verbannte im eigenen Land. Wir können hervorragende Werke schaffen, die Menschheit um neue, unerwartete Aspekte bereichern, die Form der Zivilisation, deren Vertreter wir sind, bis ins Äußerste vervollkommnen: Tatsache ist, daß die Früchte unseres Fleißes oder unserer Faulheit immer Anteile eines Evolutionssystems in sich tragen, das einem anderen Klima und einer anderen Landschaft angehört.

Bevor man die Frage nach dem Erfolg dieses Versuchs stellt, muss man herausfinden, inwieweit es uns gelungen ist, die Formen des Zusammenlebens, die Institutionen und Ideen, deren Erben wir sind, mit eigenem Leben zu erfüllen.

Zuerst einmal ist die Tatsache bedeutsam, daß wir unser Erbe einer iberischen Nation verdanken. Spanien und Portugal sind ebenso wie Rußland und die Balkanländer (und in gewisser Hinsicht auch England) eines der Brückenterritorien, über die Europa Verbindung zu den anderen Welten aufnimmt und die deshalb einen mitunter weniger stark ausgeprägten Bereich des Europäertums bilden, das sie indes wie ein notwendiges Vorrecht hochhalten.

Mit dem Zeitalter der großen Entdeckungen der Seefahrer wurden die Stimmen dieser beiden Länder im europäischen Chor lauter und wichtiger. Dieses verspätete Miteinstimmen sollte intensive Auswirkungen auf ihr Schicksal haben und ihrer Geschichte und geistigen Entwicklung besondere Aspekte verleihen. So bildete sich ein Gesellschaftstypus heraus, der sich in verschiedener Hinsicht beinahe außerhalb des übrigen Europa entwickeln sollte und von den Ländern dieses Kontinents auch nicht einen Impuls erhielt, den er im Keim nicht schon selbst trug.

Auf welche Grundlagen stützen sich nun vornehmlich die Formen des gesellschaftlichen Lebens in dieser Region, die sich, unentschieden zwischen Europa und Afrika, von den Pyrenäen bis nach Gibraltar erstreckt? Wie kann man die Vielfalt dieser Formen erklären, ohne Zuflucht zu mehr oder weniger vagen Hinweisen zu nehmen, die niemals strikt objektiv sein können?

Vergleicht man diese Formen des gesellschaftlichen Lebens mit denen in Europa jenseits der Pyrenäen, wird eine für die Menschen der Iberischen Halbinsel typische Eigenschaft deutlich, eine Eigenschaft, die sie, zumindest was ihre Intensität betrifft, mit keinem ihrer Nachbarn auf dem Kontinent teilen. Keinem dieser Nachbarn ist es gelungen, die Kultur der persönlichen Eigenart derart extrem zu entwickeln, wie den hispanischen Menschen, deren bestimmendes Merkmal seit unvordenklichen Zeiten ebendiese Kultur der Persönlichkeit ist. Man kann durchaus sagen, daß die Spanier und Portugiesen der besonderen Wichtigkeit, die sie dem menschlichen Individuum beimessen – der Autonomie eines jeden Menschen in Beziehung zu seinesgleichen in Zeit und Raum –, einen großen Teil ihrer nationalen Originalität verdanken. Für sie läßt sich der Wert eines Menschen vor allem daran ablesen, inwieweit er nicht von anderen abhängig sein muß, niemand anderen braucht, sich selbst genügt. Jeder ist Produkt seiner selbst, seiner eigenen Anstrengungen, seiner Tugenden ..., und die höchsten Tugenden dieser Mentalität sind dermaßen gebieterisch, daß sie manchmal sogar die Körperhaltung und die Physiognomie der Menschen prägen. Ihren umfassendsten Ausdruck haben sie im Stoizismus gefunden, der, kaum korrumpiert, bereits seit Senecas Zeiten die Nationalphilosophie der Spanier ist.

Diese Konzeption wird durch einen sehr hispanischen Ausdruck wiedergegeben – die »sobranceria« (Dünkel, Überlegenheit, Arroganz, Hochfahrendheit), ein Wort, das ursprünglich auf den Gedanken des Überwältigens verwies. Doch der Kampf, der Wetteifer, den es mit einschließt, wurde schweigend hingenommen und bewundert, von den Dichtern gepriesen, von den Moralisten empfohlen und von den Regierungen gutgeheißen.

Und ebendiese Hochfahrendheit ist weitgehend der Grund für die einzigartige Lässigkeit, die diese Völker an den Tag legen, wenn es um Organisation geht, um jegliche Art von Zusammenschluß, der Solidarität und Ordnung voraussetzt. In einem Land, in dem jeder ein Baron ist, wird es unmöglich, einen tragfähigen Gesellschaftsvertrag zu schließen, es sei denn, eine von außen kommende respektierte, gefürchtete Macht zwingt dazu.

Die ererbten Privilegien, die, wohlgemerkt, in den Ländern iberischen Ursprungs niemals einen entscheidenden Einfluß hatten – zumindest keinen so entscheidenden, intensiven wie in den Ländern, in denen der Feudalismus tiefe Wurzeln geschlagen hat –, brauchten dort nicht abgeschafft zu werden, damit das Prinzip des individuellen Wettstreits Fuß fassen konnte. Der Schwäche der gesellschaftlichen Struktur, dem Fehlen einer organisierten Hierarchie verdankten die hispanischen Nationen, darunter Portugal und Brasilien, einige der einzigartigsten Episoden ihrer Geschichte. Die anarchischen Elemente haben hier aufgrund der Komplizenschaft oder der verdrossenen Gleichgültigkeit der Institutionen und der Sitten und Gebräuche immer leicht Früchte getragen. Gesellschaftliche Initiativen liefen, selbst wenn sie sich konstruktiv wähnten, immer darauf hinaus, die Menschen zu trennen, anstatt sie zu vereinen. Die Erlasse der Regierungen erwuchsen in erster Linie aus der Notwendigkeit, den besonderen Leidenschaften des Augenblicks Einhalt zu gebieten und sie zu zügeln. Nur selten entstanden sie aus der Absicht, die aktiven Kräfte auf Dauer zu vereinen.

Das Fehlen eines Zusammenhalts in unserem gesellschaftlichen Leben ist daher kein modernes Phänomen. Alle jene irren gründlich, die sich vorstellen, einzig und allein die Rückkehr zur Tradition, einer ganz bestimmten Tradition, könne uns vor der herrschenden Unordnung schützen. Die Gebote und Befehle, die diese Gelehrten ausgearbeitet haben, sind in Wahrheit findige Schöpfungen des Geistes, die von der Welt abgehoben sind und zu ihr im Gegensatz stehen. Unsere Anarchie, unsere Unfähigkeit, etwas auf Dauer zu organisieren, sind ihrer Meinung nach nichts anderes als das Fehlen der einzigen Ordnung, die ihnen notwendig und wirksam erscheint. In rechtem Licht betrachtet, braucht die Hierarchie, die sie preisen, gerade jene Anarchie, um sich zu rechtfertigen und Ansehen zu erlangen.

Und wird bei der Suche nach einem Stimulans für eine bessere Gestaltung gesellschaftlicher Strukturen dieser Rückgriff auf die Vergangenheit legitim sein? Wird er nicht im Gegenteil nur ein Hinweis auf unsere Unfähigkeit sein, etwas spontan zu schaffen? Die wahrhaft lebendigen Epochen waren nie kraft Beschlusses der Tradition verbunden. Die Scholastik im Mittelalter war kreativ, weil sie zeitgemäß war. Die Hierarchie des Denkens unterwarf sich einer Hierarchie der Weltbeschreibung. Die menschliche Gemeinschaft auf Erden war ein einfaches Gleichnis und spiegelte blaß den Gottesstaat wider, war deren schwacher Abglanz. So entsprechen in der thomistischen Philosophie den Engeln, die die drei Ordnungen der ersten Hierarchie bilden – den Cherubim, den Seraphim und den Thronen –, die Menschen, die das direkte Gefolge eines Monarchen des Mittelalters bilden: Sie helfen dem Herrscher bei dem, was er aus sich heraus tut, sie sind seine Minister und Ratgeber. Die Engel der zweiten Hierarchie – Mächte, Herrschaften und Gewalten – sind im Verhältnis zu Gott das, was für einen König die Statthalter sind, die von ihm eingesetzt wurden, um die einzelnen Provinzen des Reiches zu verwalten. Schließlich entsprechen den Engeln der dritten Hierarchie im weltlichen Staat die Agenten der Macht, die subalternen Beamten.[1]

Strebte das Leben des Mittelalters eine auf einem hierarchischen System beruhende schöne Harmonie an, so war dies nur allzu natürlich, denn selbst im Himmel gibt es verschiedene Stufen der Seligkeit, wie schon Beatrice Dante wissen ließ. Die natürliche Ordnung ist nur eine unvollkommene, ferne Projektion der ewigen Ordnung und erklärt sich aus ihr selbst:

»Le cose tutte quante
hanno ordine tra loro, e questo è forma
che l'universo a Dio fa simigliante.«
»Die Ordnung gibt den Dingen
Zusammenhalt und läßt als Form zum Bilde
der Gottheit sie im All zusammenklingen.«

1 Zu diesem Parallelismus der Hierarchien siehe den theologischen Kursus von João de São Tomás, dem portugiesischen Philosophen, der von vielen modernen Thomisten für den vollkommensten Interpreten des Doctor Angelicus gehalten wird. *Jean de Saint Thomas*, Übersetzung M. Benoit Lavaud, O. P. (Paris 1928), S. 91ff.

Daher kann die menschliche Gesellschaft auf Erden nicht ein Zweck in sich sein. Ihr rigoroser hierarchischer Aufbau zielt, trotz seiner Strenge, weder auf Dauer ab, noch will er das Wohlergehen der Welt. In dieser Gesellschaft gibt es keinen Platz für Wesen, die den irdischen Frieden in den Gütern und Vorzügen dieser Welt suchen. Die Gemeinschaft der Gerechten ist der Erde fremd, sie reist im Exil und lebt im Glauben an die Sterblichkeit. »Demnach«, sagt der heilige Augustinus, »strebt auch der irdische Staat, der nicht im Glauben lebt, nach irdischem Frieden und versteht die Eintracht der Bürger im Befehlen und Gehorchen als gleichmäßige Ausrichtung des menschlichen Wollens auf die zum sterblichen Leben gehörenden Güter.«

Das Mittelalter hat das bewußte Streben nach einer Reform der zivilen Gesellschaft kaum gekannt. Die Welt war nach unumstößlichen ewigen Gesetzen strukturiert, die ihr der höchste Ordner aller Dinge aus der jenseitigen Welt heraus auferlegt hatte. Aufgrund eines einzigartigen Paradoxons war das die Gesellschaft bildende Prinzip in seiner deutlichsten Ausprägung eine feindliche Kraft – feindlich gegen die Welt und das Leben. Alle Anstrengungen der Denker, der großen Erbauer von Systemen, waren letztlich nichts als ein Bemühen, diesen Antagonismus von Geist und Leben zu vertuschen (*»Gratia naturam non tollit sed perficit«*). Eine in gewisser Weise fruchtbare und verehrungswürdige Arbeit, deren Sinn unsere Zeit jedoch nicht mehr in ihrem Wesen verstehen will. Die Begeisterung, die heute diese grandiose Konzeption der Hierarchie hervorruft, wie sie einst das Mittelalter kannte, ist in Wahrheit die Leidenschaft von Professoren.

Das hierarchische Prinzip an sich hat bei uns nie entscheidende Bedeutung erlangt. Jede Hierarchie gründet sich notwendigerweise auf Privilegien. Und wahr ist, daß lange bevor in der Welt die sogenannten revolutionären Ideen triumphierten, Portugiesen und Spanier die spezifische Irrationalität, die soziale Ungerechtigkeit gewisser Privilegien, vor allem ererbter Privilegien, lebhaft gespürt haben. Das persönliche Prestige, unabhängig vom ererbten Namen, hatte in den glorreichsten Epochen der Geschichte der iberischen Völker immer Bestand.

In dieser Hinsicht können sie sich zumindest als legitime Pioniere der modernen Mentalität betrachten. Jeder weiß, daß der lusitanische Adel niemals streng und undurchlässig war. Zur Zeit der großen Entdeckungen der Seefahrer konnte Gil Vicente anmerken, daß es unüberwindliche Klassenschranken, so, wie sie in anderen Ländern vorherrschten, unter seinen Landsleuten kaum gab:

»... em Frandes e Alemanha,	*»In Flandern und Deutschland,*
em toda França e Veneza,	*in ganz Frankreich und Venedig,*
que vivem per siso e manha,	*wo sie klug und listig leben,*
por não viver em tristeza,	*um nicht in Trauer zu leben,*
não he como nesta terra; porque o filho do lavrador casa lá com lavradora, e nunca sobem mais nada; e o filho do broslador casa com a brosladora: isto per lei ordenada.«[2]	*ist es nicht wie in diesem Land; denn der Sohn des Bauern heiratet dort die Bäuerin, und nie steigt er weiter auf; und der Sohn des Stickers heiratet die Stickerin: Das wird vom Gesetz befohlen.«*

Einer der hervorragendsten Forscher auf dem Gebiet der älteren Geschichte Portugals hob, auf umfangreiches Quellenmaterial gestützt, hervor, daß es dem Adel dort, so groß seine

2 Gil Vicente, *Obras Completas de ...* Faksimile-Nachdruck der Ausgabe von 1562 (Lissabon 1928), Fol. CCXXXI.

Vorherrschaft in einer bestimmten Zeit auch war, niemals gelang, eine nach außen hin abgeschottete Aristokratie zu bilden. Die Verbreitung derselben Namen unter Menschen unterschiedlichen Standes, merkt er an, sei nichts Neues in der portugiesischen Gesellschaft. Der ständige Wechsel von Individuen von einer Schicht in die andere, von denen, die sich profilieren, und anderen, die in die Volksmasse zurückkehren, aus der sie gekommen sind, belege dies hinreichend.[3]

Alberto Sampaio betont außerdem, daß das kodifizierte Gesetz Männern aus adligem Geschlecht durchaus alle Berufe erlaubte, vom Handwerksmeister bis hin zum Pächter eines landwirtschaftlichen Gutes. Nur seien ihnen die Ehrenbezeigungen verweigert worden, »solange sie von ihrer Hände Arbeit lebten«. Das Essen des Volkes, erklärt er weiterhin, habe sich kaum von dem der Adligen unterschieden, weil beide ständig enge Beziehungen unterhielten. So aßen die Adligen nicht nur mit dem Volk, sondern sie vertrauten ihnen zudem noch die Aufzucht ihrer Kinder an. Der Beweis dafür ist die Institution des *amádigo*, das Bauern, denen die Adligen ihre Kinder zur Erziehung gegeben hatten, gewisse Privilegien und Abgabenfreiheit gewährte.

Wenn solche Eigenheiten unter den iberischen Völkern mit bemerkenswerter Konstanz überwogen, so will dies nicht heißen, daß sie aus irgendeinem unvermeidbaren und unentrinnbaren biologischen Schicksal herrührten oder wie die Sterne am Himmel fern der Bedingungen des irdischen Lebens fortbestehen könnten. Wir wissen, daß die Völker der Halbinsel in bestimmten Phasen ihrer Geschichte eine einzigartige Vitalität bewiesen und eine überraschende Anpassungsfähigkeit an neue Lebensformen gezeigt haben. Daß sie insbesondere Ende des 15. Jahrhunderts sogar die anderen europäischen

3 Alberto Sampaio, *Estudos Históricos e Econômicos* I (Porto 1923), S. 248.

Staaten überflügeln konnten, indem sie politische und wirtschaftliche Einheiten moderner Prägung bildeten. Doch könnte nicht gerade der Erfolg dieser plötzlichen, möglicherweise verfrühten Transformation ein Grund dafür sein, daß sich jene überlieferten Lebensgewohnheiten unter ihnen hartnäkkig gehalten haben, die zum Teil ihre Originalität erklären?

Im besonderen Fall Portugals stieß der Aufstieg des städtischen Handwerkers und Kaufmanns bereits zu Zeiten des Mestre de Avis* auf weniger Hindernisse als in den Teilen der christlichen Welt, in denen der Feudalismus weitgehend ungestört herrschte. Eben weil die bürgerliche Kaufmannschaft keine übermäßigen Schwierigkeiten zu überwinden hatte – da es keine wirtschaftliche Unterstützung gab, auf die sie ausschließlich baute –, brauchte sie keine vollkommen neue Art des Tuns und Denkens anzunehmen oder eine neue Wertskala aufzustellen, auf die sie ihre Vorherrschaft dauerhaft gründete. Sie suchte vielmehr die Verbindung mit den alten herrschenden Klassen, bemühte sich, viele ihrer Prinzipien zu assimilieren, sich eher von der Tradition als von kühlem, berechnendem Verstand leiten zu lassen. Die aristokratischen Elemente wurden nicht vollkommen über Bord geworfen, und die aus dem Mittelalter überkommenen Lebensformen behielten zum Teil ihr altes Ansehen.

Doch nicht nur das urbane Bürgertum, sondern auch die Bauern ließen sich vom Glanz des höfischen Lebens mit seinen Titeln und Ehren anstecken.

»Cedo não há de haver vilão:
todos d'El Rei, todos d'El Rei«,

»Bald wird es keine Bauern mehr geben,
alle sind Höflinge des Königs,
Höflinge des Königs«,

Mit * versehene Wörter im Text verweisen auf Anmerkungen der Übersetzerin am Schluß eines jeden Kapitels.

rief der Page in der *Farsa dos Almocreves** aus. So merkwürdig es scheinen mag, selbst die exhibitionistische Sehnsucht nach Wappen, die Vielzahl von Adels- und Stammbüchern sind im Grunde genommen Facetten dieser unbezwingbaren Tendenz zur Nivellierung der Klassen, die immer noch gewisse längst etablierte und stereotyp gewordene Vorbilder sozialen Prestiges zur Richtschnur haben. Der Dünkel des Adels wird von uralten Bräuchen verlangt, die in ihrem Kern den Bedingungen der Zeit nicht mehr entsprechen, obwohl sie in ihrer äußeren Form fortbestehen. Der wahre, authentische Adel muß nicht mehr auf das Individuum übergehen: Er wird von dessen eigenen Kräften und Fähigkeiten abhängig sein, denn die eigene Überlegenheit ist mehr wert als die ererbte. Der Überfluß an vom Schicksal gegebenen Gütern, die Heldentaten und hohen Tugenden, die Ursprung und Quelle aller Größe sind, treten zu ihrem Vorteil an die Stelle der blutsmäßigen Abstammung. Und die höchsten und wichtigsten Tugenden sind für den iberischen Menschen direkt mit dem Gefühl der eigenen Würde eines jeden Individuums verbunden. Dieses Gefühl, das Adel und Pöbel teilen, entspricht indes einer Ethik, die Edelleute und nicht Gemeine auszeichnet. Die Werte, die dies Gefühl beseelt, sind für Spanier wie für Portugiesen universell und ewig.

Das persönliche Verdienst hat, wenn es sich auf derartige Tugenden gründet, stets eine gewichtige Bedeutung gehabt. Eine in der Theologie fortlebende ähnliche Konzeption wird mitten im 16. Jahrhundert den alten Streit um den Pelagianismus* wiederauferstehen lassen, der sich im Molinismus* vollendet. In diesem Streit sollte als Gegnerin des Prinzips der Vorbestimmung eine Institution eine entscheidende Rolle spielen, die deutlich iberischen Ursprungs ist, der Orden der Jesuiten, der seit dem Tridentinischen Konzil versuchte, der katholischen Welt seinen Geist aufzuzwingen.

Tatsächlich haben Spanier und Portugiesen auf Theorien,

die den freien Willen verneinen, stets mit Mißtrauen und Abneigung reagiert. Sie haben sich niemals in einer Welt wohl gefühlt, in der das individuelle Verdienst und die individuelle Verantwortung nicht voll und ganz anerkannt werden.

Es war eben gerade diese Mentalität, die unter ihnen zum größten Hindernis dafür wurde, jenen Gemeinsinn zu entwickeln, der für die protestantischen Völker so charakteristisch ist, vor allem für die Calvinisten. Denn in Wahrheit sind Doktrinen, die den freien Willen und die persönliche Verantwortung predigen, für den Zusammenschluß von Menschen alles andere als förderlich. Weil es bei ihnen diese rationale Strukturierung des Lebens nicht gab, die einige protestantische Länder schon sehr früh erlebten, verkörperte in den iberischen Nationen stets die Regierung das vereinigende Prinzip. Bei ihnen hat der Typus der künstlich aufrechterhaltenen politischen Organisationsform stets vorgeherrscht, der in den Militärdiktaturen der Neuzeit seine charakteristische Ausprägung fand.

Eine Tatsache, die man nicht außer acht lassen darf, wenn man die Psychologie dieser Völker untersucht, ist ihre unüberwindliche Abneigung gegen jede Art von Moral, die sich auf den Kult der Arbeit gründet. Ihre Haltung ist im allgemeinen genau das Gegenteil der Haltung, die theoretisch dem mittelalterlichen System der Zünfte entspricht, in dem die körperliche Arbeit gepriesen und der Nutzen als »schändlicher Nutzen« verschrien war. Erst vor kurzem hat diese Ethik der Arbeit unter den Iberern aufgrund des wachsenden Ansehens, das die Institutionen der Völker des Nordens genießen, an Boden gewonnen. Doch die Widerstände, auf die sie traf und noch heute trifft, sind so lebhaft und hartnäckig, daß Zweifel daran erlaubt sind, ob diese Ethik je ihren Siegeszug antreten wird.

Die »Unbeugsamkeit«, das »Sein«, die »Ernsthaftigkeit«, die »rechtschaffene Handlungsweise«, das »kluge Vorgehen«, diese Attribute, die den Worten des portugiesischen Dichters Francisco Rodrigues Lobo zufolge das Wappen des Edel mannes zieren und erhaben machen, stehen für im wesentlichen passive Tugenden, die das Individuum sich selbst betrachten und darauf verzichten lassen, das Gesicht der Welt zu verändern. Auf die Dinge, auf das materielle Universum einzuwirken bedeutet, sich einem äußeren Objekt zu unterwerfen, ein Gesetz zu billigen, das dem Individuum fremd ist. Gott fordert dies nicht von uns, es trägt zu seinem Ruhm nicht bei und mehrt auch nicht unsere eigene Würde. Man kann im Gegenteil sogar sagen, daß es ihr schadet und sie verächtlich macht. Die manuelle und mechanische Arbeit strebt ein Ziel an, das außerhalb des Menschen liegt, und will ein Werk zur Vollkommenheit führen, das sich von ihm unterscheidet.

Daher ist es verständlich, daß die moderne Religion der Arbeit und die Hochschätzung der nützlichen Tätigkeit unter den hispanischen Menschen nie hat heimisch werden können. Würdiger Müßiggang erschien einem guten Portugiesen oder Spanier stets trefflicher, ja sogar edler als der närrische Kampf ums tägliche Brot. Das von beiden bewunderte Ideal war das gelassene, sorgenfreie Leben eines Grandseigneurs. Und so kommt es, daß, während die protestantischen Völker die manuelle Anstrengung lobpreisen und rühmen, die iberischen Völker noch immer den Standpunkt der klassischen Antike einnehmen. Wie für die Menschen jener Zeit ist für die meisten von ihnen die Muße wichtiger als Handel und Geschäfte, und die produktive Aktivität an sich gilt weniger als Kontemplation und Liebe.

Es liegt zudem auf der Hand, daß das Fehlen dieser Arbeitsmoral gut zur eingeschränkten Fähigkeit paßt, sich gesellschaftlich zu organisieren. In der Tat ist ja die demütige, anonyme, uneigennützige Anstrengung eine mächtige treibende Kraft bei der Bildung einer solidarischen Interessenverbindung, regt so die bewußte Schaffung einer Ordnung des Zusammenlebens an und unterstützt den Zusammenhalt der Menschen untereinander. Wo Arbeit als moralische Größe – in welcher Form auch immer – vorherrscht, werden Ordnung und Ruhe unter den Bürgern schwerlich fehlen, weil für den Zusammenklang der Interessen beide notwendig sind. Sicher ist, daß für Spanier und Portugiesen die Arbeit als moralische Größe immer etwas Exotisches war. Es verwundert daher nicht, daß bei diesen Menschen der Gedanke der Solidarität stets kleingeschrieben wurde.

Besser gesagt, besteht Solidarität unter ihnen nur dort, wo weniger die Verbindung aufgrund von gemeinsamen Interessen als eine Beziehung aufgrund von Gefühlen zählt: im häuslichen Bereich oder unter Freunden. In gezwungenermaßen geschlossenen privaten Kreisen, die einer auf der umfassenderen Ebene einer Körperschaft oder einer Nation gegründeten Verbindung eher feindlich gesinnt sind, als daß sie sie begünstigen.

Zur Autarkie des Individuums, zu der bis zum äußersten gesteigerten Huldigung der Persönlichkeit, einer elementaren Leidenschaft, die keinen Kompromiß zuläßt, kann es nur eine Alternative geben: den Verzicht auf diesen Persönlichkeitskult angesichts eines größeren Gutes. Aus diesem Grunde erscheint den iberischen Völkern der Gehorsam, obgleich er selten vorkommt und schwierig zu verwirklichen ist, manchmal als allerhöchste Tugend. Und es ist daher nicht befremdlich, daß dieser Gehorsam – ein blinder Gehorsam, der sich grundlegend von den mittelalterlichen und feudalen Prinzipien der Loyalität unterscheidet, für sie bis heute das einzige wirklich starke politische Prinzip ist. Der Wille zu befehlen und die Neigung zu gehorchen sind ihnen gleichermaßen eigen. Die Diktaturen und die Heilige Inquisition scheinen ihrem Charakter ebenso typisch zu entsprechen wie ihre Tendenz zur Anarchie und zum Ungeordneten. Es gibt ihrer Meinung nach keine denkbare andere Art von Disziplin als die, die sich auf die übermäßige Zentralisierung der Macht und auf den Gehorsam gründet.

Es waren wieder einmal die Jesuiten, die besser als jeder andere dieses Prinzip der Disziplin durch Gehorsam repräsentierten. Selbst in unserem Südamerika ließen sie mit ihren zum Christentum bekehrten Dörfern in Paraguay und ihren Lehren ein denkwürdiges Beispiel dafür zurück. Keine moderne Tyrannei, kein Theoretiker der Diktatur des Proletariats oder des totalitären Staates hat jemals auch nur von fern die Möglichkeiten erkannt, die dieses Wunderwerk einer streng durchstrukturierten Organisation bietet, das die Patres der Gesellschaft Jesu in ihren Missionen zustande gebracht haben.

Heute erscheint der einfache Gehorsam als Prinzip der Disziplin eine überlebte, undurchführbare Formel, und das vor allem ist der Ursprung der ständigen Instabilität unseres gesellschaftlichen Lebens. Seit dem Verschwinden dieses Hemmschuhs haben wir – indem wir es aus Systemen anderer Völker übernahmen oder selbst schufen – vergebens versucht, etwas an seine Stelle zu setzen, was in der Lage wäre, die Auswirkungen unseres unruhigen, chaotischen Naturells zu überwinden. Erfahrung und Tradition lehren uns, daß jede Kultur im allgemeinen nur diejenigen Züge anderer Kulturen absorbiert, assimiliert und ausformt, die in den eigenen Lebensrahmen eingepaßt werden können. In diesem besonderen Falle sollte man nicht vergessen, was mit den in die Neue Welt gebrachten europäischen Kulturen geschehen ist. Nicht einmal der Kontakt und die Vermischung mit eingeborenen oder dazugekommenen anderen Rassen haben – wie wir es gern hätten – dazu geführt, daß wir vollkommen anders sind als unsere Großeltern von jenseits des Meeres. Im Falle Brasilien ist die Wahrheit – sowenig verführerisch sie einigen unserer Patrioten auch erscheinen mag – diese: Uns verbindet mit der Iberischen Halbinsel, insbesondere mit Portugal, eine lange Tradition, die auch heute noch immer so lebendig ist, daß sie, trotz allem Trennenden, einer gemeinsamen Seele Nahrung bietet. Wir können sagen, daß die heutige Form unserer Kultur von dort stammt. Der Rest war Material, das sich dieser Form gut oder weniger gut unterworfen hat.

Anmerkungen der Übersetzerin

Mestre de Avis: D. João I. (1357-1433), zehnter König von Portugal, Begründer der zweiten Dynastie, der Dynastie von Aviz.
Farsa dos Almocreves: Schwank der Maultiertreiber (Gil Vicente, 1527).
Pelagianismus: Pelagius (354-um 420) erklärte, daß dem Menschen von Gott der freie Wille gegeben sei, sich zwischen Gut und Böse zu entscheiden.
Molinismus: Theologisches System, das vom Jesuiten Luis de Molina (1535-1600) aufgestellt wurde, der in Coimbra und Evora lehrte. Grundgedanke ist die Freiheit des menschlichen Willens unter dem Einfluß der göttlichen Gnade.

II
Arbeit & Abenteuer

Als sie die Tropen für die Zivilisation eroberten, waren die Portugiesen Wegbereiter, und diese Heldentat war ihre größte historische Mission. Was auch immer man gegen ihr Werk ins Feld führen mag, man kommt nicht umhin, ihnen zuzugestehen, daß sie nicht nur diese Mission in die Tat umgesetzt haben, sondern auch von ihrer Natur her dazu prädestiniert waren. Kein anderes Volk der Alten Welt war so gut wie sie dafür gewappnet, sich in das Abenteuer einer geregelten, intensiven Ausbeutung der Gebiete nahe dem Äquator zu stürzen, wo die Menschen einer im 15. Jahrhundert weitverbreiteten Meinung nach rasch degenerierten und, wie ein zeitgenössischer französischer Reisender sagte, »la chaleur si véhémente de l'air leur tire dehors la chaleur naturelle et la dissipe; et par ainsi sont chaulds seulement par dehors et froids en dedans«, im Gegensatz zu den Bewohnern der kalten Gegenden, die »ont la chaleur naturelle serrée et constrainte dedans par le froid extérieur qui les rend ainsi robustes et vaillans, car la force et faculté de toutes les parties du corps dépend de cette naturelle chaleur«.[4]

Diese Eroberung der Tropen vollzog sich in Wahrheit nicht nach einem bewußten Plan, sie entstammte keinem konstruktiven, energischen Willen: Sie vollzog sich eher nachlässig und in einer gewissen beiläufig rücksichtslosen Art. Man

4 André Thevet, *Les Singularitez de la France Antarctique** (Paris 1879), S. 408ff. »Die ungestüme Hitze der Luft entzieht ihnen alle natürliche Wärme und erschöpft diese; und daher sind sie nur außen warm und innen kalt«, während die natürliche Wärme der Bewohner der kalten Gegenden »durch die äußere Kälte eingeschlossen und eingepreßt wird, was sie widerstandsfähig und tapfer macht, denn Kraft und Vermögen aller Teile des Körpers hängen von dieser natürlichen Wärme ab.«

könnte sogar sagen, sie vollzog sich trotz derer, die sie unternahmen. Dies anzuerkennen heißt jedoch nicht, die Größe der portugiesischen Leistung zu schmälern. Beurteilen wir sie nach den heute vorherrschenden moralischen und politischen Kriterien, werden wir auf viele schwerwiegende Mängel stoßen. Keiner dieser Mängel kann indes die überspannte Meinung einer durchaus stattlichen Anzahl von Menschen rechtfertigen, die das Handeln der Portugiesen in Brasilien verunglimpfen und sich nur allzugern zum Triumph der holländischen Kolonisierungspraxis bekennen, überzeugt, diese hätte uns einen besseren, ruhmvolleren Weg beschert. Doch bevor man auf dieses Thema eingeht, sollte ein Aspekt betrachtet werden, der ganz besonders aufschlußreich erscheint, nämlich die psychologischen Determinanten der portugiesischen kolonialen Expansionsbewegung in unserem Amerika.

Unter den Formen gesellschaftlichen Zusammenlebens kann man zwei sich bekämpfende Prinzipien herausstreichen, die das Handeln des Menschen unterschiedlich regeln. Diese beiden Prinzipien nehmen im Typus des Abenteurers und in dem des Arbeiters Gestalt an. Bereits in den primitiven Gesellschaften zeigen sie sich, je nachdem welcher Typ überwiegt, in der grundlegenden Unterscheidung zwischen Jäger-, Sammler- und Bauernvölkern.

Für viele Menschen ist das Ziel, auf das alle Anstrengungen ausgerichtet sind, von derart grundlegender Bedeutung, daß sie schließlich auf alle zwischengeschalteten Prozesse als zweitrangig, ja beinahe überflüssig verzichten. Ihr Ideal wäre es, Früchte zu ernten, ohne einen Baum zu pflanzen. Dieser Menschentyp, der Abenteurer, kennt keine Grenzen. Alles auf der Welt scheint sich ihm zu seiner freien Verfügung darzubieten, und wo immer sich ein Hindernis auftürmt, weiß er es zu einem Sprungbrett zu machen. Er lebt von unbegrenzten Räumen, umfangreichen Projekten, fernen Horizonten.

Der Arbeiter ist im Gegensatz dazu derjenige, der zuerst die Schwierigkeit sieht, am Ende den Sieg zu erringen, und nicht den Triumph, den es zu erzielen gilt. Er hält die stetige mäßige Anstrengung, die wenig ertragreich ist, indessen alle Möglichkeiten der Vergeudung abwägt und aus dem Unbedeutenden den höchsten Nutzen zu ziehen weiß, eindeutig für sinnvoll. Seine Sicht der Dinge ist freilich eingeschränkt. Er sieht das Wesentliche, nicht das Ganze.

Es gibt eine Ethik der Arbeit, ebenso wie es eine Ethik des Abenteuers gibt. Daher wird der Mensch vom Typus Arbeiter nur den Tätigkeiten einen positiven moralischen Wert zubilligen, die er auszuführen willens ist, während er die für Abenteurer typischen Eigenschaften – Wagemut, Leichtsinn, Verantwortungslosigkeit, Unbeständigkeit, Wandertrieb –, das heißt alles, was mit einer Sicht der Welt als offenes Universum zusammenhängt, für unmoralisch und verabscheuungswürdig halten wird.

Andererseits verherrlichen die Abenteurer die Energien und Anstrengungen, die auf umgehende Belohnung abzielen. Die Energien hingegen, die die Stabilität, den Frieden, die persönliche Sicherheit zum Ziel haben, und die Anstrengungen, die keinen raschen materiellen Nutzen in Aussicht stellen, sind für ihn verwerflich und verachtenswert. Nichts erscheint ihm dümmer und kleinlicher als das Ideal des Arbeiters.

Zwischen diesen beiden Typen besteht in Wahrheit weniger ein absoluter Gegensatz als vielmehr radikales Unverständnis.[5] Beide tragen mehr oder weniger Anteile des ande-

5 Einen Gegensatz gäbe es nur, gehörten sie derselben moralischen Gattung an. In diesem Sinne würde die Kehrseite des Typus Arbeiter möglicherweise der kleine Rentier sein. Ebenso wie der Gegenpol zum Abenteurer vom asozialen Vagabunden, dem »outlaw« oder dem ein-

ren in sich, und es gibt selbstverständlich weder *den* Abenteurer noch *den* Arbeiter in reiner Form, es sei denn, in der Welt der Ideen. Doch es besteht auch kein Zweifel daran, daß die beiden Begriffe uns helfen, unsere Kenntnisse über den Menschen und die sozialen Zusammenhänge zu ordnen und besser in Kategorien einzuteilen. Und gerade in dieser über das Individuum hinausgehenden Verallgemeinerung sind sie für die Erforschung der Bildung und Entwicklung von Gesellschaften von unschätzbarem Wert.

Bei der Eroberung und Kolonisierung der neuen Welten spielte der »Arbeiter« im hier verstandenen Sinne eine sehr eingeschränkte, beinahe unbedeutende Rolle. Die Epoche war großen Gesten und kühnen Heldentaten gegenüber aufgeschlossen, belohnte Menschen mit geistigem Höhenflug. Und nicht von ungefähr waren bei diesem Unterfangen auf diesem Kontinent vor allem die Nationen zu finden, die dem Arbeitertypus, so wie zuvor erläutert, ein ihm wenig günstiges Umfeld bieten.

Dies trifft auf Portugal wie auf Spanien und um nichts weniger auch auf England zu. Die gewaltige industrielle Entwicklung, die die britische Nation im vergangenen Jahrhundert erlebt hat, ließ eine Vorstellung von diesem Volk entstehen, die der Wirklichkeit bei weitem nicht entspricht und zudem von den damaligen Zeitgenossen nicht geteilt wurde.

fachen Nichtstuer verkörpert werden könnte. Die hier nahegelegte Unterscheidung ähnelt daher dem von Vilfredo Pareto aufgestellten Gegensatz zwischen den »rentieri« und den »speculatori«. Wenn man diese Unterscheidung in der Gegenüberstellung mit der berühmten, von W. I. Thomas formulierten Theorie der »vier grundlegenden Wünsche« analysiert, so kann man sagen, daß dem Menschentyp Abenteurer vor allem »der Wunsch nach neuen Gefühlen« und nach »öffentlicher Beachtung« entspricht. Der »Wunsch nach Sicherheit« und nach »Entsprechung« würde vor allem vom Menschentyp des Arbeiters vertreten. – Robert E. Park und Ernest W. Burgess, *Introduction to the Science of Sociology* (Chicago 1924), S. 488ff.; William I. Thomas und Florian Znanieck, *The Polish Peasant in Europe and America*, I (New York 1927), S. 72ff.

In Wahrheit ist der typische Engländer weder fleißig, noch besitzt er einen so extremen Sparsamkeitssinn wie seine nächsten Nachbarn auf dem Kontinent. Er neigt vielmehr zur Trägheit und zur Verschwendung und schätzt, allem voran, das »gute Leben«. Dies war die gängige, fast einhellige Meinung der Ausländer, die vor der Viktorianischen Ära Großbritannien besuchten. Und sie wurde nicht minder von den Moralisten und Wirtschaftsfachleuten geteilt, die nach Mitteln zum Kampf gegen die Unterlegenheit suchten, die das Land seinen Konkurrenten gegenüber lange Zeit aufwies. 1664 tadelte Thomas Mun in dem Pamphlet *England's Treasure by Forraigne Trade* die mangelnde Vorausschau, die Freude an unnützer Verschwendung und die übermäßige Liebe zu unzüchtigen Freuden, zum Luxus und zum schamlosen Nichtstun – die »lewd idleness« –, die »gegen die Gesetze Gottes und die Gebräuche der meisten Völker verstößt«, und er machte diese Laster dafür verantwortlich, daß es den Engländern nicht gelang, sich ernsthaft mit den Holländern zu messen.[6] Ähnliche Ansichten äußert in unserer Zeit der Historiker und Kenner des englischen Charakters William Ralph Inge. In seinem Buch, das reich an Anregungen ist, merkt der Dechant der St. Paul's Cathedral an, daß »der durchschnittliche Engländer heutzutage keinerlei Gefallen am unermüdlichen, emsigen Fleiß der Deutschen oder der knickerigen Kargheit der Franzosen findet«. Und er fügt noch folgende Bemerkung hinzu, die vielen irritierend und neu erscheinen mag: »Die Trägheit ist ein Laster, das wir mit den Menschen einiger warmer Länder teilen, jedoch mit keinem anderen Volk Nordeuropas.«[7]

6 »England's Treasure by Forraigne Trade, or the Ballance of our Forraigne Trade is the Rule of our Treasure. By Thomas Mun, 1664«, J.R. McCulloch (ed.), *Early English Tracts on Commerce* (Cambridge 1954), S. 191 ff.

7 William R. Inge, *England* (London 1933), S. 160.

Diese mangelnde Lust, eine Arbeit auszuführen, die sich nicht sofort auszahlt, diese Trägheit, wie der Dechant Inge sagte, die selbstverständlich nicht der Antrieb zu abenteuerlichem Handeln ist, bildet dennoch bemerkenswert häufig den negativen Aspekt desselben Gemütes, das die großen Unternehmungen hervorbringt. Wie kann man sonst erklären, daß die iberischen Völker so große Fähigkeiten an den Tag legten, in anderen Kontinenten nach materiellen Gütern zu jagen? »Ein Portugiese«, bemerkte ein Reisender Ende des 18. Jahrhunderts, »hat weniger Schwierigkeiten, ein Schiff nach Brasilien zu heuern, als zu Pferde von Lissabon nach Porto zu reisen.«[8]

Und zeigt sich in dieser Gier nach Wohlstand ohne Anstrengung, nach Ehrentiteln, Ämtern und leicht gewonnenem Reichtum, die bekanntermaßen die Menschen unseres Landes auszeichnet, nicht auch ganz ungeschminkt ein Aspekt des Abenteurergeistes? Noch heute leben wir mit den Nachkommen jenes Soldaten aus den Zeiten des Barons von Eschwege*, der sich nicht schämte, um eine Stellung im Palastorchester zu bitten, jenes Schreibers, der furchtlos das Amt eines Gouverneurs erbat, jenes einfachen Baders, der oberster Wundarzt des Reiches werden wollte ... Häufig genug erschöpft sich unsere Fähigkeit zu handeln in dieser unaufhörlichen Suche, ohne daß diese durch ein wenig Zwang von außen, durch eine kraftvollere Reaktion neutralisiert wird. Es ist eine Energie, die vom Weg abkommt, bevor sie noch auf Widerstand gestoßen ist, die auf dem Höhepunkt ihrer Kraft in sich zusammenbricht und ohne sichtbaren Grund aufs Spiel gesetzt wird.

Und dennoch hat die für alle diese Schwächen verantwort-

8 James Murphy, *Travels in Portugal, through the Provinces of Entre-Douro e Minho, Beira and Além-Tejo in the years 1789 and 1790* (London 1795), S. 208.

liche Lust am Abenteuer einen entscheidenden Einfluß (nicht den einzigen entscheidenden Einfluß, muß man indes sagen) auf das Leben unseres Landes gehabt. Wo so unterschiedliche Faktoren zusammenkamen wie das Aufeinanderstoßen verschiedener Rassen, mitgebrachter Gebräuche und Lebensnormen, dazu landschaftsspezifische klimatische Bedingungen, die einen langwierigen Anpassungsprozeß verlangten, spielte sie eine einzigartige Rolle. Indem sie die soziale Mobilität begünstigte, regte sie die Menschen zudem dazu an, sich der schroffen Natur und ihrem Widerstand beherzt zu stellen, und schuf ihnen damit die angemessenen Voraussetzungen für ein derartiges Unterfangen.

Genau in diesem Punkt waren die Portugiesen und ihre unmittelbaren Nachkommen unübertroffen. Als sie versuchten, hier die Welt ihrer Herkunft neu zu erschaffen, taten sie dies mit einer Leichtigkeit, die in der Geschichte wahrscheinlich noch nicht ihresgleichen gefunden hat. Wo ihnen Weizenbrot fehlte, lernten sie das einheimische Brot zu essen und entwickelten dabei derart verfeinerte Sitten, daß die Leute – wie Gabriel Soares behauptet – nur frisches, am selben Tag zubereitetes Maniokmehl aßen. Sie haben sich auch daran gewöhnt, wie die Indios in Hängematten zu schlafen. Einige, wie zum Beispiel Vasco Coutinho, der Gründer der Stadt Espírito Santo, gingen sogar so weit, Tabak zu trinken und zu kauen, wie Zeitzeugen uns berichten. Von den Indios übernahmen sie zudem noch Jagd- und Fischereiwerkzeuge, Boote aus Rinden oder Einbäume, die auf den Flüssen und in den Küstengewässern segelten, und die Brandrodung zur Vorbereitung der Äcker. Das Haus der Iberischen Halbinsel, das ernst und düster nach innen gewandt war, verlor im neuen Klima seine Strenge, indem es eine Veranda erhielt: einen Zugang zur Außenwelt. Diese neue Anordnung, die ihrerseits aus Ostasien eingeführt wurde und bei uns den traditionellen maurischen Innenhof auf vorteilhafte Weise ablöste, bildete das heute noch gültige Urmuster der Häuser von Europäern in den Tropen.

In ihren Zuckerrohrpflanzungen brauchten sie nur noch in großem Maßstab das Verfahren weiterzuentwickeln, das aller Wahrscheinlichkeit nach auf Madeira und anderen Inseln des Atlantik gang und gäbe war, wo Schwarze aus Guinea bei der Landarbeit eingesetzt wurden.

Es stimmt nicht, daß die besondere Ausprägung des Großgrundbesitzes bei uns in Brasilien eine Art ursprünglicher Kunstgriff, die Frucht des etwas willkürlichen Schaffenswillens der portugiesischen Siedler war. Sie entstand zum großen Teil aus zufällig hinzugekommenen Elementen und gemäß ihrer Zuträglichkeit für Produktion und Absatz. Man kann ebensowenig verbürgen, daß das landwirtschaftliche Anbausystem, das im übrigen mit seltsam einheitlicher Organisationsform in allen tropischen und subtropischen Gegenden Amerikas eingeführt wurde, sich hier vor allem aus den besonderen natürlichen Voraussetzungen ergeben habe. Es war vielmehr der Umstand, daß Europa zur Zeit der Entdeckungen noch nicht industrialisiert war, der die Ausbreitung dieses Agrarsystems ermöglichte und förderte. Denn Europa produzierte zwar Agrarprodukte in ausreichender Menge für seinen Eigenverbrauch; es fehlten nur die natürlichen Produkte der heißen Klimazonen.

Es ist in diesem Zusammenhang aufschlußreich, daß dasselbe System in den englischen Kolonien Nordamerikas nur in den Gegenden zur Blüte gelangen konnte, die für den Anbau von Tabak, Reis und Baumwolle, also typisch »kolonialen« Produkten, tauglich waren. Was die Gegenden in Neuengland und im Mittleren Westen betrifft, so mußte man sich dort mit dem System einer einfachen Subsistenzwirtschaft begnügen, solange der Weg für eine Expansion von Handel und Manufaktur noch nicht bereitet war, die fast ausschließlich auf freier Arbeit beruhten. Das Klima und andere den

Tropen eigene physikalische Voraussetzungen waren daher nur indirekt an einem ähnlichen Ergebnis beteiligt.

Die Portugiesen und, in geringerem Ausmaße, auch die Spanier nutzten in besonderer Weise ein System der Landwirtschaft, das für andere Völker später zum Vorbild für die Ausbeutung durch Latifundien und Monokulturen wurde. Und zudem führte der für den äußerst lukrativen Anbau von Zuckerrohr hervorragend geeignete Boden im Nordosten Brasiliens dazu, daß diese Gebiete lange Zeit der Schauplatz für die Entwicklung einer Form der Landwirtschaft in ihrer deutlichsten Ausprägung war, die später für die europäischen Kolonien der heißen Zone charakteristisch wurde. Der Überfluß an fruchtbarem, urbarem Boden führte dazu, daß der Großgrundbesitz hier zu einer originären Produktionseinheit wurde. Es blieb nur noch das Problem der Arbeit zu lösen. Und nachdem erste Versuche mit dem Einsatz eingeborener Arbeitskräfte fehlschlugen, stellte man fest, daß es einfacher war, auf die Einfuhr von afrikanischen Sklaven zurückzugreifen.

Man kann sagen, daß innerhalb der Entwicklung der kolonialen Latifundien die Anwesenheit der Schwarzen stets ein zwingender Faktor war. Die Ureinwohner der Gebiete waren durchaus brauchbare Arbeitskräfte beim Abbau von Bodenschätzen, bei der Jagd, dem Fischfang, in bestimmten Handwerksberufen und bei der Viehzucht. Doch sie fügten sich nur schlecht der akkuraten, methodischen Arbeit, die in der Ausbeutung von Zuckerrohrpflanzungen verlangt wird. Sie neigten von Natur aus zu weniger seßhaften Tätigkeiten, die ohne aufgezwungene Regelmäßigkeit und ohne Überwachung und Überprüfung durch Fremde durchgeführt wurde. Ihnen, die in höchstem Maße unbeständig waren, blieben bestimmte Vorstellungen von Ordnung, Beständigkeit und Genauigkeit fremd, die dem Europäer zu einer Art zweiter Natur und grundlegendem Bestandteil seines gesellschaftlichen und seines Lebens als Staatsbürger geworden waren.[9] Hierin glichen sie den Aruaks der Antillen, von denen die französischen Siedler, wenn sie sie mit den Schwarzen verglichen, sagten: »regarder un sauvage de travers c'est le battre, le battre c'est le tuer – battre un nègre c'est le nourir.«[10]

Bei einer Produktionsform halbkapitalistischen Typus, die sich vor allem am Verbrauch außer Landes orientierte, mußten zwangsläufig quantitative Kriterien an erster Stelle stehen. In der Tat kann man die Verfahren zur Ausbeutung des Bodens, die in unserem Lande mit den Zuckerrohrplantagen in großem Umfang eingeführt wurden, nur mit Einschränkungen »Landwirtschaft« nennen. Bei dieser Art der Ausbeutung führte die europäische Technik nur dazu, die von den Indios in ihren Pflanzungen angewandten rudimentären Methoden in ihren Auswirkungen noch verheerender zu machen. Wenn diese Form der Ausbeutung es in bestimmten Fällen Siedlern ermöglichte, sich niederzulassen, so darf diese Tatsache nicht einer liebevollen Hingabe an die Scholle zugeschrieben werden, die den bäuerlichen Menschen wirklicher Bauernvölker auszeichnet. Die Wahrheit ist, daß der Ackerbau in großem Stil, so wie er in Brasilien praktiziert wurde und noch heute wird, weil er verschwenderisch mit den Ressourcen umgeht, beinahe ebensoviel Züge des Bergbaus wie der Landwirtschaft besitzt. Ohne die Arbeitskraft

9 Oder sie paßten sich diesen »zivilisierten« Normen nur äußerlich an, mehr oder weniger wie ein Schauspieler, der eine Rolle spielt, die ihm zugeteilt wurde, oder wie ein Kind, das eine Lektion aufsagt, die es auswendig gelernt hat. Dies geschah in ähnlicher Form in den alten Missionen der Jesuiten, wo die Indios nach der Vertreibung der Patres in vielen Fällen wieder in ihre ursprüngliche Lebensart zurückfielen.

10 Jean B. Du Tertre, *Histoire Générale des Antilles*, II (Paris 1667), S. 490. »Einen Wilden schräg anzusehen heißt ihn schlagen, ihn zu schlagen heißt ihn töten – einen Schwarzen zu schlagen heißt ihn ernähren.«

der Sklaven und fruchtbaren Boden, Boden, der dazu bestimmt ist, verbraucht und zerstört zu werden, und den es nicht hingebungsvoll zu schützen gilt, wäre sie nicht durchführbar.

Was die Portugiesen suchten, war zweifellos Reichtum, aber einen Reichtum, der Wagemut kostete, keinen Reichtum, der Arbeit kostete. Denselben Reichtum, den man in Indien mit den Gewürzen und Edelmetallen zu erlangen gewohnt war. Die Gewinne, die die mühevolle Arbeit des Zukkerrohranbaus und der Zuckerherstellung für die europäischen Märkte von Anbeginn an belohnten, glichen diese Arbeit – die im übrigen die Hände und Beine der Schwarzen leisteten – im Übermaß aus, doch es war unerläßlich, daß die Arbeit vereinfacht, ihre verschiedenen Schritte auf das Allernotwendigste reduziert wurden.

Es war demzufolge keine typisch landwirtschaftliche Kultur, die die Portugiesen in Brasilien mit dem Zuckerrohranbau einführten. Sie war dies am Anfang deshalb nicht, weil der Abenteurergeist, der die Portugiesen nach Amerika brachte, nicht dazu taugte. Später war sie es nicht, weil die Bevölkerung im Mutterland nicht groß genug war, um eine Auswanderung von Landarbeitern in großem Ausmaß zu erlauben, und schließlich war sie es aufgrund des Umstandes nicht, daß die landwirtschaftliche Tätigkeit damals in Portugal keinen hohen Stellenwert besaß. Im Jahr 1535, dem Jahr, in dem Duarte Coelho in seinem Lehensgebiet in Pernambuco landete, berichtete der Humanist Clenardo seinem Freund Latônio in einem Brief, in welch elendem Zustand die Landarbeit daniederlag: »Wenn es einen Ort gibt, an dem die Landarbeit verachtet wird«, sagt er, »dann ist dies zweifelsohne Portugal. Und wisse vor allem, daß das, was sonst den Hauptnerv eines Volkes ausmacht, hier über die Maßen schwach ist. Ich wüßte nicht, wo es ein Volk gibt, das mehr der Faulheit zuneigt als das portugiesische. Ich meine vor allem uns, die wir jenseits des Tejo leben und aus nächster Nähe die Luft Afrikas atmen.« Und etwas später gibt Damião de Góis* in seiner Antwort auf die Kritik Sebastian Münsters* an den Bewohnern der hispanischen Halbinsel zu, daß die Landarbeit weniger anziehend für seine Landsleute sei als die Abenteuer der Seefahrt und der Ruhm, den Kriege und Eroberung bringen.[11]

Wenn wir beklagen, daß der Ackerbau in Brasilien so lange an eingefahrenen Vorstellungen festhielt, ohne technische Fortschritte zu übernehmen, die das Produktionsniveau anhoben, darf man derlei Faktoren nicht vergessen. Und man muß zudem berücksichtigen, daß die Tropen häufig mächtige, unerwartete Hindernisse zur Einführung derartiger Verbesserungen aufweisen. Wenn die von den Portugiesen angewandte landwirtschaftliche Technik in einigen Fällen im Vergleich zu der in Europa gängigen einen geradezu tausendjährigen Rückschritt darstellt, so ist richtig, daß dazu die Widerstände der Natur, einer Natur, die ganz anders als die europäische ist, genausoviel beitrugen wie die Trägheit und Passivität der Siedler. Daß beispielsweise der Pflug in unserem traditionellen Ackerbau so selten verwendet wird, findet zu einem großen Teil seine Erklärung in den Schwierigkeiten, auf die sein Einsatz in den Gebieten noch vorhandener üppiger Urwaldvegetation häufig stieß. Es ist daher verständlich, daß die Arbeit mit dem Pflug nicht allgemein eingeführt wurde, obwohl es in noch früheren Zeiten, die meist als Zeitpunkt seiner Einführung genannt werden, versucht wurde.

Es gibt Berichte darüber, daß unter den reicheren Zuckerrohrplantagenbesitzern im Umkreis von Bahia der Gebrauch des Pfluges Ende des 18. Jahrhunderts üblich war. Man muß

11 M. Gonçalves Cerejeira, *O Humanismo em Portugal. Clenardo* (Coimbra 1926), S. 271.

jedoch auf jeden Fall berücksichtigen, daß dieser Gebrauch sich einzig auf den Zuckerrohranbau beschränkte, bei dem es, um ordentliche Ernten zu erzielen, notwendig war, den Boden vor der Aussaat zu säubern, zu roden und umzubrechen. Dessenungeachtet wissen wir aus Zeitzeugnissen, daß es unter den Plantagenbesitzern üblich war, zehn, zwölf oder mehr Ochsen vor den Pflug zu spannen, was nicht nur auf die mangelnde Widerstandskraft dieser Tiere in Brasilien zurückzuführen war, sondern auch darauf, daß es wegen der Festigkeit des Bodens schwieriger war, ihn aufzubrechen.[12]

In der Regel suchten die Bauern neues Land im Busch, und so vergingen selten mehr als zwei Generationen, ohne daß ein und dasselbe Gut seinen Standort oder seinen Besitzer wechselte. Dieser seinerseits von den Gebräuchen der Eingeborenen herrührende transitorische Charakter führte nur dazu, den Schlendrian in der Landarbeit zu verstärken. Da niemandem einfiel, die verbrauchten Böden mit Dünger wieder zu stärken, fehlte der Anreiz zu irgendeiner Art von Verbesserung. Der Vorstellung, daß unser Boden es nur verträgt, mit dem Saraquá* oder der Hacke bearbeitet zu werden, wurde schnell Glauben geschenkt. In São Paulo, wo, wie an anderen Orten Brasiliens, seit dem zweiten Jahrhundert der Kolonisierung, wenn nicht gar schon früher, versucht wurde, weniger archaische Verfahren anzuwenden – in einem Inventar aus dem Jahre 1637 wird im Nachlaß eines Bauern auf dem Gebiet von Parnaíba bereits »ein Pflug aus

12 »Oficio do Governador D. Fernando José de Portugal para D. Rodrigo de Souza Coutinho em que se refere ao emprego de bois e arados na cultura das terras e das canas moidas de assucar como combustivel das fornalhas e dos engenhos, Bahia, 28 de Março de 1798«, *Anais da Biblioteca Nacional do Rio de Janeiro*, XXXVI (Rio de Janeiro 1916), S. 16.

Eisen«[13] verzeichnet –, war diese Überzeugung so stark, daß die Kinder des Königreiches gleich davon angesteckt wurden, wie 1766 ein Capitão-General in einem Brief an den damaligen Conde de Oeiras schrieb. »Alle«, heißt es dort, »sind der Meinung, daß der Boden in Brasilien nur an der Oberfläche Substanz hat, daß man keinen Pflug benutzen kann, denn einige haben ihn benutzt und alles dabei verloren; und letztlich sagen dies alle.«[14]

Daß dies bei den Portugiesen so war, wundert nicht. Und man weiß, daß selbst heutzutage dieser Raubbau und diese verschwenderischen Methoden unter den Kolonisten ausschließlich deutschen Ursprungs Anwendung finden, und zwar nicht nur im tropischen Gebiet der Niederungen in Espírito Santo, sondern auch in relativ gemäßigten Klimazonen wie in Rio Grande do Sul.[15] Man darf jedoch nicht außer acht lassen, daß die vornehmlich kaufmännische und städtische Herkunft der Mehrzahl dieser Siedler, ihre geringe Anzahl, die begrenzten materiellen Mittel, über die sie verfügten, als sie die Alte Welt verließen, zu einem großen Teil die Willfährigkeit erklären, mit der sie sich den bereits von den Brasilianern lusitanischer Herkunft angewandten Methoden unterwarfen.[16] Man kann durchaus sagen, daß in der Landwirtschaft die schlechten Methoden, also rudimentäre, schädliche und auf einen unmäßigen, unmittelbaren Nutzen nur für den, der sie anwendet, ausgerichtete Metho-

13 *Inventários e Testamentos*, X (São Paulo 1912), S. 464.

14 *Documentos Interessantes para a História e Costumes de São Paulo* (São Paulo 1896), S. 3ff.

15 Dr. Ernst Wagemann, *Die deutschen Kolonisten im brasilianischen Staate Espírito Santo* (München und Leipzig 1915), S. 72ff.; Otto Maull, *Vom Itatiaya zum Paraguay* (Leipzig 1930), S. 98ff.; Dr. Hans Porzelt, *Der deutsche Bauer in Rio Grande do Sul* (Ochsenfurt am Main 1937), S. 24ff.

16 Siehe Anmerkung des Autors am Ende des Kapitels: Fortbestehen des landwirtschaftlichen Raubbaus.

den, stets die Tendenz haben, die guten Methoden zu verdrängen. In Brasilien haben die lokalen Bedingungen – zumindest bei den ersten Kontakten – der Landwirtschaft viele jener »schlechten« Methoden aufgezwungen. Doch um diese zu ersetzen, hätte es einer Energie bedurft, die sich durch Geduld und Systematik auszeichnet.

Unstreitig ist, daß die Portugiesen und ihre Nachkommen nie wirklich motiviert waren, diese Art von Energie aufzubringen. Selbst im Vergleich mit den Kolonisatoren anderer Gebiete, in denen die Landwirtschaft wie bei uns überwiegend auf Sklavenarbeit, Monokultur und Großgrundbesitz beruhte, zeichneten sich unsere Siedler in Wahrheit stets dadurch aus, daß sie der Erde viel abverlangten und ihr wenig zurückgaben. Sieht man einmal von einem rein quantitativen Kriterium ab, so stellen die von ihnen in Brasilien zur herrschenden Methode gemachten Verfahren keinen wesentlichen Fortschritt gegenüber denen dar, die vor ihnen schon die Eingeborenen des Landes angewandt hatten.

Der Gegensatz, der noch in der zweiten Hälfte des vergangenen Jahrhunderts zwischen den normalen Bedingungen der brasilianischen Landwirtschaft und den Bedingungen bestand, die zur selben Zeit im Süden der Vereinigten Staaten vorherrschten, verdient es, sehr viel genauer betrachtet zu werden als die Gemeinsamkeiten, die einige Historiker so selbstgefällig aufzeigen und überbewerten. Die aus den Konföderierten Staaten stammenden, um 1866 nach Brasilien ausgewanderten Farmer, auf deren Einfluß man zu Recht oder Unrecht die vermehrte Benutzung von Pflügen, zahnlosen Rechen und Eggen in den Landgütern des Staates São Paulo zurückführt, teilten diese Meinung keineswegs. Bestimmte Zeitzeugnisse spiegeln im Gegenteil die Verblüffung vieler von ihnen angesichts der beängstigend primitiven Verfahren wider, die sie angewendet sahen. Die brasilianischen Sklaven, heißt es in einem dieser Zeitzeugnisse, pflanzen Baumwolle genauso an wie die nordamerikanischen Indianer den Mais.[17]

Ohne Unterbrechung galt genau das Prinzip der landwirtschaftlichen Produktion, das seit den ersten Anfängen der Kolonisierung die Schaffung von Reichtum im Lande bestimmte. Alle wollten ohne große Opfer übertriebene Erträge aus den Böden pressen. Oder sie wollten sich, wie bereits der älteste unserer Historiker sagte, des Bodens nicht wie Besitzer, sondern wie Nutznießer bedienen, »nur um ihn zu erschöpfen und ihn zerstört zurückzulassen«.[18]

In diesem Falle war es nicht notwendig, die groben Verfahren der Eingeborenen zu verändern, die dem Gesetz der geringsten Anstrengung gehorchten, da sie sich bekanntermaßen dem Nutzen für die Produktion in großem Stil anglichen. Als vor allem passive Werkzeuge akklimatisierten sich unsere Kolonisatoren ohne Schwierigkeiten, unterwarfen sich dem, was das Land und seine ersten Einwohner ihnen vorgaben, ohne Sorge dafür zu tragen, ihnen feste, unverbrüchliche Normen aufzuerlegen. Selbst im Vergleich zu den Spaniern taten sie sich darin hervor. Die Spanier identifizierten sich im größten Teil ihrer Besitztümer in Amerika nur selten derartig mit dem Land und seinen Bewohnern: Meist dominierten sie sowohl das Land als auch die Leute. Bei uns war die europäische Herrschaft im allgemeinen milde und nachgiebig, gehorchte eher den Gesetzen der Natur als Regeln und Anordnungen. Das Leben scheint hier unvergleichlich viel toleranter gewesen zu sein und soziale, rassische und moralische Dissonanzen aufgefangen zu haben. Unsere Kolonisatoren waren vor allem Menschen, die zu wiederholen wußten, was bereits gemacht war oder was die Routine sie gelehrt hatte. Als Menschen, die mit beiden Bei-

17 Rev. Ballard S. Dunn, *Brazil, the Home for the Southerners* (New York 1866), S. 138.

18 Frei Vicente do Salvador, *História do Brasil* (São Paulo o. D.), S. 16.

nen auf dem Erdboden stehen, hatten sie keine allzugroßen geistigen Ansprüche, und der Himmel schien eine zu übertrieben spirituelle, entlegene und posthume Realität zu sein, als daß er auf ihre Alltagsgeschäfte Einfluß genommen hätte.

Hierzu muß noch eine weitere sehr typische Seite ihres außergewöhnlichen sozialen Anpassungsvermögens angeführt werden: das vollkommene oder praktisch vollkommene Fehlen jedweden rassischen Stolzes; jenes beharrlichen, Kompromissen feindlich gesinnten Stolzes zumindest, der die Völker des Nordens charakterisiert. Diese Charaktereigenschaft, die die Portugiesen mit anderen Völkern lateinischen Ursprungs und, mehr noch, mit den Muslimen Afrikas teilen, erklärt sich aus der Tatsache, daß sie zum Teil ein Volk von Mischlingen waren und dies schon zur Zeit der Entdekkung Brasiliens.

So gesehen geschah in Brasilien also nichts Neues. Die Vermischung mit Menschen anderer Hautfarben hatte schon in umfangreichem Maße in der Hauptstadt des Mutterlandes begonnen. Bereits vor 1500 war es dank der Arbeit der aus den Überseebesitzungen mitgebrachten Schwarzen möglich gewesen, den Anteil urbaren Bodens auszuweiten, Wälder zu roden, Sümpfe trockenzulegen und Brachfeld in Ackerland zu verwandeln, wodurch der Gründung neuer Orte der Weg bereitet wurde. Der unmittelbare Nutzen ihrer Arbeit führte dazu, daß die Nachfrage nach diesen Trägern materiellen Fortschritts in einem Volk zunahm, in dem dienstleistende Berufe immer mehr verachtet wurden.[19]

Die Klagen eines Garcia de Resende scheinen um 1536 die Beunruhigung widerzuspiegeln, die diese stille, heimliche Macht, die die biologischen Fundamente umzustoßen droh-

19 Costa Lobo, *História da Sociedade em Portugal no Século XV* (Lissabon 1904), S. 49ff.

te, auf denen die portugiesische Gesellschaft traditionell ruhte, bei nachdenkenden Leuten hervorrief:

»Vemos no reino meter, *Tantos cativos crescer,* *E irem-se os naturais* *Que se assifor, serão mais* *Ele que nós, a meu ver.«*[20]	*»Wir sehen viele ins Reich* *reinkommen, viele Sklaven* *heranwachsen und die hier* *Geborenen fortgehen, so daß,* *wenn dies so bleibt, es von* *jenen mehr geben wird als* *von uns, so seh' ich das.«*

Der bereits erwähnte Brief von Clenardo an Latônio enthüllt uns zur selben Zeit, wie die Sklaven in Portugal zahlreicher wurden. Alle Dienstleistungen wurden von Schwarzen oder von maurischen Gefangenen erbracht, die sich von Lasttieren allein durch ihre menschliche Gestalt unterschieden. »Ich beginne zu glauben«, vermerkt er, »daß es in Lissabon mehr Sklaven und Sklavinnen gibt als Portugiesen.« Man fand kaum ein Haus, in dem es nicht mindestens eine Schwarze gab. Die wohlhabenderen Leute hatten Sklaven beiderlei Geschlechts, und es gab viele, die mit dem Verkauf der Kinder von Sklaven Gewinn erzielten. »Mir scheint«, fügt der Humanist hinzu, »sie züchten sie wie Tauben für den Markt. Sie nehmen beileibe keinen Anstoß an dem Treiben der Sklavinnen, sondern sehen sogar mit Wohlgefallen darauf, weil die Frucht der conditio des Leibes entspricht, der sie hervorbringt: Weder der einheimische Pater noch irgendein afrikanischer Sklave vermögen Beschwerde dagegen einzulegen.«[21]

Obwohl die statistischen Berechnungen in bezug auf die Einfuhr von Schwarzen ins Mutterland im allgemeinen dürftig sind und eher annähernden Charakter besitzen, so ist

20 Garcia de Resende, *»Miscellanea«*, *Chronica dos Salerosos, e Insignes feitos del Rey Dom Ivoam II de Gloriosa Memoria* (Coimbra 1798), S. 363.
21 M. Gonçalves Cerejeira, op. cit., S. 179, Nr. 273ff.

doch bemerkenswert, daß 1541 Damião de Góis, in der Absicht, den guten Namen der Portugiesen und Spanier gegen die Kritik Münsters zu verteidigen, schätzte, daß zehn- bis zwölftausend Sklaven aus Nigeria jährlich ins Land kamen. Und zehn Jahre später gab es dem *Sumário* Cristóvão Rodrigues de Oliveiras zufolge in Lissabon neuntausendneunhundertfünfzig Sklaven bei achtzehntausend Einheimischen. Das bedeutet, daß sie etwa ein Drittel der Bevölkerung ausmachten.[22] Dasselbe Verhältnis bestand, den Berichten Filippo Sassettis nach zu urteilen, der zwischen 1578 und 1583 Portugal bereiste, noch bis zum Ende des Jahrhunderts.[23]

Im Laufe der Zeit scheint die Zahl der Fremden sogar noch zugenommen zu haben, und zwar nicht nur in den Städten. 1566 kann Manuel Severim darüber klagen, daß die meisten Bauern Sklaven aus Guinea und Mulatten für sich arbeiten ließen. Ende des folgenden Jahrhunderts muß die berühmte Kreuzwegprozession in Lissabon* ein Schauspiel gewesen sein, das vergleichbar war mit jenen Prozessionen, die jede Stadt Brasiliens mit einem großen Anteil von Schwarzen bietet. Ein ausländischer Besucher sagte 1798, daß an dem Zug zwischen »vier- und fünftausend Seelen teilnahmen, ganz überwiegend schwarze und mulattische Männer und schwarze und mulattische Frauen«. In einem anderen Zeitzeugnis, siebzig Jahre zuvor datiert, schrieb man die leicht gebräunte Haut der Portugiesen dem Klima zu und mehr noch »der Vermischung mit den Schwarzen, die im niederen Volk ganz gewöhnlich war«.

Daraus erklärt sich, daß das Gefühl einer Distanz zwischen den Beherrschern und der hier aus Farbigen bestehenden Masse der Arbeiter nur gering war. Die Sklaven auf den Plantagen und in den Bergwerken waren nicht nur eine Ener-

22 J. Lúcio de Azevedo, *Novas Espanáforas* (Lissabon 1932), S. 102ff.
23 Filippo Sassetti, *Lettere* (Mailand o.J.), S. 126.

giequelle, menschliche Kohle, die darauf wartete, vom Industriezeitalter durch Brennstoff ersetzt zu werden. Häufig wurde aus der Abhängigkeit von ihrem Herrn Protektion durch ihn, und es kam sogar Solidarität oder ähnliches ins Spiel. Ihr Einfluß drang auf gewundenen Wegen in den häuslichen Bereich, löste jede Art von Vorstellung einer Kasten- oder Rassentrennung, jegliche auf diese Trennung gegründete Disziplin auf. Dies war die allgemeingültige Regel. Was jedoch nicht verhinderte, daß es einzelne Versuche gegeben hat, den übermäßigen Einfluß der Farbigen auf das Leben in der Kolonie zu mindern, wie beispielsweise durch die Königliche Verordnung von 1726, die jedem Mulatten bis in die vierte Generation untersagte, öffentliche Gemeindeämter in Minas Gerais auszuüben. Dies Verbot wurde auch auf weiße Männer ausgedehnt, die mit farbigen Frauen verheiratet waren.[24] Doch Verordnungen wie diese – die auf die einige Jahre zuvor erfolgte Verschwörung von Schwarzen und Mulatten im Bereich der Erblehen zurückging – waren dazu verdammt, nur theoretisch zu existieren, und wirkten sich nicht nachdrücklich auf die Neigung der Bevölkerung aus, die sozialen, politischen und wirtschaftlichen Schranken zwischen Weißen und Farbigen, Freien und Sklaven aufzugeben.[25]

24 José Pedro Xavier da Veiga, *Efemérides Mineiras*, I (S. 1, 1926), S. 95.

25 So verordnete die Stadtverwaltung von São Vicente beinahe zwei Jahrhunderte zuvor, daß kein Christ vor Heiden schlecht über einen anderen Christen und seine Waren reden dürfe, und erklärte, daß zum Beweis dieser Gesetzesübertretung allein der Schwur irgendeines anderen Christen genüge, der die Verleumdung gehört habe. In diesem Falle steht – das ist leicht zu erkennen – der wirtschaftliche Gewinn der Konquistadoren an erster Stelle, nicht das Gefühl der Rassentrennung. Frei Gaspar erwähnt dies in der Tat unter anderen Fakten, die das »Mißtrauen der Portugiesen bei ihren Verträgen mit den Eingeborenen des Landes« beweisen, womit er sich jedoch später den Tadel des Ersten Generalgouverneurs von Brasilien einhandelte. – Frei Gaspar da Madre de Deus, *Memórias para a História da Capitania de S. Vicente* (Lissabon 1797), S. 67.

Selbst die Krone zögerte nicht, wenn es darum ging, gelegentlich den Eifer gewisser Beamter zu zügeln, die dieser Tendenz feindlich gegenüberstanden. Dies geschah zum Beispiel, als ein Gouverneur von Pernambuco 1731 die Order erhielt, dem zum Bakkalaureus ernannten Antônio Ferreira Castro das Amt des Prokurators zu übertragen, obwohl er angeführt hatte, daß der Ernannte ein Mulatte war. Denn – so heißt es in der Anordnung von João V. – »der Makel, ein Farbiger zu sein, steht diesem Amt nicht entgegen, und wir sind sehr verwundert darüber, daß Ihr durch diesen Zwischenfall einen von mir ernannten Bakkalaureus mit abgeschlossenem Studium ausgeschlossen habt, um einen Mann ins Amt einzuführen und dort zu behalten, der nicht studiert hat, was vom Gesetz nie erlaubt wäre, da es einen Bakkalaureus mit Universitätsabschluß gab«.[26]

Man muß indes einräumen, daß derlei Großzügigkeit nicht allgemeingültiges Gesetz war; doch war die »rassische« Ausgrenzung, wie man heute sagen würde, dem Anschein nach niemals der bestimmende Faktor der Maßnahmen, die zum Ziel hatten, den Weißen die Ausübung bestimmter Berufe vorzubehalten. Sehr viel entscheidender wird der Makel gewesen sein, der traditionell mit niedriger Arbeit verbunden war, zu der die Sklaven gezwungen wurden und die nicht nur diejenigen entehrte, die sie ausübten, sondern auch ihre Nachkommen. Diesem Grund ist mehr noch als anderen die Bedeutung zuzuschreiben, die der Befähigungsnachweis *de genere* unter den Portugiesen stets hatte.

Die Tatsache, daß häufig die Eingeborenen und die Mamelucken als für Ämter befähigt angesehen wurden, von denen

26 »Sobre dar posse ao Doutor Antônio Ferreira Castro do Officio de Procurador da Corôa, pelo Mulatismo lhe nam servir de impedimento«, *Anais da Biblioteca Nacional do Rio de Janeiro* XXVIII (Rio de Janeiro 1908), S. 352.

Schwarze und Mulatten vom Gesetz ausgeschlossen wurden, wäre als Erklärung dieser Maßnahmen ebensowenig richtig: Die Anerkennung der bürgerlichen Freiheit der Indios – selbst wenn es sich nur um eine Freiheit »unter Aufsicht« oder »Schutz« handelte, wie die Juristen subtil zu unterscheiden wußten – zielte darauf ab, das mit der Sklaverei verbundene Stigma von ihnen zu nehmen. Es ist auffällig, wie einige für gewöhnlich unseren Eingeborenen zugesprochene Eigenschaften, denen zufolge sie weniger zum Leben als Diener geschaffen waren – ihr »Müßiggang«, ihre Abneigung gegen jede Art disziplinierter Anstrengung, ihre »Sorglosigkeit«, ihre »ausschweifende Lebensart«, ihre deutliche Vorliebe für eher räuberische als produktive Aktivitäten –, genau mit den traditionellen Lebensnormen der Adligen zusammenfallen. Und dies wird der Grund dafür gewesen sein, daß Schriftsteller des vergangenen Jahrhunderts wie Gonçalves Dias* und Alencar* bei dem auch für die europäische Romantik charakteristischen Versuch, mittelalterlichen Stoffen einen nationalen Ausdruck zu geben, die überlieferten Tugenden der Edelleute und Ritter vergangener Tage dem Indio vorbehielten. Der Schwarze mußte sich im besten Falle mit der Rolle eines unterwürfigen oder rebellischen Opfers begnügen.

Weit davon entfernt, die Mischehen zwischen Eingeborenen und Weißen zu verdammen, versuchte die portugiesische Regierung mehr als einmal, sie zu stimulieren. Die Verfügung von 1775 ist gemeinhin bekannt, in der festgelegt wird, daß die Eheleute in diesen Fällen »keinerlei Entehrung erleiden, sondern im Gegenteil sehr tauglich sind für Ämter in den Orten, in denen sie leben, ebenso wie ihre Kinder und Nachkommen, die für jede Art von Anstellung, Ehren oder Würden den Vorzug genießen, ohne von irgendeinem Dispens abhängig zu sein, wobei es außerdem bei Strafe eines Gerichtsverfahrens verboten ist, ihnen den Namen ›Halbblut‹ zu geben oder irgendeinen ähnlichen Namen, den sie als beleidigend empfinden«. Die Schwarzen und deren Nachkommen wurden, zumindest in bestimmten amtlichen Texten, weiterhin auf Arbeiten mit geringem Ansehen verwiesen, die »Niggerjobs«, die den Menschen, der sie erledigt, ebenso wie seine Abkömmlinge so tief entwürdigen. So hat beispielsweise der Vize-König von Brasilien in der Verordnung vom 6. August 1771 einen Indio seines Postens als Capitão-Mor enthoben, »weil er derart niedrige Gefühle gezeigt hat, daß er eine Schwarze geheiratet und sein Blut mit dieser Verbindung befleckt und sich daher als unwürdig erwiesen hat, das besagte Amt auszuüben«.[27]

Eine der Folgen der Sklaverei und der unmäßigen Ausbreitung des landwirtschaftlichen Großgrundbesitzes innerhalb der Struktur unserer kolonialen Wirtschaft war, daß im Gegensatz zu anderen Ländern, auch denen des spanischen Lateinamerikas, praktisch jede Art ernsthaften Bemühens um Zusammenarbeit innerhalb der anderen produktiven Tätigkeiten fehlte. Es gab bei uns nur wenig Vergleichbares mit dem, was ein peruanischer Historiker über die Blüte der Handwerkszünfte in Lima berichtet, die es bereits im ersten Jahrhundert der Kolonie dort gab, mit ihren vereidigten Würdenträgern, Vorstehern und Beisitzern, mit Abgaben auf den Tageslohn, Prüfungen der fachlichen Kompetenz, Einschreibung, der Verpflichtung, den Sonntag als Ruhetag einzuhalten, und mit ihren Stiftungen zur gegenseitigen Unterstützung in den unterschiedlichen Handwerksbruderschaften. Noch heute sind die Statuten der Silberschmiede der Ciudad de los Reyes* bekannt, deren Manuskript bei der Beneficencia Pública in der peruanischen Hauptstadt verwahrt

27 João Francisco Lisboa, *Obras*, III (São Luís do Maranhão 1866), S. 383 ff.

wird. Diese Handwerksmeister, die zum großen Teil Indios oder Mestizen waren, besaßen eine Kapelle im linken Schiff der Kirche des heiligen Augustinus. Ihre Organisation legte die Zuwendungen und Alterspensionen für die Familien der Zunftmitglieder fest. Die Schuhmacher und Gerber gründeten 1578 ihre Zünfte, die jeweils eine Kapelle des San Crispin und San Crispiniano in der Kathedrale besaßen. Dort feierten sie ihre Zeremonien und Feste. Ebenso wie in Brasilien, nur in größerem Ausmaße als bei uns, geben bestimmte Zünfte dort Straßen und Plätzen ihren Namen, wo die Handwerker ihre Stände und häufig auch ihre Wohnungen hatten. Das war bei den Knopfmachern, Mützenmachern, Mattenflechtern, Deckenwebern, Wirtsleuten, Hutmachern (Hüte aus Vikunjaleder oder Stroh), Schwertschmieden, Gitarrenbauern, Töpfern, Seifensiedern und Schmieden so. Es gab auch die Degenkoppelmacher, zumeist Weiße, Indios und Mestizen, während die Schwarzen und Mulatten vorwiegend Wundärzte und Barbiere waren. Ihnen folgten die Zünfte der Sattler, der Hersteller von Pferdegeschirr und Hufeisen, die Eisengießer, die Kunsttischler, Zimmerleute, Bauaufseher, Maurer, Gerber, Weißgerber, Kerzendreher, Handschuhmacher, Pantoffelmacher, Herren- oder Damenschneider (die Weißen hatten die Bruderschaft von San Francisco el Grande), Zuckerbäcker und Konditoren. Diese Zünfte, die endgültig von Don Francisco de Toledo* organisiert wurden, waren lange Jahre hindurch trotz der Schicksalsschläge, die die Arbeit in den Bergwerken heimsuchten, und trotz des Zerfalls des spanischen Kolonialreiches eine Garantie für den Wohlstand, den Reichtum und die Stabilität des Vizekönigreiches.[28]

In Brasilien wurde die Schaffung von Handwerkszünf-

28 J. de la Riva-Aguero, »Lima Española«, *El Comercio* (Lima, 18. 1. 1935), 1. Abteilung, S. 4.

ten nach aus dem Mutterland mitgebrachtem Muster durch die herrschenden Umstände behindert: das Übergewicht der Sklavenarbeit, die Arbeitskräfte band, und das häusliche Gewerbe, das zwar in der Lage war, den Reichen eine relative Unabhängigkeit zu verschaffen, aber andererseits einen Hemmschuh für den Handel darstellte, und schließlich die geringe Anzahl freier Handwerker in den meisten Klein- und Großstädten.

In alten Gemeindedokumenten findet sich häufig die Klage gegen Handwerker, die ungestraft die Statuten ihres Handwerks mißachteten oder sich den vorgeschriebenen Prüfungen entzogen und dafür auf den Schutz gutwilliger Richter zählten. Eine einfache Erlaubnis und ein Bürge waren in solchen Fällen ausreichend, um jeden beliebigen Beruf ausüben zu dürfen, und auf diese Weise wurde die nach außen hin strenge Disziplin in vielen Fällen durchlöchert. Diejenigen, denen es gelang, eine gewisse Menge Kapital anzuhäufen, versuchten sofort, ihr Handwerk aufzugeben, um die normalerweise den Handwerkern verwehrten Privilegien zu genießen. Das war beispielsweise bei einem gewissen Manuel Alves aus São Paulo der Fall, der 1639 seinen Beruf als Sattler aufgibt, um in die Stellung eines »Edelmannes« aufzusteigen und in den Staatsdienst zu treten.[29]

Mitunter waren diese Vorkehrungen nicht einmal nötig: Es gab viele Fälle, in denen als adlig betrachtete Menschen sich, um ihren Lebensunterhalt zu verdienen, handwerklichen Diensten widmeten, ohne die zu ihrer Klasse gehörenden Vorrechte zu verlieren. Dennoch war dies nicht allgemein die Regel: Es ist plausibel, einzuräumen, daß es sich vielmehr um einen Mißbrauch handelte, der zwar als solcher erkannt, jedoch weitgehend geduldet wurde. Sonst wäre es

29 Afonso D'E. Taunay, *História Seiscentista da Vila de São Paulo*, IV (São Paulo 1929), S. 325.

unverständlich, daß sich ein Martim Francisco bereits zu Beginn des vorigen Jahrhunderts darüber wunderte, daß viele der Einwohner von Itu, die eine handwerkliche Tätigkeit ausübten, »mindestens adlig« seien, »denn durch die Gesetze des Mutterlandes wird der Adelsstand teilweise aufgehoben ...«[30]

Obwohl das Gesetz keine hierarchische Ordnung für die verschiedenen Arten der manuellen Arbeit vorsah, kann man nicht umhin, zuzugeben, daß es eine durch die Gewohnheit sanktionierte Diskriminierung gegeben hat und daß die Intoleranz in bezug auf die Handwerksberufe geringsten sozialen Ansehens stets größer war. Als 1720 Bernardo Pereira de Berredo, der Gouverneur des Staates Maranhão, befahl, einen gewissen zum Marktvogt ernannten Manuel Gaspar als Soldaten einzuberufen, und dazu anführte, daß dieser »keineswegs von Adel, sondern ein Diener bei Tisch gewesen« sei, war der Senat sogleich mit der Entscheidung einverstanden, mehr noch, er widerrief die Ernennung eines anderen Mannes, der »Sardinen und Maultrommeln verkaufte«.[31]

Was das Handwerk in der Stadt betrifft, so herrschten dort dieselbe Liebe zum leicht erzielten Gewinn und dieselbe Unstetigkeit, die in Brasilien auch die Arbeit auf dem Lande so nachdrücklich prägten. Die gegen Ende der kolonialen Ära beobachtete Tatsache, daß an den Marktbuden die ungereimtesten Dinge der Welt zum Verkauf angeboten wurden – daß man beim Apotheker Hufeisen und beim Schmied Brechmittel kaufen konnte –, spiegelte dies sehr gut wider.[32] Nur wenige wußten sich ein ganzes Leben lang einem einzi-

30 Martim Francisco Ribeiro d'Andrada Machado e Silva, »Jornaes das Viagens pela Capitania de S. Paulo (1803-4)«, *Revista do Instituto Histórico e Geográfico Brasileiro*, XLV, 1. Teil (Rio de Janeiro 1882), S. 18.

31 João Francisco Lisboa, op. cit., S. 382.

32 Gustav Beyer, »Notas de Viagens no Brasil, em 1813«, *Revista do Instituto Histórico e Geográfico de São Paulo*, XII (São Paulo 1908), S. 287.

gen Beruf zu widmen, ohne sich von einem anderen, scheinbar lukrativeren Geschäft anziehen zu lassen. Und noch seltener werden die Fälle gewesen sein, in denen ein Handwerk über mehr als eine Generation in der Familie blieb, so wie es in den Ländern mit gefestigteren sozialen Schichten üblich war.

Dies war bei uns eines der schwerwiegenden Hindernisse bei der Herausbildung eines wirklichen Handwerks, mehr noch für die Ausbildung von Meistern mit ausreichender Befähigung für Arbeiten, die entschiedene Neigung und eine lange Lehrzeit erfordern.[33] Ein weiteres Hindernis war die Tatsache, daß man vielfach auf die sogenannten »Lohn-Neger« oder »Lohn-Knechte« zurückgriff, die aufgrund einfacher Lizenzen ausschließlich für die Herren arbeiteten, die sie ihnen erteilt hatten. So konnte jede Person mit Adelsdünkel aus den einfachsten Arbeiten Gewinn ziehen, ohne sich zu erniedrigen und schwielige Hände zu bekommen. Spix und Martius hatten Gelegenheit, auf die grundsätzliche Unvereinbarkeit hinzuweisen, die zwischen diesem Brauch und dem mittelalterlichen Prinzip der Zünfte besteht, das an vielen Orten Europas zu Beginn des vorigen Jahrhunderts noch sehr lebendig war.[34]

33 Eine Ausnahme, und dies selbst in den Großstädten, schienen diejenigen zu bilden, die aufgrund der Art ihres Handwerks künstlerische Fähigkeiten und Kenntnisse brauchten, die man nicht improvisieren kann. Ein spanischer Reisender, der sich 1782 in Rio de Janeiro aufhielt, wunderte sich über die von unseren Steinmetzen, Silberschmieden und Tischlern erreichten Fortschritte und bemerkte dazu, daß ihre Werke am Rio de la Plata bereits sehr gefragt seien und mit der Zeit zu einer nicht zu verachtenden Quelle des Reichtums werden könnten. Spix und Martius bemerken einige Jahrzehnte später, daß den Arbeiten dieser Handwerker weder Geschmack noch Haltbarkeit fehlten. – *»Diario de Juan Francisco de Aguirre«*, *Anales de la Biblioteca*, VI (Buenos Aires 1905), S. 101; Dr. J. B. von Spix und C. F. Ph. von Martius, *Reise in Brasilien*, I (München 1823), S. 133.

34 Spix und Martius, *op. cit.*, I, S. 132.

Bei uns blieb nur wenig von der portugiesischen Tradition der Zünfte erhalten, die selbst im Mutterland nicht sehr streng gewesen war. Und das wenige wurde aufgrund der ungünstigen Bedingungen des Umfeldes noch verändert oder nachlässiger gehandhabt. Lebendig blieb allerdings, wie man sich leicht vorstellen kann, die Verpflichtung der Zünfte, mit ihren Fahnen und Insignien an den königlichen Prozessionen teilzunehmen, was sich ganz einfach aus der unserer kolonialen Gesellschaft eigenen Freude an Prunk und farbenprächtigem Schauspiel erklärt.

Was uns indes zum Erfolg dieser und vieler anderer Formen der produktiven Arbeit fehlte, war sicherlich die Fähigkeit, einen freiwilligen und dauerhaften Zusammenschluß der unternehmerischen Kräfte des Landes zu schaffen. Spontan akzeptierte Formen kollektiver Arbeit gab es durchaus, wenn dadurch bestimmte kollektive Empfindungen und Emotionen zu befriedigen waren, wie es bei Arbeiten der Fall ist, die in irgendeiner Weise mit dem religiösen Kult zu tun haben. So arbeiteten beim Bau der alten Hauptkirche von Iguape Ende des 17. Jahrhunderts die Notabeln und das Volk der Stadt mit, indem sie Steine vom Strand bis zur Baustelle schleppten[35], und beim Bau der alten Hauptkirche von Itu, 1679, trugen die Bewohner der Stadt die steinige Erde, aus der die Mauern errichtet wurden, von weither in einem Pilgerzug auf dem Kopf herbei.[36] Es fällt nicht schwer, in diesen Beispielen zu erkennen, daß es sich um aus dem Mutterland überlieferte Bräuche handelt, die mindestens seit den Zeiten von Tomé de Souza und dem Bau der Stadt Salvador bis heute überdauert haben.

35 Ernesto Guilherme Young, »Esboço histórico da fundação da cidade de Iguape«, *Revista do Instituto Histórico e Geográfico de São Paulo*, II (São Paulo 1898), S. 89.

36 *»Documentos Inéditos«*, *A Esperança*, Itu, 27. 3. 1867.

Andere Bräuche, wie der des »Muxirão« oder »Mutirão«, bei dem die Pflanzer sich beim Abholzen des Urwaldes, beim Pflanzen, bei der Ernte, beim Hausbau und beim Baumwollspinnen gegenseitig helfen, scheinen vorzugsweise von den Eingeborenen des Landes übernommen worden zu sein und gründen sich offenbar auf die Erwartung gegenseitiger Hilfe ebenso wie auf die Begeisterung, das Essen, den Tanz, den Gesang und den Wettstreit, die derartige Arbeiten unweigerlich begleiten. Wenn die Menschen einander helfen, bemerkte ein Beobachter des 17. Jahrhunderts, so tun sie dies »eher aus Freude am Schwatz als aus Liebe zur Arbeit«.[37] Selbstverständlich treffen derartige Erklärungen nur die grellsten und lautesten Aspekte der Wahrheit: Realismus des groben Federstriches und der Karikatur.

Andererseits wäre es illusorisch, in diesen Formen kollektiven Handelns eine Neigung zu disziplinierter, konstanter Kooperation sehen zu wollen. Nicht das materielle Ziel der gemeinsamen Arbeit ist in diesen Fällen vorrangig, sondern die Gefühle und Neigungen, die einen Menschen oder eine Gruppe von Menschen dazu bringen, dem hilfsbedürftigen Nachbarn oder Freund zu helfen.

Um die Bedeutung dieses gemeinsamen Arbeitens genau festzustellen, wäre es notwendig, auf die Unterscheidung zwischen genuiner »Kooperation« und »Hilfsbereitschaft« zurückzugreifen, die eine kürzlich verfaßte vergleichende anthropologische Untersuchung der Verhaltensmuster verschiedener Naturvölker trifft.[38] Eine Unterscheidung, die in gewisser Weise mit der Differenzierung verwandt ist, die vorangegangene Untersuchungen zwischen »Wettstreit« und »Rivalität« vorgenommen haben.

Wettstreit und Kooperation sind Verhaltensweisen, die,

37 *Documentos interessantes*, XLIV (São Paulo 1915), S. 196.
38 Margaret Mead, *Cooperation and Competition among Primitive Peoples* (New York 1937), S. 16.

wenn auch auf verschiedene Art und Weise, auf ein gemeinsames materielles Ziel hin ausgerichtet sind: Es ist vor allem ihre Beziehung zu diesem Ziel, die die Individuen jeweils trennt oder vereint. Bei der Rivalität wie auch bei der Hilfsbereitschaft hat das gemeinsame materielle Ziel eine praktisch sekundäre Bedeutung: Wichtig ist vor allem der Schaden oder der Nutzen, den eine der beteiligten Parteien der anderen zufügen oder bringen kann.

In einer Gesellschaft mit derart deutlich ichbezogenen Ursprüngen wie der unseren ist es verständlich, daß die einfachen Bande von einem Menschen zum anderen, die unabhängig sind von jeglicher Tendenz zu einer authentischen Kooperation zwischen den Individuen, ja diese Tendenz sogar ausschließen, fast immer die wichtigsten Bande waren. Die wenn auch manchmal lockeren Vereinigungen und persönlichen Beziehungen einerseits und die Kämpfe zwischen Fraktionen, zwischen Familien, zwischen Regionalismen andererseits machten daraus ein amorphes Ganzes. Das brasilianische Leben jener Epoche scheint durch eine ganz besonders starke Betonung des Affektiven, des Irrationalen und des Leidenschaftlichen charakterisiert worden zu sein, und dementsprechend wurden die ordnenden, disziplinierenden und strukturierenden Qualitäten nicht weiterentwickelt, ja, sie verkümmerten. Das heißt, es herrschte genau das Gegenteil dessen vor, was einer Bevölkerung zuträglich zu sein scheint, die dabei ist, sich politische Strukturen zu geben.

Dem Einfluß der Schwarzen – nicht der Schwarzen an sich, sondern vielmehr und vor allem der Schwarzen als Sklaven – hatte diese Bevölkerung keine ernsthaften Hindernisse entgegenzusetzen. Eine verweichlichte, süßliche Sanftheit zeigt sich bereits früh in allen Sphären des kolonialen Lebens. Im Bereich der Kunst und der Literatur findet sie vor allem mit Beginn des 18. Jahrhunderts und des Rokokos geeignete

Ausdrucksformen. Die Lust am Exotischen, an der schwülen Sinnlichkeit, am Buhlen, an sentimentalen Kapricen scheinen ihr ein willkommenes Wahl-Terrain zu bieten und erlauben ihr, sich auf der anderen Seite des Ozeans mit den Tänzen und Liedern des Mulatten Caldas Barbosa* in Lissabon zur Schau zu stellen:

»Nós lá no Brasil
A nossa ternura
A açúcar nos sabe, Tem muita doçura.
Oh! se tem! tem.
Tem um mel mui saboroso
É bem bom, é bem gostoso.

Ah nhanhã, venha escutar

Amor puro e verdadeiro,
Com preguiçosa doçura,
Que é Amor de Brasileiro.«

»Bei uns dort in Brasilien
Schmeckt die Zärtlichkeit
Nach Zucker
Sie ist sehr süß. Oh ja, und wie!
Sie schmeckt wie leckerer Honig,
Schmeckt gut, schmeckt
Wirklich gut.
Ach, mein Mädchen, komm
Und lausche
Reiner und wahrer Liebe in
Süßer Muße, denn so ist die
Liebe der Brasilianer.«[39]

Diese »Moral der Senzalas« – der Sklavenhütten –, die selbst in der Gewalttätigkeit nicht geradlinig ist, die soziale Tugenden negiert, die sich jede wahrhaft produktive Energie gefügig macht und betäubt, sie regierte bald in Verwaltung und Wirtschaft und beherrschte den religiösen Glauben der damaligen Zeitgenossen. Selbst die Erschaffung der Welt müssen sie für eine Art Ausschweifung, etwas dem Schmachten Gottes Entsprungenes gehalten haben.

39 Viola de Lereno, *Coleção das suas cantigas, oferecidas aos seus amigos* / Sammlung ihrer den Freunden geschenkten Lieder, II (Lissabon 1826) Nr. 2, S. 5ff.

Im Gegensatz dazu konnte die Art von Kolonisierung, wie sie die Holländer durchführten, deshalb Erfolg haben, weil sie sich auf die Schaffung eines Systems gründete, das der Gesellschaft der Eroberer wirksamen Schutz gegen derart zersetzende Prinzipien bot. Doch wäre ein solches System bei uns praktikabel? Was den Holländern an Anpassungsfähigkeit fehlte, machten sie mit ihrem methodischen, koordinierten Unternehmungsgeist, mit ihrer Arbeitsleistung und ihrem sozialen Zusammenhalt mehr als wett. Nur war die Art von Siedlern, die sie uns während der Zeit ihrer Herrschaft in den Gebieten des Nordosten Brasiliens* schicken konnten, für ein Land, das im Entstehen begriffen war, die am wenigsten geeignete. Diese unter Abenteurern jeder Art aus allen Ländern Europas rekrutierten »Männer, die der Verfolgungen müde waren«, kamen nur auf der Suche nach nicht realisierbaren Reichtümern hierher und hatten nicht vor, im Lande kräftige Wurzeln zu schlagen.

Der Mißerfolg verschiedener kolonialer Erfahrungen der Niederlande auf dem amerikanischen Kontinent während des 17. Jahrhunderts wurde zu einem großen Teil, und das möglicherweise aus gutem Grunde, dem Fehlen von Unzufriedenheit im Mutterland zugeschrieben, die Menschen in großem Umfang zum Auswandern treibt. Dieser Mißerfolg bezeugte demnach in Wirklichkeit, wie der Historiker H. J. Priestley anmerkt, das erfolgreiche Bestehen der Republik der Vereinigten Niederlande als nationale Gemeinschaft.[40]

40 Herbert J. Priestley, *The Coming of the White Man* (New York 1930), S. 297. Es ist interessant, diese Sehweise den Vorschlägen gegenüberzustellen, die der portugiesische Essayist Antônio Sérgio in seinem Vorwort zu Gilberto Freyres Buch *O Mundo que o Português criou* (Rio de Janeiro 1940) formuliert. Antônio Sérgio glaubt, daß die schlechten Voraussetzungen, die Portugal für jedwede Basisindustrie mitbringt, es gezwungen haben, schon früh das wirtschaftliche Gleichgewicht, das das eigene Land versagte, auf dem Meer oder jenseits des Meeres zu suchen. Möglicherweise fanden die Portugiesen in Brasilien zum ersten

Und die wirtschaftlich-politischen Bedingungen in den Vereinigten Provinzen führten nach dem Kampf um die Unabhängigkeit in der Tat zu einem derartigen Grad des Wohlstandes, daß sich in den Büros der Westindien-Kompanie nur freigestellte Soldaten, die in Folge des Dreißigjährigen Krieges Haus und Hof verloren hatten, um eine Schiffspassage bemühten, die *germanorum profugi* des Barlaeus* – kleine Handwerker, Lehrlinge, Kaufleute (zum Teil Juden portugiesischer Abstammung), Schankwirte, Schulmeister, Halbweltdamen und andere »verlorene Typen«, wie uns ein Forscher der Geschichte des holländischen Brasiliens wissen läßt. Die Streitkräfte der Westindien-Kompanie, die in Pernambuco kämpften, bestanden hauptsächlich aus Deutschen, Franzosen, Engländern, Iren und Niederländern.[41]

Unter deren berühmtesten Generälen gab es einen polnischen Adligen, Christof Arciszewski, der gezwungen war, seine Heimat zu verlassen, wo er aufgrund seiner sozinianischen* und antijesuitischen Ideen verfolgt worden war; ein weiterer war der Deutsche Sigismund von Schkoppe, über dessen Vorleben man bis heute nichts Genaues weiß.

Diese Leute, ein kosmopolitisches Völkchen vornehmlich urbaner Prägung, sollten sich in Recife drängen oder im damals entstehenden Mauritsstad auf der Insel Antônio Vaz. Dadurch wurde verfrüht die klassische Teilung zwischen Zuckerrohrplantage und Stadt, zwischen dem Landbesitzer und dem Straßenhändler angebahnt, eine Teilung, die sich später fast durch die gesamte Geschichte Pernambucos ziehen sollte.

Male die für den Anbau von jenen Nahrungsmitteln deutlich besten Voraussetzungen vor, die für die Ernährung des Menschen vorrangigen Wert besitzen. Wichtige Nahrungsmittel, wie es beispielsweise der Weizen seit jeher ist und bei uns im 17. Jahrhundert vor allem der Zucker war.

41 Hermann Wätjen, *Das holländische Kolonialreich in Brasilien* (Gotha 1921), S. 240.

Dieser urbane Fortschritt war etwas Neues im brasilianischen Leben, und er erlaubt uns, die Kolonisierungsprozesse der »Flamen« und der Portugiesen besser zu unterscheiden. Während im übrigen Brasilien die Städte weiterhin nur einfache, arme Dependancen der großen Landgüter blieben, lebte die Hauptstadt Pernambucos »aus sich heraus«. Paläste wie die von Schoonzicht und von Vrijburg zeigten sich dort in voller Pracht. Ihre üppigen Parks beherbergten die unterschiedlichsten Exemplare einheimischer Flora und Fauna. In ihnen hatten die Gelehrten Piso und Marcgrave das Material zur Hand, das sie für ihre *Historia Naturalis Brasiliae* brauchten, und Frans Post bannte dort in prächtigen Farben die Natur der Tropen auf die Leinwand. Wissenschaftliche und kulturelle Institute, Fürsorgeeinrichtungen aller Ordensgemeinschaften und wichtige politische und administrative Organisationen (man braucht nur zu erwähnen, daß 1640 in Recife das erste *Parlament* der westlichen Hemisphäre zusammentrat) verliehen dem Sitz der Regierung Neu-Hollands einen Glanz, der ihn in einzigartiger Weise aus dem amerikanischen Elend hervorhob. Um das Bild zu vervollständigen, fehlten natürlich nicht die dunklen Seiten, die seit jeher Teil des städtischen Lebens waren: Bereits 1641 war das Hafenviertel von Recife für einige calvinistische Eiferer eine wahre »Lasterhöhle«.[42]

42 Zumindest in diesem Punkt schienen sich die Siedler Neu-Hollands nicht von denen des portugiesischen Brasiliens zu unterscheiden. Aus alten Chroniken, den Briefen der Jesuiten und anderen Dokumenten, besonders denen des ersten Besuches der Heiligen Inquisition, die zu einem großen Teil bereits veröffentlicht wurden, wissen wir, bis zu welchem Grade der Sittenverfall in der Bevölkerung der ersten Jahrhunderte der Kolonisierung ging. Das Bild, das uns Paulo Prado in seinem *Retrato do Brasil* zeigt, spricht für sich. In Europa war während des 18. Jahrhunderts der Glaube verbreitet, daß es diesseits des Äquators keine Sünde gäbe: *Ultra aequinoxialem non peccari.* Barlaeus, der dieses Sprichwort erwähnt, kommentiert es, indem er sagt: »Als wenn

Es besteht kein Zweifel daran, daß der belebende Eifer der Holländer in ihrem bemerkenswerten Kolonisierungsunterfangen nur schwerlich über die Mauern der Städte hinausgelangen und im ländlichen Leben unseres Nordostens Wurzeln schlagen konnte, ohne seine ursprüngliche Natur zu verlieren und pervertiert zu werden. Aus diesem Grunde gab es in Neu-Holland zwei unterschiedliche Welten, zwei künstlich zusammengefügte Bereiche. Die Anstrengungen der holländischen Eroberer beschränkten sich darauf, etwas Großes aufzubauen, was nur Fassade war und nur den Leichtgläubigen die wahre, harte wirtschaftliche Realität vergessen lassen konnte, mit der sie sich herumschlugen.

Ihr Engagement, aus Brasilien eine tropische Verlängerung des europäischen Vaterlandes zu machen, fiel der Unfähigkeit zum Opfer, das Land auf den Grundlagen zur Blüte zu bringen, die seiner Natur entsprachen, so wie es bereits die Portugiesen recht oder schlecht getan hatten. Dem Anschein nach rührte deren Erfolg eben gerade daher, daß sie den Unterschied zwischen sich und der Welt, die sie in Besitz nahmen, nicht aufrechtzuerhalten gewußt oder vermocht hatten. Ihre Schwäche war ihre Stärke.

Die Holländer scheuten keine Mühen, um mit ihren Vorgängern im Bereich der Landwirtschaft in Wettstreit zu treten. Nur paßten sich die Menschen, über die sie verfügten, diesem Leben nicht an. Nur wenige gingen das Risiko ein, um der Zuckerrohrplantagen willen die Stadt zu verlassen. Beunruhigt angesichts des drohenden Ruins – denn die größten Quellen des Reichtums in Neu-Holland lagen in Händen der Portugiesen und vor allem von Lusobrasilianern –, glaubten 1636 die Mitglieder des Politischen Rates das Problem dadurch lösen zu können, daß sie versuchten,

diese Linie, die die Welt in zwei Hemisphären teilt, zugleich die Tugend vom Laster trennte.«

eine große Anzahl bäuerlicher Familien aus dem Mutterland anzusiedeln. Dies sollte der Weg sein, sich vor dem Keim zukünftiger Komplikationen zu schützen. »Erst wenn viele Kinder der Niederlande zwischen Portugiesen auf dem Akkerland leben, ist unsere Herrschaft über den unruhigsten Teil der Bevölkerung gesichert«, sagten im Januar 1636 die Statthalter und der Politische Rat zum Direktorium der Westindien-Kompanie. Hierzu forderten sie Amsterdam dringend auf, ihnen ein- bis dreitausend Bauern zu schicken. Doch sie warteten vergebens. Die Bauern blieben dort, wo sie waren, an Haus und Hof geklammert. Sie konnte kein Abenteuer verlocken, das sie zu Recht für riskant und zweifelhaft hielten.[43]

Der Mißerfolg des holländischen Experiments in Brasilien ist in Wahrheit ein weiterer Beweis für die heute von einigen Anthropologen vertretene Ansicht, daß die Nordeuropäer und die Tropen nicht zusammenpassen. Ein einzelnes Individuum – bemerkt eine Autorität in diesem Bereich – kann sich an solche Regionen anpassen, doch die Volksgruppe insgesamt ganz entschieden nicht; selbst an Südeuropa paßt sie sich nicht an. Ganz anders als die Holländer hatten die Portugiesen engen und häufigen Kontakt mit der farbigen Bevölkerung. Mehr als jedes andere Volk Europas ließen sie sich in den Gemeinschaft stiftenden Bann der Bräuche, der Sprache und der Sekten der Eingeborenen und der Schwarzen ziehen. Je nach Notwendigkeit amerikanisierten oder afrikanisierten sie sich. »Sie wurden zu Schwarzen«, hieß es gemeinhin an der Küste Afrikas.[44]

Selbst die portugiesische Sprache schien im Vergleich zur holländischen bei den Eingeborenen auf ganz besondere Sympathie gestoßen zu sein. Diese Beobachtung, die Jahrhun-

43 Hermann Wätjen, op. cit., S. 240.
44 A. Grenfell Price, *White Settlers in the Tropics* (New York 1939), S. 177.

derte später von Martius formuliert wurde – daß nämlich die nordischen Sprachen unseren Indios praktisch unüberwindbare phonetische Schwierigkeiten bereiteten, während das Portugiesische ebenso wie das Spanische für sie sehr viel leichter zu lernen war[45] –, konnten die Invasoren bereits sehr früh machen. Die protestantischen Missionare, die mit den Holländern gekommen waren, merkten bald, daß die niederländische Sprache im Religionsunterricht nicht nur bei den Afrikanern, sondern auch bei den eingeborenen Heiden wenig Erfolg versprach. Die alten Schwarzen haben sie ganz entschieden nie gelernt. Das Portugiesische hingegen war vielen von ihnen sehr vertraut. Die Erfahrung zeigte schließlich, daß sein Gebrauch bei Predigten mehr Erfolg brachte.[46] Und daher bedienten die Holländer sich im Umgang mit den Schwarzen und den Eingeborenen häufig der Sprache der Besiegten – so wie sich die Jesuiten des Tupi bedienten, um die Indios zu bekehren, selbst bei den Tapuio, den nicht zu den Tupi gehörenden Völkern.

Wichtig ist außerdem, daß die von den Invasoren mitgebrachte reformierte Religion im Gegensatz zum Katholizismus keinerlei Reiz für die Sinne oder die Phantasie dieser Menschen besaß und daher keinen Übergangsbereich bot, in dem sich ihre Religiosität an die christlichen Vorstellungen anpassen konnte.

Von diesen holländischen Calvinisten kann man nicht, wie beispielsweise von den Puritanern in Nordamerika, sagen, daß sie sich, von der Bibel inspiriert, mit dem Volk Israel identifizierten und so weit gingen, die in Neu-Holland lebenden Menschen einer anderen Kaste, eines anderen Glaubens oder einer anderen Hautfarbe den Kanaanitern des Alten Testamentes gleichzusetzen, die der Herr dem erwählten

45 Spix und Martius, op. cit., S. 387.
46 Hermann Wätjen, op. cit., S. 224.

Volk übergab, damit sie zerstört und unterworfen würden.[47] Es ist dagegen hinlänglich bekannt, daß es unter ihnen im Gegenteil Menschen gab, die sich ständig darum bemühten, die Schwarzen und Eingeborenen des Landes um sich zu scharen, und diese Bemühungen waren zum großen Teil mit Erfolg gekrönt. Was bei solchen Kontakten gefehlt zu haben scheint, war die nachgiebige, gesellige Zuneigung, die die katholische Kirche – zweifellos universeller und weniger ausschließlich als der Protestantismus – den Menschen einzuflößen weiß, selbst wenn die unter ihnen herrschenden Beziehungen offensichtlich keineswegs ohne Fehl sind.

Und aus ebendiesem Grunde scheint es den Calvinisten nicht gelungen zu sein, für ihren Glauben so viele oder so eifrige Anhänger zu gewinnen, wie es den Portugiesen für die katholische Religion ohne viel Aufwand gelungen ist. Bezeugen können dies einige Kolonisatoren der Antillen, denen die in Brasilien niedergelassenen Holländer gefangene und versklavte Indios verkauften. »Es ist einfach«, heißt es in einem Zeitzeugnis, »diejenigen, die von den Portugiesen bekehrt wurden, an ihrer Frömmigkeit und der Andacht, die sie in den Kirchen zeigen, an ihrem Eifer im Gottesdienst und ihrem sehr viel züchtigeren, bescheideneren Äußeren von denen zu unterscheiden, die in Recife bei den Holländern lebten.«[48]

47 Die These, daß die modernen Rassenvorurteile und letztlich die rassistischen Theorien spezifisch protestantischen Ursprungs sind, wird zur Zeit vehement von dem englischen Historiker Arnold J. Toynbee vertreten. Auch wenn man sich den Gesichtspunkt und die Schlüsse des Autors nicht voll und ganz zu eigen macht, kann man dennoch einräumen, daß der Umstand, daß dieses Rassenvorurteil heute stärker bei protestantischen Völkern auftritt, keineswegs zufällig oder von einigen Faktoren unabhängig ist, die dieselben Völker in einer bestimmten Epoche ihrer Geschichte dazu gebracht haben, der Reformation zu folgen. – Arnold Toynbee, *A Study of History*, I (London 1935), S. 211-227.

48 Jean B. Du Tertre, op. cit., II, S. 489.

Zu diesen unschätzbaren Vorteilen kommt zugunsten der Portugiesen noch ein weiterer, nämlich das bereits angesprochene Fehlen jeglichen rassischen Stolzes. Aus all diesen Gründen war die Rassenmischung, die sicher ein wichtiges Element der Bindung an die Tropen ist, im portugiesischen Amerika kein sporadisch auftretendes Phänomen, sondern im Gegenteil der normale Prozeß. Gerade diesem Prozeß ist es zum Teil zu verdanken, daß die Portugiesen ohne übermenschliche Anstrengungen fern der alten eine neue Heimat schaffen konnten.

Anmerkungen der Übersetzerin

La France Antarctique: 1555 landet eine französische Siedlungsexpedition in der Gegend des heutigen Rio de Janeiro. Unter der Führung von General Villegagnon beginnen sechshundert von nordfranzösischen Kaufleuten finanzierte und von König Henri II. unterstützte Siedler mit der Errichtung einer Kolonie, der »France Antarctique«. Fünf Jahre später gelingt es den Portugiesen, diese Siedlung zu zerstören. 1567 gründen sie dort, um ihre Präsenz im südlichen Brasilien zu untermauern, die Stadt Rio de Janeiro.
Eschwege, Baron Ludwig Wilhelm von (1777-1855): kam 1810 nach Brasilien, um Beschaffenheit, Mineralvorkommen und industrielle Nutzung des Bodens zu studieren. Er blieb dort elf Jahre und wird aufgrund seiner Untersuchungen der »Vater der brasilianischen Geologie« genannt. Seine Arbeiten (u.a. über Eisenverhüttung, Techniken des Gold- und Diamantenwaschens) haben einen wichtigen Beitrag zur wirtschaftlichen Entwicklung Brasiliens geleistet.
Damião de Góis (1502-1574): Portugiesischer Historiker und Humanist.
Sebastian Münster (1488-1552): Theologe und Kosmograph. Verfasser der *Cosmographia Universalis* (Basel 1544).
Saraquá (Tupi): Hacke aus Holz, die bei der Aussaat von Mais benutzt wird.

Procissão dos Passos: Diese Kreuzwegprozession wurde erstmals 1578 in Lissabon begangen und hatte die Kirche S. Roque zum Ausgangspunkt.
Dias, Antônio Gonçalves (geb. 1823 in Boa Vista/Maranhão – gest. 1864 bei einem Schiffbruch vor der Küste von Maranhão): der größte Dichter der brasilianischen Romantik. Sein indianistisches Epos *Os Timbiras* (1857) wurde denkwürdigerweise von Brockhaus in Leipzig verlegt. – Näheres siehe: *Autorenlexikon Lateinamerika*, Hrg. Dieter Reichardt, Suhrkamp Verlag, Frankfurt a. M. 1992.
Alencar, José Maria de (geb. 1829 in Mecejana, gest. 1877 in Rio de Janeiro): Politiker – er war von 1868-70 Justizminister –, Journalist und Schriftsteller, dessen 1857 erschienener Roman *O Guarani* (dt. *Der Guarani*, 1876) die Welle der brasilianischen indianistischen Literatur begründete. Sein populärster Roman wurde *Iracema* (1865 – dt. *Iracema. Ein Sang aus den Urwäldern Brasiliens*, 1896). Näheres siehe: *Autorenlexikon Lateinamerika*, Hrg. Dieter Reichardt, Suhrkamp Verlag, Frankfurt a. M. 1992.
Ciudad de los Reyes: Ursprünglicher Name der Stadt Lima, die am 6. Januar 1535, dem Tag der Heiligen Drei Könige, von Pizarro gegründet wurde.
Francisco de Toledo: Vizekönig von Peru 1569-81.
Caldas Barbosa, Domingos: geb. um 1740 in Rio de Janeiro, gest. 1800 in Lissabon, schrieb in der von Bocage, Curvo, Semedo und José Agostinho de Macedo gegründeten *Nova Arcádia* unter dem Pseudonym Loreno Selimantino.
Die holländische Herrschaft im Nordosten Brasiliens dauerte von 1630 bis 1654. 1630 wurden Olinda und Recife von holländischen Truppen eingenommen. Unter militärischer Führung, zunächst von Moritz von Nassau, gelang es den Holländern allmählich, ihren Einflußbereich auszudehnen. 1641 beherrschten sie bereits fünf Capitanias nördlich des Rio São Francisco. Die »Guerra de Guararapes«, der Krieg in den Guararapes-Bergen drei Meilen südlich von Recife, ist mit den Siegen über die Holländer 1648 und 1649 das Symbol für die Wiedereroberung des Landes durch die Portugiesen. 1654 fällt endlich Recife, und die Holländer müssen nach Europa zurückkehren.
Barlaeus, latinisierte Form, mit der der niederländische Arzt, Theo-

loge und Philosoph, Dichter und Historiker Gaspar Van Baerle (geb. Antwerpen 1584, gest. 1648 in Amsterdam) unterzeichnete. Moritz von Nassau nahm ihn während der niederländischen Herrschaft im Nordosten Brasiliens mit nach Pernambuco. Nach seiner Rückkehr nach Europa veröffentlichte er 1645 *Rerum per atennium in Brasilia et alibi nuper gestarum historiae.*
Sozinianer, nachreformatorische Religionsgemeinschaft, die sich in Polen im 16. Jahrhundert unter dem Einfluß von Fausto Sozzini bildete und die Einheit Gottes und ein rational bestimmtes freies Christentum predigte. 1658 wurden alle Sozinianer des Landes verwiesen.

Anmerkung des Autors zu Kapitel II

S. 35, Fn. 16 – Fortbestehen des landwirtschaftlichen Raubbaus

Aufschlußreich ist das Zeugnis eines nordamerikanischen Beobachters, R. Cleary, der wegen des Sezessionskrieges aus den USA ausgewandert war und während der letzten zwanzig Jahre der brasilianischen Monarchie seinen Beruf als Arzt in Lajes im Staate Santa Catarina ausübte. In einem noch unveröffentlichten Werk, dessen Manuskript sich in der Library of Congress in Washington befindet, sagt Cleary über die deutschen Siedler in São Leopoldo, daß sie nichts Neues in das Land ihrer Wahl brachten und sich darauf beschränkten, das zu pflanzen, was die Brasilianer bereits anpflanzten, und dies auf die gleiche primitive, unbeholfene Art und Weise:

»In Porto Alegre lernte ich einen Iren kennen (...) der versuchte, den Gebrauch des Pfluges bei den Deutschen durchzusetzen. Er hatte damit nicht den geringsten Erfolg, denn die Siedler zogen es vor, auf Hacken oder Spaten, in den meisten Fällen sogar auf einfache Stöcke zurückzugreifen, mit denen sie die Ackerfurchen zogen. Dieses letzte Detail muß erläutert werden: Unsere eigenen Landarbeiter würden zweifellos sprachlos sein, wenn ich ihnen erzählte, daß hier die Landarbeit vornehmlich mit Hilfe von Hacken, seltener mit Spaten gemacht wird, und zwar selbst dort, wo der Bauer aufgeklärt genug ist, daß er dem weitverbreiteten Brauch eigentlich widerstehen könnte, die Vertiefungen für das Saatgut mit einem einfachen Stück Holz zu graben. Wahr ist, wie bereits erwähnt, daß sich einige wenige eines Spatens bedienen, der aber auch nur ein armseliger Ersatz für das große Symbol der Zivilisation ist, nämlich den Pflug.«[49]

Seit damals ist der Erwerb besserer Techniken, die den Untergang der von den alten Eingeborenenvölkern überlieferten Verfahren bedeutet

49 *Crônicas Lajainas, or a Record of Facts and Observations on Manners and Customs in South Brasil, extracted form notes taken on the spot during a period of more than twenty years*, by R. Cleary, A. M. ... M. D., Lajes, 1886 Manuskript der Library of Congress. Washington, D. C., Blatt 5 ff.; Dr. Hans Porzelt, op. cit. S. 23.

hätte, nicht im wünschenswerten Maße vorangeschritten. Man könnte sagen, daß die technische Entwicklung im allgemeinen weniger darauf abzielte, die Ergiebigkeit des Bodens zu erhöhen, als auf Kraftersparnis.

Andererseits kann man nicht leugnen, daß nach der ersten Pionier-Etappe, während deren die primitiven Verfahren beinahe als schicksalsgegeben übernommen wurden, die Nachkommen der deutschen und italienischen Siedler in der Regel eher als die Lusobrasilianer bereit waren, Formen intensiver, auf verbesserten Methoden beruhender Landwirtschaft zu übernehmen.

Diese Beobachtungen stellen uns vor ein Problem, das das hier behandelte Thema direkt betrifft: Aus welchem Grunde sind die europäischen Kolonisatoren in Brasilien wie auch im übrigen Lateinamerika vom Gebrauch des Pfluges wieder zum Gebrauch der Hacke zurückgekehrt, wenn sie sich nicht gar auf die primitiven Verfahren der Eingeborenen einließen?

Im Laufe der vorliegenden Arbeit wurde versucht, darzulegen, daß dieser Umstand weitgehend auf die geringe Neigung der iberischen Einwanderer für die Landwirtschaft zurückzuführen ist. Doch die Tatsache, daß die europäischen Siedler aus anderen Herkunftsländern sich in dieser Hinsicht nicht als progressiver denn die Portugiesen und Spanier erwiesen, weist darauf hin, daß dieser Rückschrittlichkeit noch andere Faktoren zugrunde gelegen haben müssen. Das Thema war Gegenstand einer sorgfältigen Untersuchung von Dr. Herbert Wilhelmy, die während des Krieges in Deutschland veröffentlicht wurde und deshalb nicht das verdiente Echo gefunden hat.[50]

In dieser Arbeit wird gezeigt, daß den im Urwald lebenden Siedlern die Brandrodung als derart unumgänglich erscheinen mußte, daß andere Methoden schließlich der Vergessenheit anheimfielen. Sie vermuten, daß die Ergiebigkeit des ohne Hilfe von Feuer gerodeten und von Baumstümpfen gereinigten Bodens nicht so groß ist, daß sie für

50 Herbert Wilhelmy, »Probleme der Urwaldkolonisation in Südamerika«, *Zeitschrift der Gesellschaft für Erdkunde zu Berlin*, Nummer 7 und 8 (Berlin, Oktober 1940), S. 303-314. – Prof. Dr. Karl Sapper, *Die Ernährungswirtschaft der Erde und ihre Zukunftsaussichten für die Menschheit* (Stuttgart 1939), S. 85.

die Mühen einer Urbarmachung entschädigen würde, zumal die Aussichten, das gefällte Holz auf einem nahen Markt verkaufen zu können, fast immer minimal sind.

Eine illusorische Vorstellung, denkt Wilhelmy, denn die Wirtschaftlichkeit der einen oder anderen Arbeitsmethode hängt nicht allein davon ab, wieviel man für deren Anwendung aufbieten muß. Ausschlaggebend ist eine Gegenüberstellung des Ertrages eines mit anderen Methoden vorbereiteten Hektars Land. Ein solcher Vergleich macht deutlich, daß »die Ernte von Mais, der auf nicht brandgerodetem Boden wächst, zweimal so hoch ausfällt wie auf einem Boden, bei dem zur Urbarmachung Feuer verwendet wurde«.

Abgesehen davon, daß sie die Fruchtbarkeit des Bodens schädigt, zerstört die Brandrodung leicht große Flächen natürlicher Vegetation und bringt so weitere Nachteile mit sich, beispielsweise den, daß Vögel ihre Nistplätze verlieren. »Und das Verschwinden der Vögel bringt das Verschwinden eines wichtigen Potentials zur Vertilgung jeder Art von Schädlingen mit sich. Tatsache ist, daß in den unterschiedlichen Regionen, in denen Wald in großem Ausmaß zerstört wurde, Bohrkäfer in die Mateplantagen einfallen, bis in das Mark der Stämme und Zweige dringen und so die Sträucher ihrem sicheren Tode ausliefern. Die Larven vermehren sich bei Abnahme des Waldes beträchtlich.«

Wie auch immer, die deutschen Siedler, die seit sechzig Jahren weniger zerstörerische Methoden als die Brandrodung anwandten, mußten sich schließlich an das traditionelle brasilianische System anpassen, da – wie es in einem Zeitzeugnis heißt –, beim Umpflügen des Bodens mineralische Teilchen an die Oberfläche steigen, die das Wachsen der Pflanzen behindern.

Nach der anfänglichen Rodung hinderte die Siedler nichts daran, den Pflug zu gebrauchen, den sie aus ihren Heimatländern kannten. Doch dies geschah fast nirgends. Die einzige Ausnahme, die Wilhelmy verzeichnen konnte, war die der kanadischen Mennoniten und Russen deutscher Herkunft, die sich zwischen 1927 und 1939 im Chaco in Paraguay niederließen. Sie kamen nicht nur mit dem festen Entschluß, auf großen Flächen den Pflug zu benutzen, sondern sie waren auch aus religiösen Gründen gegen die Brandrodung. Weil sie sich einer solchen Form der Urbarmachung verweigerten, schlugen sie später die Möglichkeit einer Umsiedlung in die brasilianischen Waldgebiete des Staates Santa Catarina aus.

Zwei Gründe erklären Wilhelmy zufolge das Fortbestehen der primitivsten Ackerbaumethoden in den deutschen Siedlungsgebieten im Süden Brasiliens. Zum einen liegen diese Kolonien größtenteils längs der Gebirge an den Hängen und sind zum Tal hin ausgerichtet. In diesen Fällen verbietet die Bodenbeschaffenheit die Benutzung des Pfluges. Andererseits bestellen die meisten der in den Ebenen niedergelassenen Siedler ihre Felder auf europäische Art mit dem Pflug. Jedoch nicht alle. Viele blieben und bleiben auch heute noch ganz allein der Hacke treu. Der Grund dafür – und es ist dies der zweite für das Fortbestehen der primitiven Verfahren – liegt in der Erfahrung vieler Bauern, daß der Gebrauch des Pfluges in bestimmten tropischen und subtropischen Gebieten häufig kontraproduktiv ist. Viele fortschrittliche Siedler mußten diese Einsicht teuer bezahlen, wie zum Beispiel die Bauern von Nueva Germania, einem 1887 gegründeten Ort im Norden Paraguays. Diejenigen unter ihnen, die nicht ruiniert waren, mußten zum Ackerbau mit der Hacke zurückkehren, und sie haben nicht vor, diese Praxis aufzugeben, denn sie sind vollkommen davon überzeugt, daß ein Waldboden nicht nur durch Feuer, sondern auch durch den Pflug zerstört werden kann. Derlei Mißerfolge[51] sollten jedoch nicht als Aufforderung zu Gleichgültigkeit und zum Festhalten an der Gewohnheit verstanden werden, sondern als Ansporn dazu, die Eigenheiten eines Bodens zu untersuchen, bevor die Agrartechnik verbessert wird. Die erwähnten Erfahrungen scheinen lediglich darauf zu verweisen, daß die Arbeit mit dem Pflug dann schadet, wenn das Blatt die Erde so tief umpflügt, daß auf kargen Böden, die wenige Mikroorganismen und im allgemeinen wenige der zum Wachstum der angebauten Pflanzen notwendigen organischen Substanzen enthalten, die dünne Humusschicht begraben wird.

51 Den Beobachtungen Wilhelmys wäre noch die des berühmten Amerikanisten Karl Sapper hinzuzufügen, der die Meinung vertritt, der intensive Gebrauch des Pfluges in heißen und feuchten Gebieten könne zur Ausbreitung von Malaria beitragen. »In vielen Fällen war ich Zeuge davon«, erklärt er, »wie diese Tatsache dazu führte, daß der Pflug erneut zur Seite gelegt wurde, was gute Folgen für die Gesundheit der Arbeiter und ihrer Familien hatte.« Herbert Wilhelmy, op. cit., S. 313.

In anderen Kontinenten durchgeführte Untersuchungen bestätigen die von Sapper und Wilhelmy im tropischen Amerika gemachten Beobachtungen. So versuchte eine Textilfabrik aus Leipzig in Sadani in Zentralafrika, Baumwollplantagen aufzubauen, in denen die Erde bis zu einer Tiefe von 30 bis 35 cm umgebrochen wurde. Die Folge war ein sofortiger, katastrophaler Rückgang der Ergiebigkeit.

Nachdem der Grund für den Mißerfolg erkannt war, wurde mit besten Ergebnissen auf oberflächliches Pflügen umgestellt. Wie soll man jedoch erklären, daß die Jesuiten in ihren Missionen in Paraguay den Ackerbau mit dem Pflug von Anfang an mit gutem Erfolg eingeführt haben? Der Grund dafür wird darin liegen, daß die von den Spaniern in ihre amerikanischen Besitztümer mitgebrachten Pflüge in der Regel nicht tief pflügten. Sapper klärt uns darüber auf, daß sie sich in dieser Hinsicht wenig von der *taclla* unterschieden, dem Fußpflug der alten Quechuas, der modernsten Schöpfung der Agrartechnik des präkolumbianischen Amerikas.[52] Ihr Vorteil bestand darin, daß sie in der gleichen Zeit zwei- bis dreimal so große Flächen pflügten.

Aus einer Beschreibung aus der Mitte des 18. Jahrhunderts wissen wir, daß die plumpen Holzpflüge, die in den Jesuitenmissionen benutzt wurden, nur eine Viertelelle in den Boden eindrangen und dennoch alles, was dort ausgesät wurde, gut gedieh. Es würde besser gedeihen und reichere Früchte tragen, behauptete Pater Florian Paucke, der gewiß in europäischen Maßstäben dachte, wenn sie wie die Eisenpflüge tiefer einschnitten und die Erde so umpflügten »wie in unseren deutschen Landen«.[53]

In das portugiesische Amerika gelangte nur wenig von diesem oder anderen technischen Fortschritten, die die Indios in den Missionen genossen. Der Ackerbau wurde bei uns weiterhin in den Wäldern und auf Kosten der Wälder betrieben. Der General-Hauptmann Luís Antônio de Sousa sagte 1766 über seine Bauern von São Paulo: »Sie

52 Derselbe Autor behauptet, 1927 in der Umgebung von Cusco eine *taclla* gesehen zu haben, die etwa 20-25 cm in den Boden eindrang. – Karl Sapper, op. cit., S. 84; K. Sapper, *Geographie und Geschichte der indianischen Landwirtschaft* (Hamburg 1936), S. 47-48.

53 Florian Paucke, S. J., *Hacia Allá y para Acá (Una estada entre los indios Mocobies, 1749-1767)*, III, 2. Teil (Tucumán-Buenos Aires 1944), S. 173.

folgen dem Urwald, so daß die Leute aus Cutia, das sieben Meilen von dieser Stadt entfernt ist, heute bereits Bewohner der Gemeinde von Sorocaba sind, die vom besagten Cutia zwanzig Meilen entfernt liegt.« Und all dies, weil sie nach der Art der Heiden nur »hinter dem Wald herzulaufen wußten und ihre Wohnung dorthin verlegten, wo es ihn gab«.[54]

54 *Documentos Interessantes para a História e Costumes de S. Paulo*, XXIII (São Paulo 1896) S. 4ff.

III
Ländliches Erbe

Unsere koloniale Gesellschaft wurde in ihrer Gesamtheit von Strukturen außerhalb des städtischen Bereichs getragen. Man muß diese Tatsache im Auge behalten, wenn man genau verstehen will, welche Bedingungen es waren, die uns bis weit nach unserer Unabhängigkeitserklärung direkt oder indirekt beherrschten und deren Einfluß heute noch spürbar ist.

Wenn die Portugiesen, wie im vorangegangenen Kapitel behauptet, strenggenommen keine landwirtschaftliche Kultur in Brasilien begründet haben, so war es doch eine Kultur mit ländlichen Wurzeln. Unbestreitbar konzentriert sich das gesamte Leben während der ersten Jahrhunderte europäischer Besetzung auf den Landgütern: Die Städte sind virtuell, wenn nicht gar tatsächlich, lediglich deren Dependancen. Ein wenig zugespitzt könnte man sagen, daß dies sich bis zur Aufhebung der Monarchie nicht wesentlich änderte. Der 13. Mai 1888, als die Sklaverei in Brasilien abgeschafft wurde, ist ein Markstein, der zwei Epochen voneinander trennt. Dieses Datum ist in der Entwicklung unserer Nation von einzigartiger, unvergleichlicher Bedeutung.

Während der Monarchie hatten noch die Großgrundbesitzer als Sklavenhalter und ihre Söhne in den freien Berufen das politische Monopol inne, indem sie dafür sorgten, daß sie oder ihre Kandidaten gewählt wurden. Sie stellten die Mehrheit in den Parlamenten und Ministerien, hatten alle Posten mit Befehlsgewalt inne und legten so den Grundstein für die Beständigkeit der Institutionen in diesem Bereich, der ihnen von niemandem streitig gemacht wurde.

Er war tatsächlich derart unangefochten, daß viele Vertreter der Klasse der alten Gutsherren sich den Luxus leisten konnten, anti-traditionellen Neigungen zu folgen. Sie riefen sogar einige der wichtigsten liberalen Bewegungen unserer Geschichte ins Leben. In gewisser Weise sind ihnen auch jene materiellen Fortschritte zu verdanken, die die traditionell herrschenden Verhältnisse zugrunde richten sollten, indem sie ganz allmählich das Prestige ihrer Klasse und die Hauptstütze ihres Ansehens, das heißt die Sklavenarbeit, untergruben.

Selbst nach Einführung der Republik haben wir wahrscheinlich nie wieder mit derartigem Erfolg so viele Reformen in so kurzer Zeit angepackt wie Mitte des 19. Jahrhunderts und insbesondere zwischen 1851 und 1855. So begann bereits 1851 die gesetzlich zugelassene Gründung von Aktiengesellschaften zu boomen. Im selben Jahr wird der zweite *Banco do Brasil* gegründet, der sich drei Jahre später mit seiner Vereinheitlichung und mit dem Emissionsmonopol eine neue Form gibt. 1852 wird die erste Telegrafenleitung in der Stadt Rio de Janeiro eingeweiht. 1853 wird der *Banco Rural e Hipotecário* (Landwirtschafts- und Hypothekenbank) gegründet, der viel höhere Dividenden ausschüttete, ohne jedoch die Privilegien des *Banco do Brasil* zu besitzen. 1854 wird die erste Eisenbahnlinie des Landes eröffnet – vierzehneinhalb Kilometer zwischen dem Hafen Mauá und Fragoso. Die zweite Strecke, die den kaiserlichen Hof an die Hauptstadt des Staates São Paulo anbinden sollte, wird ab 1855 gebaut.

Die Einführung und Verbreitung des Bankkredites, der seit der Liquidierung des ersten *Banco do Brasil* im Jahre 1829 buchstäblich aufgehört hatte zu existieren, stimuliert nun die Privatinitiative. Die schnellere Nachrichtenübermittlung begünstigt die Beschleunigung von Geschäftsabschlüssen und deren Zunahme. Die Einführung moderner Transportmittel zwischen den Zentren landwirtschaftlicher Produktion und den großen Handelsplätzen des Kaiserreiches ist eine weitere entscheidende Entwicklung. Es erübrigt sich beinahe hinzuzufügen, daß der Reichtum, der aus den neuen Formen der Spekulation erwuchs, sich nicht nur am Rande, sondern vor allem auf Kosten der traditionellen landwirtschaftlichen Aktivitäten vermehrte. Man kann sogar sagen, daß der durch derartige Veränderungen geöffnete Weg logischerweise zu einer mehr oder minder raschen Auflösung unseres ländlichen kolonialen Erbes führen mußte, das heißt eines Wohlstands, der sich auf die Arbeit von Sklaven und die extensive, verschwenderische Ausbeutung urbaren Landes gründete.

Daß eine Periode außergewöhnlicher Vitalität im Geschäftsleben unter der Führung und zum Nutzen gemeinhin nicht in der Landwirtschaft verwurzelter Spekulanten ausgerechnet dem ersten Schritt auf dem Wege zur Abschaffung der Sklaverei – der Unterbindung des Sklavenhandels – folgte, ist kein Zufall.

Ein erster, zweifellos entscheidender und wahrhaft heroischer Schritt war das Gesetz von Eusébio de Queirós*. Wenn man bedenkt, wie komplex nicht nur das Gewebe von mächtigen wirtschaftlichen Interessen, sondern auch das von nationalen Leidenschaften und tief verwurzelten Vorurteilen war, so mußte dieses Gesetz wie ein Schlag ins Gesicht wirken. Indem er sich britischer Parlamentsdokumente bediente, konnte Calógeras ein wahrhaft eindrucksvolles Bild der damaligen Widerstände und des Aufbegehrens gegen das Gesetz zusammenstellen. Daß englische Kreuzer brasilianische Schiffe in unseren Häfen aufbrachten (*Bill Palmerston**), bestärkte in gewisser Weise jene Gruppen in ihrer Meinung, die für eine Fortführung des Sklavenhandels eintraten, indem sie an patriotische Gefühle des Volkes appellierten. Es fehlte zudem auch nicht das Argument der ewigen Verfechter des Status quo, die Institutionen um jeden Preis auf Dauer eingesetzt sehen wollten, weil sie sich vor einer unsicheren, nicht voraussehbaren Zukunft fürchteten. Sie waren der Ansicht, daß in einem neuen, dünnbesiedelten Land wie Brasilien die Beibehaltung der Einfuhr von Schwarzen, zumindest für eine gewisse Zeit, im schlimmsten Fall ein unvermeidliches, in jedem Fall jedoch das kleinere Übel sei, wenn man es mit dem allgemeinen Elend vergleiche, das der Mangel an Arbeitskräften hervorrufen könne.

Andererseits führte die Tatsache, daß die im Schatten des Sklavenhandels erworbenen großen Vermögen vor allem portugiesisch und nicht brasilianisch waren, zu einer Mobilisierung der noch zahlreichen *caramurus** aus der Zeit der Regentschaft* gegen die Einfuhr von Sklaven und folglich zugunsten einer Regierung, die bereit war, dem Sklavenhandel entschlossen entgegenzutreten. Und es ist bekannt, daß der portugiesenfeindliche Nativismus innerhalb der Bewegung zur Abschaffung des Sklavenhandels direkt und indirekt einen beträchtlichen Einfluß ausübte.

Jenen, die am Sklavenhandel ein Interesse hatten, war es gelungen, ein ausgedehntes Netz von Vorsichtsmaßnahmen zu schaffen, das ihnen die ungehinderte Ausübung ihrer Geschäfte garantierte. Weil sie an den Küsten ein ausgeklügeltes Warnsystem aufgebaut hatten, das bei Ankunft der Sklavenschiffe jede mögliche Gefahr anzeigte, weil sie die Zeitungen finanziell unterstützten, weil sie Beamte bestachen und mit allen Mitteln die politische oder polizeiliche Verfolgung ihrer Feinde anstachelten, glaubten sie ihre eigene Straflosigkeit ebenso wie die Unantastbarkeit ihrer Geschäfte auf ewig gesichert. »Je nach Schiffsklasse«, fügt Calógeras hinzu, »konnte man für achthundert bis tausend Escudos die für die Überfahrt vorgeschriebenen portugiesischen und brasilianischen Papiere bekommen. Nach seiner Rückkehr von den Küsten Afrikas und der Ausbootung der menschlichen Fracht lief das Schiff mit der Seuchenflagge in den Hafen ein. Für fünfhundert Escudos stellte der Gesundheitsoffizier ein entsprechendes Attest aus, und das Schiff ging dann im Distrikt Santa Rita in Quarantäne, dessen Friedensrichter Komplize der Rechtsbrecher war. Dann wurden alle Spuren vernichtet, die auf einen Transport von Schwarzen hinweisen konnten, und für sechshundert Escudos erwarb man ein neues Gesundheitszeugnis. So von aller Schuld reingewaschen, ging das Schiff im üblichen Hafen vor Anker. Manchmal geschah es, daß das Sklavenschiff in der Nähe der Ilha Rasa stoppte und der Leuchtturmwärter es besuchte: Für zweihundert Escudos erkaufte man sich sein Schweigen.«[55]

Es ist nicht verwunderlich, daß im Schutz dieser Vorkehrungen sogar – und vor allem – nach 1845, dem Jahr der *Bill Aberdeen**, die Sklavenhändler ein schwunghaftes und lukratives Geschäft betrieben, was sie zu den wahren Finanzmagnaten des Kaiserreichs machte. Man begreift den Schlag, den das Gesetz von Eusébio de Queirós für sie bedeutete, wenn man bedenkt, daß im Jahre 1845 die Gesamtzahl der eingeführten Schwarzen 19463 betrug, 1846 aber schon 50354. Die weitere Entwicklung: 1847 56172; 1848 60000, 1849 54000 und 1850 23000. Die plötzliche starke Abnahme der Zahl, die man im letzten Jahr verzeichnet, liegt nicht allein an der Verabschiedung des Gesetzes von Eusébio de Queirós am 4. September, sondern auch an den britischen Aktivitäten zur Unterdrückung des Sklavenhandels.

Daß die ergriffenen Maßnahmen wirksam waren, spiegelt sich in der Tatsache wider, daß bereits 1851 nur 3287 Schwarze ins Land kamen und im Jahre 1852 nur 700. Danach sind nur noch gelegentliche Anlandungen von Sklaven bekannt, darunter jene in Serinhaém in Pernambuco und in São Ma-

55 Pandiá Calógeras, *A Política Exterior do Império, III: Da Regência à Queda de Rosas* (São Paulo 1933), S. 362.

teus in Espírito Santo, die mit der Konfiszierung von mehr als fünfhundert Afrikanern durch die Behörden endeten.

Das Erliegen eines Geschäfts, aus dem einige der größten und solidesten Vermögen im Brasilien der damaligen Zeit stammten, führte zwangsläufig dazu, daß das bis dahin im Sklavenhandel gebundene Kapital verfügbar wurde. Die Chance, in andere Branchen zu investieren, entging einigen wachen Köpfen keineswegs. Hinter der Gründung des zweiten *Banco do Brasil* im Jahre 1851 steht, wie es scheint, der wohlüberlegte Plan, die frei gewordenen Ressourcen für den Aufbau eines großen Kreditinstitutes zu nutzen. Mauá, der die Initiative vorantrieb, schrieb beinahe dreißig Jahre später in seiner *Exposição aos Credores* (Denkschrift an die Gläubiger): »Ich habe die Lösung dieses schwerwiegenden Problems mit lebhaftem Interesse verfolgt. Ich begriff, daß der Schmuggel nicht wiederaufleben würde, da der ›nationale Wille‹ auf seiten des Ministeriums stand, das die Abschaffung des Sklavenhandels verordnete. Als ich Gewißheit hatte, daß diese Tatsache unumkehrbar war, kam mir der Gedanke, das Kapital, das plötzlich aus dem illegalen Handel genommen wurde, in einem Zentrum zusammenfließen zu lassen, in dem es die produktiven Kräfte des Landes nähren könnte.«[56]

Man kann daher durchaus sagen, daß aus dem Niedergang des Sklavenhandels eine Ära voller Pracht erstand, wie es sie in der Geschichte unserer Wirtschaft zuvor nie gegeben hat. An den Zahlen zum Außenhandel des Kaiserreiches kann man den plötzlichen Wandel wie auf einem Thermometer ablesen. Bis 1850 hatten unsere Importe niemals die Summe von sechzigtausend Contos (1 Conto = 1000 Escudos) jährlich erreicht. Im Geschäftsjahr 1850/51 erreichten sie sprunghaft 76918 Contos und 1851/52 92860. Von dort an bis 1864

56 Visconde de Mauá, *Autobiografia* (Rio de Janeiro 1942), S. 123.

sind einige Einbrüche zu verzeichnen, die jedoch die allgemeine Tendenz eines progressiven Anwachsens in bezug auf Quantität und Wert nicht berühren.[57]

Die Gier nach Reichtum, die durch die außergewöhnliche Leichtigkeit noch begünstigt wurde, mit der man Kredite erhielt, griff sofort auf alle Klassen über und war eine der bemerkenswertesten Charakteristika dieser Periode des »blühenden Wohlstands«. Dies war etwas völlig Neues in einem Land, in dem die Vorstellung von Besitz noch eng mit konkreten Gütern verbunden war und nicht mit Abstrakta wie einer Banknote oder der Aktie einer Gesellschaft. Die Gutsbesitzer, die sich in den Städten, wo sie sich mit Sklaven versahen, verschuldet hatten, betrachteten voller Mißtrauen die neuen Heilmittel, die vorgaben, augenblicklich Krankheiten zu kurieren, jedoch für sie eine ständige Bedrohung der Grundfesten ihres Ansehens darstellten. In São Paulo ging man sogar so weit, im Zusammenhang mit der geplanten Gründung einer Landwirtschafts- und Hypothekenbank von Sozialismus zu sprechen. Denn den Sozialisten, rief ein Abgeordneter der Provinzversammlung aus, die »kapitale Feinde des Grundbesitzes sind, fällt dies als Mittel ein, diesen Besitz in Kapital zu verwandeln ...«[58]

Dem ungebremsten Optimismus derer, die durch die grenzenlose Freiheit der Kreditaufnahme zu schnellem Reichtum gelangten, entsprach die Verwirrung und die Unzufrie-

57 Ferreira Soares merkt mit Blick auf die gigantischen Ausmaße der Geschäftsbewegungen am Handelsplatz Rio de Janeiro nach der Abschaffung des Sklavenhandels an, daß in den Geschäftsjahren 1850/51 und 1851/52 die Gesamtsumme der Importe die der Geschäftsjahre 1848/49 und 1849/50 um 59043000 Escudos übersteigt. Das gleiche ist, wenn auch in einem geringen Maße, bei den Exporten der Fall, die um 11498000 Escudos anwuchsen. – Sebastião Ferreira Soares, *Elementos de Estatística*, I (Rio de Janeiro 1865) S. 171-172.

58 *Anais da Assembléia Legislativa Provincial de São Paulo* (São Paulo 1927), S. 225.

denheit der anderen, die von den Folgen der Abschaffung des Sklavenhandels schwerer betroffen waren. In einer von Nabuco zitierten Aussage macht sich der konservative Geist angesichts der durch das Spekulationsfieber hervorgerufenen neuen Sitten wortgewaltig Luft: »Lieber gute Schwarze von der Küste Afrikas zu ihrem und unserem Glück als die ganze krankhafte britische Philanthropie, die ihr eigenes Haus vergißt, den armen weißen Bruder Hungers sterben und den Sklaven ohne Herrn läßt, der sich seiner erbarmt, und die durch scheinheiliges, einfältiges Wehklagen die wahre Menschenfreundlichkeit und das Schicksal unserer glücklichen Sklaven der Lächerlichkeit preisgibt. Lieber die guten Schwarzen von der Küste Afrikas, um unsere fruchtbaren Äcker zu bestellen, als all die Spielereien der Rua do Ouvidor, als Kleider für den Preis von eintausendfünfhundert Escudos für unsere Frauen; als Apfelsinen, die jede vier Kupfermünzen in einem Land kosten, das sie beinahe von selbst hervorbringt, lieber Mais als Reis und all die anderen Lebensmittel aus dem Ausland; als unkluge Unternehmen schließlich, die die wahren Kräfte des Landes übersteigen und die, indem sie die Beziehungen innerhalb der Gesellschaft stören und eine Verlagerung der Arbeit bewirken, vor allem die Knappheit und hohe Preise für Nahrungsmittel gefördert haben.«[59]

Die Instabilität des neuen Reichtums, der sich beim kleinsten Windhauch in nichts auflöste, lieferte diesen Nostalgikern des ländlichen patriarchalischen Brasiliens gute Argumente. Es waren zwei unterschiedliche Welten, die sich mit zunehmender Gehässigkeit befeindeten, zwei Mentalitäten, die genauso gegensätzlich sind wie das Rationale und das Traditionelle, das Abstrakte und das Konkret-Gefühlsmäßige, das Bürgerlich-Kosmopolitische und das Regionale. Das Vorhandensein derartiger Konflikte scheint bereits zu ver-

59 Joaquim Nabuco, *Um Estadista do Império*, I (São Paulo 1936), S. 188.

raten, wie wenig reif das Brasilien der Sklavenhalter für einen Wandel war, der sein Gesicht grundlegend verändern sollte. Mit der Abschaffung des Sklavenhandels wurde in Wahrheit der erste Schritt zur Beseitigung der Hindernisse getan, die dem entscheidenden Triumph der städtischen Kaufleute und Spekulanten bislang im Wege gestanden hatten. Doch das 1850 begonnene Werk sollte erst 1888 tatsächlich vollendet werden. In den dazwischen liegenden knapp vier Jahrzehnten sollte Widerstand nicht nur von den unverbesserlichen Anhängern der Sklaverei und offen rückwärtsgewandten Menschen, sondern auch von den Kräften ausgehen, die die Wiederherstellung eines bedrohten Gleichgewichts anstrebten. Wie kann man in einem Land tiefgreifende Veränderungen erwarten, in denen einerseits traditionelle Grundlagen einer Situation beibehalten wurden, die man andererseits überwinden zu wollen vorgab? Solange die von der kolonialen Ära ererbten wirtschaftlichen und sozialen Normen weiterbestanden, die hauptsächlich im Großgrundbesitz ihren Ausdruck fanden, dem Sklaven als Arbeitskräfte dienten, konnten die gewagtesten Veränderungen letztlich nur oberflächlich und künstlich sein.

In diesem Sinne stellte das so tief verabscheute Gesetz Ferraz vom 22. August 1860, dieses »Meisterwerk eines Knebels in Sachen Kredit«, wie es damals genannt wurde, ein Zurück zur Realität dar. Es hat die horrende Wirtschaftskrise des Jahres 1864 nicht herbeigeführt, jedoch diese erste im Brasilien der Kaiserzeit verzeichnete Krise beschleunigt, die nicht auf innenpolitische Erschütterungen oder den Einfluß internationaler Faktoren zurückzuführen war. Diese Krise war das natürliche Ende einer strenggenommen unhaltbaren Situation, die aus dem Ehrgeiz erwuchs, ein Land, das noch an eine Sklavenhalterwirtschaft gebunden war, in die modernen Kleider einer großen bürgerlichen Demokratie zu stekken.

In gewisser Hinsicht ist der wirtschaftliche Mißerfolg eines Mauá ein beredtes Indiz für die vollkommene Inkompatibilität zwischen den von anderen, sozial fortschrittlicheren Nationen kopierten Formen einerseits und der bei uns jahrhundertealten Tradition des Patriarchentums und der Ichbezogenheit andererseits. Viele große fortschrittliche Initiativen, die wir Irineu Evangelista de Sousa verdanken, konnten toleriert und sogar bewundert werden, solange sie diese ehrwürdigen Normen nicht aufs Spiel setzten. Doch Konfrontationen waren nicht immer zu umgehen, und in diesen Fällen wurde aus Toleranz leicht Mißtrauen und aus Mißtrauen hitzige Opposition.

Mit seiner scharfen Kritik an Mauá, der durch seine Unterstützung für Premierminister Rio Branco* seine »Kaufmannsinteressen« über die Loyalität zu seiner Partei stellte, verkörpert Silveira Martins, der Liberale, die Haltung eines Konservativen und Traditionalisten in einem sehr viel weiteren Sinne, als diese Worte es auszudrücken vermögen. Die Meinung, daß jemand, der einer bestimmten Partei angehört, aufgrund dieser Mitgliedschaft eine Bindung eingegangen ist, deren Aufkündigung einem Verrat gleichkommt, gehört ganz deutlich zu einem Kreis von Vorstellungen und Prinzipien, die das aufstrebende städtische Bürgertum zunehmend geringschätzen wird. Dieser Vorstellung zufolge entsprechen die Fraktionen Familien, genauer gesagt, patriarchalisch orientierten Familien, in denen an erster Stelle die biologischen oder gefühlsmäßigen Bande der direkten und entfernteren Nachkommen, der Dienerschaft und aller übrigen irgendwie Dazugehörenden an das Oberhaupt stehen. Die Fraktionen bilden dann so etwas wie ein unsichtbares Ganzes, dessen Mitglieder sich aufgrund von Gefühlen und Pflichten, nicht aufgrund von Interessen oder Ideen als zusammengehörig empfinden.

Das Unverständnis, mit dem so mancher Ausländer auf einige Besonderheiten unseres politischen Mechanismus reagiert, ist zweifellos auf diese grundlegende Unvereinbarkeit zurückzuführen, die, obgleich es häufig genau entgegengesetzt erscheint, zwischen diesem System und jenen fortbestand, die in anderen, von der industriellen Revolution stärker geprägten Ländern vorherrschend waren. Zumindest einem Ausländer entgingen die realen Gründe dieser Unvereinbarkeit nicht. »In Brasilien«, schrieb 1885 der nordamerikanische Naturforscher Herbert Smith, »herrscht fast uneingeschränkt die Vorstellung, daß es unehrenhaft ist, wenn jemand seine Partei verläßt. Diejenigen, die es tun, werden als Verräter gebrandmarkt.« Und er fügte hinzu: »Nun ist diese Vorstellung von Treue an sich zwar gut, doch in ihrer Umsetzung schlecht; ein Mann handelt nicht recht, wenn er einen Verwandten, einen Freund, eine gute Sache verläßt; doch er handelt nicht zwangsläufig unrecht, wenn er sich aus einer politischen Partei zurückzieht. Manchmal ist es nachgerade schlecht, zu sehr an einer Partei zu hängen.«[60]

Die Ursprünge dieses Fraktionsgeistes liegen deutlich sichtbar in den aristokratischen Tugenden und Ansprüchen, die traditionell ein Kennzeichen unseres Landadels waren. Über die Besitzer der brasilianischen Zuckerrohrplantagen wie auch über die freien und die verpflichteten Bauern sowie die Landpächter wurde Ende des 18. Jahrhunderts gesagt – und das drückte zweifellos die allgemeine Überzeugung aus –, daß sie ein »von Natur aus derart edles Korps bildeten, wie es in keinem anderen Land seinesgleichen findet«.[61] Sie

60 Herbert Smith, *Do Rio de Janeiro a Cuiabá* (São Paulo 1922), S. 182.

61 Der Unterschied zwischen »freien« und »verpflichteten« Bauern lag darin, daß erstere auf eigenem oder zinspflichtigem Land anpflanzten, ohne verpflichtet zu sein, ihr Zuckerrohr in einer bestimmten Zuckermühle mahlen zu lassen, während die anderen auf Land von Zucker-

wurden aufgrund der Solidität ihrer vorherrschenden Stellung innerhalb der Gesellschaft als Triebfeder des Reichtums und der Macht in der Kolonie angesehen, als die wahren Förderer von Produktion, Handel, Schiffahrt und allen Handwerks.

Im ländlichen Bereich duldete die Autorität des Landbesitzers keinen Widerspruch. Alles geschah seinen Wünschen entsprechend, die häufig kapriziös und despotisch waren. Die Zuckerrohrplantage war ein vollständiger Organismus, der soweit wie möglich sich selbst genügte. Es gab dort eine Kapelle, in der die Messe gelesen wurde. Es gab eine ABC-Schule, in der der Pater, der zugleich Lehrer war, die Kinder unterrichtete. Das tägliche Essen der Bewohner und das, mit dem die häufig empfangenen Gäste bewirtet wurden, kam aus den Pflanzungen, dem Hühnerhof, von der Jagd und dem Fischfang, die man vor Ort betreiben konnte. Es gab ein Sägewerk, in dem neben dem Holz für die Häuser das Mobiliar und die Ausstattung der Plantage angefertigt wurden: Alles, was in diesen Sägewerken hergestellt wurde, fiel dem Reisenden Tollenare wegen seiner »vollkommenen Ausführung« auf. Noch heute besitzen laut Gilberto Freyre »die in der Zuckerrohrplantage hergestellten Kommoden, Bänke, Schränke in ihrer Haltbarkeit etwas Rustikales und in ihrem Aussehen etwas deutlich Heraldisches«.[62]

Im Zusammenhang mit dieser einzigartigen Autarkie der brasilianischen Landgüter überliefert uns Frei Vicente do Salvador die witzige Geschichte über einen gewissen Bischof von Tucumán, der dem Orden der Dominikaner angehörte

rohrplantagen pflanzten und der Verpflichtung unterlagen, nur dort mahlen zu lassen. – »Discurso Preliminar, Histórico, Introdutivo, com Natureza de Descrição Econômica da Cidade de Bahia«, *Anais da Biblioteca Nacional*, XXVII (Rio de Janeiro 1906), S. 290.

62 Gilberto Freyre, »A Cultura da Cana no Nordeste. Aspectos de seu desenvol-*vimento histórico«, Livro do Nordeste, comemorativo do 1° centenário do Diário de Pernambuco* (Recife 1925), S. 158.

und auf Bitten des Hofs von König Philipp hierherkam. Dieser Prälat, ein großer Kanoniker und ein lebenskluger Mann mit wachem Verstand, bemerkte, daß man ihm, wenn er ein Huhn, vier Eier und einen Fisch zum Essen einkaufen ließ, nichts nach Hause brachte, weil es diese Dinge weder auf dem Markt noch beim Fleischer gab, während man sie ihm, wenn er in den privaten Häusern darum bat, sofort schickte. Da sagte der Bischof: »Hier sind die Dinge wirklich verkehrt herum, denn das ganze Land ist kein Gemeinwesen, wohingegen jedes Haus eines ist.« »Und so kommt es«, merkt Frei Vicente – ein Zeitgenosse dieser Episode – an, »daß es, da den Häusern der Reichen (wenn auch auf Kosten anderer, denn viele stehen in Schuld für das, was sie besitzen) alles Notwendige zur Verfügung steht, weil sie Sklaven, Fischer und Jäger haben, die ihnen das Fleisch, den Fisch und Fässer voll Wein und Öl heranschaffen, die sie in den Städten erwerben, dort häufig nichts davon zu kaufen gibt.«[63]

In Maranhão beklagte sich ein Gouverneur darüber, daß die Menschen nicht gemeinsam, sondern einzeln lebten, da das Haus eines jeden Bewohners oder eines jeden kleinen Häuptlings ein wahres Gemeinwesen sei, weil es darin alle die Berufe gab, die ein solches ausmachen, wie Steinmetze, Zimmerleute, Barbiere, Schlachter, Fischer usw.[64] Dies ist bis weit in die Zeit nach der Unabhängigkeit so geblieben, und wir wissen, daß es während der großen Epoche des Kaffees in der Provinz Rio de Janeiro keinen Bauern gab, der sich nicht gerühmt hätte, nur Eisen, Salz, Pulver und Blei kaufen zu müssen, da ihm alles andere seine eigenen Ländereien lieferten.

In den Landgütern ist der Typ der nach den klassischen Normen des römischen kanonischen Rechts organisierten

63 Fr. Vicente do Salvador, op. cit., S. 16.

64 Melo Morais, *Corografia histórica, cronográfica, genealógica, nobiliária e política do Império do Brasil*, II (Rio de Janeiro 1858), S. 164.

Familie, wie sie auf der iberischen Halbinsel seit unzähligen Generationen fortbestanden hatte, die vorherrschende Grundlage jeder Form von Organisation. Die Sklaven, die in den Plantagen und in den Häusern arbeiten, und nicht nur die Sklaven, sondern auch die außerdem noch dort Lebenden, erweitern den Familienkreis und mit ihm die ungeheure Autorität des Paterfamilias. Diese typische Einheit funktioniert in allem so wie ihr Vorbild aus der Antike, bei dem das von *famulus* (Diener) abgeleitete Wort *familia* eng mit der Vorstellung des Sklaventums verbunden ist; selbst die Kinder sind nur die freien Mitglieder, *liberi*, eines ganz und gar dem Patriarchen untergeordneten Organismus.

Von allen Bereichen unserer kolonialen Gesellschaft war zweifellos der häusliche derjenige, in dem sich das Prinzip der Autorität als am wenigsten anfällig für die zerstörerischen Kräfte erwies, die es von allen Seiten her angriffen. Da sie stets auf sich selbst bezogen ist, bleibt die Familiengruppe gegen jede Einschränkung oder Erschütterung der Autorität immun. In ihrer Zurückgezogenheit kann sie jedes ihr übergeordnete Prinzip, das versucht, sie zu stören oder zu unterdrücken, mit Nichtachtung strafen.

In diesem Umfeld ist die väterliche Gewalt scheinbar unbegrenzt, und es gibt kaum etwas, was ihre Tyrannei hemmen kann. Keineswegs selten sind Fälle wie der eines Bernardo Vieira de Melo, der seine Schwiegertochter des Ehebruchs verdächtigte, sie im Familienrat zum Tode verurteilte und das Urteil ausführen ließ, ohne daß die Gerichtsbarkeit, die aufgrund der Bekanntheit des Ereignisses wußte, wer der Täter war, auch nur einen Finger rührte, um den Mord zu verhindern und den Schuldigen zu bestrafen.

Das Bild der Familie wird derart mächtig und fordernd, daß sein Schatten die Menschen sogar außerhalb des häuslichen Bereichs verfolgt. Für sie steht das Private stets über dem Öffentlichen. Daher konnte es nicht ausbleiben, daß die

Sehnsucht nach dieser einzigartigen und unübertragbaren geschlossenen Organisationsform, in der notwendigerweise auf Gefühlsbanden beruhende Vorlieben vorherrschen, unsere Gesellschaft, unser öffentliches Leben, unsere Aktivitäten prägte. Da sie, wie oben bereits angemerkt, der einzige Bereich war, in dem das Prinzip der Autorität unbestritten blieb, lieferte die koloniale Familie die gängige Vorstellung von Macht, Respektabilität, Gehorsam und vom Zusammenhalt zwischen den Menschen. Das führte dazu, daß im gesamten gesellschaftlichen Leben Gefühle dominierten, die für die partikularistische und apolitische häusliche Gemeinschaft charakteristisch waren, daß das Private ins Öffentliche eindrang, die Familie in den Staat. Mit dem Niedergang der alten Landwirtschaft und dem beinahe gleichzeitig sich vollziehenden Aufstieg der urbanen Zentren, der durch die Ankunft des portugiesischen Hofes im Jahre 1808 und später durch die Unabhängigkeit noch beschleunigt wurde, begannen die alten Landbesitzer viel von ihrer einzigartigen privilegierten Stellung zu verlieren. Andere, deutlich urbane Tätigkeiten forderten jetzt für sich eine gleichermaßen herausragende Stellung, so die Arbeit in der Politik, in der Bürokratie, in den freien Berufen.

Es ist durchaus verständlich, daß derartige Beschäftigungen an erster Stelle von den wichtigsten Personen des Landes übernommen wurden, die durchweg Guts- und Plantagenbesitzer waren. Und daß diese Menschen, wenn sie unversehens in die Städte versetzt wurden, die Mentalität, die Vorurteile und, soweit dies möglich war, die Lebensart mit sich brachten, die ihre ursprüngliche Stellung ausgezeichnet hatte.

Es ist mithin keineswegs absurd, einen anderen unveränderlichen Zug unseres gesellschaftlichen Lebens mit diesem Umstand in Verbindung zu bringen: den hohen Stellenwert, den für gewöhnlich bestimmte Qualitäten der Phantasie und »Intelligenz« im Gegensatz zu Äußerungen des praktischen

Geistes besitzen. Das universelle Prestige des »Talents« mit dem ganz besonderen Klang, den das Wort vor allem in den ländlichen Gebieten, ganz besonders aber im Nordosten Brasiliens erhält, in denen die koloniale Landwirtschaft der Sklavenhalter tiefe Spuren hinterlassen hat, rührt zweifellos von dem höheren Ansehen her, das der einfache Gebrauch der Intelligenz im Gegensatz zu jenen Aktivitäten verleiht, die einiger körperlicher Anstrengung bedürfen.

Die geistige Arbeit, die die Hände nicht schmutzig und den Körper nicht müde macht, kann durchaus eine Beschäftigung sein, die in jeder Hinsicht der alten Sklavenhalter und ihrer Erben würdig ist. Dies besagt nicht unbedingt, daß es sich hier um die Liebe zu spekulativem Denken handelt. Die Wahrheit ist, daß wir, auch wenn wir uns stets das Gegenteil einbilden, intellektuellen Spekulationen wenig Wertschätzung entgegenbringen. Es handelt sich vielmehr um die Liebe zum wohlklingenden Satz, zum spontanen, wortreichen Ausdruck, zur stolz vorgeführten Bildung, zur gesuchten Wendung. Das heißt, damit die Intelligenz der Rolle entspricht, die wir ihr, ohne es zu wissen, zuweisen, muß sie Schmuck und Naturgabe sein, nicht das Werkzeug des Wissens und Handelns.

In einer Gesellschaft wie der unsrigen, in der bestimmte herrschaftliche Tugenden noch immer großes Ansehen besitzen, ersetzen intellektuelle Qualitäten häufig Ehrentitel, und einige ihrer materiellen Auszeichnungen wie der Doktorring oder das Diplom eines Bakkalaureus können soviel wert sein wie echte Adelswappen. Im übrigen wurden Tätigkeiten, die die Intelligenz, jedoch nicht die Körperkraft in Anspruch nehmen, bereits in anderen Epochen ausdrücklich den edlen und freien Menschen zugerechnet. Offenbar werden deshalb bestimmte Künste freie Künste genannt, im Gegensatz zu den handwerklichen, die den dienenden Klassen zugeordnet werden.

Nicht einmal ein Silva Lisboa, der in den ersten Jahrzehnten des vergangenen Jahrhunderts ein großer Verbreiter neuer Wirtschaftsideen war, schien gegen die allgemeine Überzeugung gefeit gewesen zu sein, daß manuelle Arbeit im Gegensatz zu den Tätigkeiten des Geistes wenig Würde verleiht. In seinen 1819 veröffentlichten *Estudos do Bem Comum* (Studien zur allgemeinen Wohlfahrt) macht sich der zukünftige Visconde de Cairu anheischig, seinen Landsleuten, Brasilianern wie Portugiesen, zu zeigen, daß es nicht Ziel der Wirtschaft sei, die Gesellschaft mit manuellen, körperlich schweren Arbeiten zu belasten. Und er fragt, wobei er sich ungenau auf einen Absatz von Adam Smith stützt, ob und in welchem Maße eher die Quantität der Arbeit oder die Quantität der Intelligenz zum Wohlstand der Nationen beitrage.

Was diese Frage betrifft, so sei erwähnt, daß sie im Original nicht in der erwähnten Passage enthalten, sondern zweifellos das Ergebnis einer schlechten Übersetzung[65] ist; in Wahrheit ergreift unser Wirtschaftswissenschaftler, dem Geist des Übersetzers eher als dem Smiths folgend, entschieden Partei für die »Intelligenz«. Den intellektuellen Fähigkeiten würde seiner Meinung nach die ungeheure Aufgabe zukommen, die körperlichen Tätigkeiten »durch das Studium der Gesetze und Werke des Schöpfers« zu erleichtern, damit »die Menschen den größtmöglichen Reichtum mit dem geringsten Aufwand an Arbeit erlangen«.[66]

65 Das Wort »Intelligenz« steht, wie es scheint, für die Worte *skill*, *dexterity* und *judgement* des englischen Originals, von denen keines allein für sich oder gemeinsam mit den anderen eine derartige Bedeutung haben könnte.

66 José da Silva Lisboa, *Estudos do Bem Comum*, I (Rio de Janeiro 1819), S. XII.

Dem Wirtschaftswissenschaftler aus Bahia müßte es unvorstellbar erscheinen, daß die derart gefeierte »Intelligenz« seiner Landsleute nicht den wunderbaren Zuwachs an materiellen Gütern zustande bringt, die gemeinhin den Wohlstand der Nationen ausmachen. Denn dies ist, kurz gesagt, der Gedanke, den er in seinem Buch darlegt, wobei er glaubt, die Ideen des schottischen Meisters zu korrigieren oder zu vollenden. Es kommt ihm nicht in den Sinn, daß die besondere Eigenschaft dieser so bewunderten »Intelligenz« einfach eine dekorative ist und daß sie im Gegensatz zur körperlichen Arbeit steht, diese also weder ersetzen noch vervollständigen kann, und daß sie schließlich in einer aristokratisch und individualistisch gefärbten Gesellschaft der vom Individuum verspürten Notwendigkeit entspricht, sich von seinesgleichen durch einen scheinbar angeborenen, unübertragbaren Vorzug zu unterscheiden, der aus diesem Grunde dem Blutsadel ähnlich ist.

Die »Intelligenz«, die den Grundstein des von Silva Lisboa vorgeschlagenen Systems bildet, ist daher ein wesentlich antimodernes Prinzip. Nichts steht in der Tat so sehr im Gegensatz zu den aus der industriellen Revolution herrührenden und durch den fortschreitenden Einsatz von Maschinen geprägten Wirtschaftstheorien als dieser Primat, der bestimmten subjektiven, den Gesetzen der Mechanik und mathematischen Verfahren trotzenden Faktoren zuerkannt wird. »Die Maschine«, bemerkte ein scharfsinniger Beobachter, »will die Anpassung dessen, der an ihr arbeitet, nicht die Anpassung der Arbeit an den, der sie vollbringt.«[67] Der künstlerische Geschmack, die Geschicklichkeit, die persönliche Note, die Kardinaltugenden des Handwerks sind, werden dabei zweitrangig. Die individuelle Laune, der schöpferische,

67 Thorstein Veblen, *The Theory of Business Enterprise* (New York 1917), S. 310, siehe auch G. Tarde, *Psychologie Economique*, I (Paris 1902), S. 124.

erfinderische Geist beschränken sich soweit wie möglich zugunsten der ausdauernden Aufmerksamkeit für alle Einzelheiten der produktiven Anstrengung. Eine derartige Tendenz wird zweifellos in den heutigen Systemen rationeller Organisationsformen der Arbeit wie dem Taylorismus und dem Experiment Fords deutlich, die die Idee der vollkommenen Entpersönlichung des Arbeiters bis ins Extrem verwirklichen.

Falls es etwas mit der unpersönlichen, »nichtintelligenten« Tätigkeit, wie sie von der modernen Wirtschaft immer mehr gefordert wird, besonders schwer zu Vereinbarendes gibt, so muß es, und das leuchtet ein, gerade in dem vor allem ornamentalen, deklamatorischen Talent gesucht werden, das Cairu an seinen brasilianischen Zeitgenossen so bewunderte. Und es scheint, als habe der Autor der *Estudos do Bem Comum* trotz seines Umganges mit britischen Wirtschaftswissenschaftlern nicht zur Reform unseres wirtschaftlichen Denkens beigetragen, auch wenn dies auf den ersten Blick so aussieht. Man kann sogar sagen, daß er bereits 1819 ein Mann der Vergangenheit war[68], der es sich zur Aufgabe ge-

68 Alceu Amoroso Lima vertritt in seinem Vortrag über Cairu, der am 1. November 1944 in der Zeitung *Jornal do Comércio* in Rio de Janeiro veröffentlicht wurde, eine Ansicht, die zu der hier vertretenen im Gegensatz steht. Der berühmte Denker äußert sich in bezug auf die *Estudos do Bem Comum* folgendermaßen: »Da ich mich außerstande sehe, dieses große Werk gebührend zu analysieren, sei es mir erlaubt, an eine wesentliche Stelle seiner Theorie über die wirtschaftliche Produktion zu erinnern, um einerseits die Aktualität der Wirtschaftsphilosophie von Cairu und andererseits seine Unabhängigkeit gegenüber seinem Meister Adam Smith zu beweisen. Die Physiokraten hatten den *Boden* als Hauptelement der Produktion gesehen. Dann kam Adam Smith und legte die Betonung auf die *Arbeit.* Und mit dem Manchesterismus wurde das *Kapital* als grundlegendes Element der Produktion betrachtet. Nun gut, unser großer Cairu, der in seinem Traktat von 1819 durchaus ein jedes dieser Elemente anspricht, stellt jedoch einen anderen Faktor an erste Stelle, der erst in der Moderne, nach dem während des gesamten 19. Jahrhunderts ausgetragenen Kampf zwischen So-

macht hatte, die Auflösung der Lebensauffassung und Lebensformen, die wie auch immer mit unserer ländlichen kolonialen Vergangenheit verbunden waren, um jeden Preis zu verhindern.

Dieses Bemühen spiegelt sich überdeutlich in seinen philosophischen Meinungen, seinen ständigen Kniefällen vor der Macht und vor allem in seinem typischen Verständnis von der bürgerlichen und politischen Gesellschaft als einer Art Verlängerung oder Erweiterung der häuslichen Gemeinschaft wider, einer Ansicht, die sich mit der Beharrlichkeit eines Leitmotivs durch sein ganzes Werk zieht. »Das erste Prinzip der Volkswirtschaft«, ruft er aus, »ist, daß der Souverän eines jeden Volkes als Chef oder Oberhaupt einer weitläufigen Familie betrachtet werden und demzufolge alle jene, die zu ihr zählen, wie seine Kinder und Mitarbeiter an der allgemeinen Glückseligkeit beteiligen muß ...« »Je näher eine bürgerliche Regierung diesem väterlichen Charakter kommt«, sagt er weiter, »und sich darum bemüht, diese großherzige, philanthropische Fiktion zu verwirklichen, um so gerechter und mächtiger ist sie, da der Gehorsam dann aus freierem Willen und mehr von Herzen kommt und die Zufriedenheit der Völker ehrlicher und grenzenloser ist.«[69]

Die patriarchalische Familie stellt auf diese Weise das große Modell dar, nach dem das politische Leben, die Beziehungen zwischen Herrschern und Beherrschten, zwischen Monarchen und Untertanen geformt werden sollen. Ein unbeugsames Moralgesetz, das über allen Berechnungen und Wünschen der Menschen steht, kann die Harmonie in die-

zialismus und Liberalismus, hervorgehoben werden sollte: die *Intelligenz.*« Und er fügt einige Zeilen später hinzu: »Cairu ist ein Jahrhundert vor ihnen der Vorläufer von Ford, von Taylor, von Stachanoff.«

69 *Princípios de Economia Política para servir de Introdução à Tentativa Econômica do Autor dos Princípios de Direito Mercantil* (Lissabon 1804), S. 39 und 42.

sem gesellschaftlichen Organismus regulieren und muß daher hoch geachtet und streng eingehalten werden.

Man kann sich kaum einen größeren Gegensatz zu diesem rigiden Paternalismus vorstellen als die Prinzipien, die die nordamerikanischen Staatsmänner leiteten, als sie ihre großartige Republik gründeten und ihr eine Verfassung gaben – ganz zu schweigen von den Ideen des revolutionären Frankreichs, diesem »politischen Opium«, wie Silva Lisboa[70] sie scharf betitelte. Denn war es nicht einer dieser Männer, James Madison, der behauptete, moralische und religiöse Motive vermöchten die Ursachen von Zwietracht unter den Bürgern nicht zu unterdrücken, und den Hauptzweck der Regierungen – einen Zweck, aus dem gewiß ihre wesentliche Natur hervorging – darin sah, daß sie die unterschiedlichen wirtschaftlichen Interessen zu überwachen und auszugleichen hätten?[71]

In Brasilien erschien die zur Macht und den Institutionen der Regierung passende Würde nicht mit der außerordentlichen Bedeutung vereinbar, die derart materiellen und gerade aus diesem Grunde gemäß den allgemein gängigen Vorstellungen untergeordneten und verachtenswerten Wünschen zugemessen wurde. Um Würde zu erlangen, mußten die Institutionen sich auf seit langem durch Gebräuche und Überzeugungen geheiligte Prinzipien stützen. Selbst Hipólito da Costa wagte es nicht, einige seiner kühnsten Behauptungen zu vertreten, ohne ihnen das Siegel des Alten und Traditionellen aufzudrücken. Und so gelingt es ihm, ein zweifellos apokryphes Dokument wiederauferstehen zu lassen, das die berühmten Protokolle der Cortes de Lamego* enthält, in de-

70 José da Silva Lisboa, *Observações sobre a Prosperidade do Estado pelos Liberais Princípios da Nova Legislação do Brasil* (Bahia 1811), S. 68.

71 In: Charles A. Beard, *An Economical Interpretation of the Constitution of the United States* (New York 1944), S. 152-188.

nen die königliche Macht mit einem Vertrag zwischen dem höchsten Souverän Portugals und dem Volk[72] in Verbindung gebracht wird, um auf diese Weise den ersten Gesellschaftsverträgen, die die Reaktionäre der damaligen Zeit alle so sehr verabscheuten, lusitanischen Adel und lusitanisches Bürgerrecht zu verleihen.

Traditionalisten und Bilderstürmer kreisen in Wahrheit um dieselben Ideen. Diese zeigen sich nicht weniger denn jene als treue Bewahrer des kolonialen Erbes, und die Unterschiede, die sie trennen, sind nur oberflächlich. Man kann sogar sagen, daß die Revolution von Pernambuco des Jahres 1817, obwohl sie von »französischen Ideen« gefärbt war, zu einem großen Teil eine Wiederauflage des jahrhundertealten Kampfes des im Lande Geborenen gegen den Zugewanderten war, des Herrn der Zuckerrohrplantage gegen den Straßenhändler. Es ist wenig wahrscheinlich, daß sie, wäre sie siegreich gewesen, eine wirklich grundlegende Veränderung unserer politisch-wirtschaftlichen Struktur hervorgebracht hätte. Wir wissen sehr wohl, daß viele der Anführer der Bewegung dem sogenannten Landadel angehörten, und nichts weist darauf hin, daß sie innerlich darauf vorbereitet gewesen wären, alle Folgen ihres Handelns zu tragen, daß sie bereit gewesen wären, sich ihrer alten Vorrechte zu entledigen. Die Erklärung, mit der ein Antônio Carlos sich vor den Richtern

72 *»Paralelo da Constituição Portuguesa com a Inglesa«*, *Correio Braziliense*, III (London 1809), S. 307ff. Über die Ständeversammlung in Lamego, deren Protokoll erstmals 1632 während der Regierung von Philipp III. (IV.) von Frei Antônio Brandão in *Monarquia Lusitana* veröffentlicht wurde, siehe: A. Herculano, História de Portugal, 7. Aufl., II (Paris und Lissabon 1914), S. 286. Zum politischen Einfluß dieses Dokuments siehe: A. Martins Afonso, »Valor e significação das atas das cortes de Lamego no movimento da Restauração« in: *Congresso do Mundo Português. Publicações*, VII (Lissabon 1940), S. 475ff., und Henrique de Gama Barros, *História da Administração Pública em Portugal*, 2. Aufl., III (Lissabon o.J.), S. 301-303 u. 410-411.

des Landgerichts in Bahia dafür entschuldigte, an der Erhebung teilgenommen zu haben, wird die Meinung dieser Anführer nicht vollkommen wiedergeben, diente sie doch dazu, das Wohlwollen der Richter für sich zu gewinnen. Es ist dennoch schwierig, dem Dokument die Ehrlichkeit abzusprechen, mit der der Angeklagte seine Abscheu für die Tendenz einer Revolution ausdrückte, die zumindest theoretisch alle gesellschaftlichen Schranken niederreißen und ihn und die anderen Mitglieder der Oberklasse an die untersten Schichten der Bevölkerung angleichen wollte. Oder, um es mit seinen Worten zu sagen, Abscheu vor einem »System, das, indem es mich des Adels enthob, dem ich angehörte, mich dem Plebs und dem Pöbel aller Hautfarben gleichsetzte und mir die Blüten meiner wohlbegründeten Hoffnung auf späteren Aufstieg und höhere Würden nahm«.[73]

Was im Jahre 1817 der Wahrheit entsprach, galt auch noch nach unserer politischen Unabhängigkeit. Als er sich 1847 an die Praieiros, die Teilnehmer der Revolution desselben Jahres in Pernambuco, wandte, die einen gerechten, wenn auch vergeblichen Aufstand gegen die erdrückende Dominanz bestimmter Großgrundbesitzer in Pernambuco geführt hatten, konnte Nabuco Araújo klug anmerken, daß der antisoziale und gefährliche von diesen Familien vertretene Geist eine Untugend war, »die aus der alten Struktur erwachsen war und der unsere Revolutionen und unsere Zivilisation kein Ende setzen konnten«. Und er fügte gleich darauf hinzu: »Ihr habt diese großherzigen Ideen propagiert, um Popularität zu erlangen und um zu siegen, doch später, in der Praxis, habt ihr euch mit dem Feudalismus der Euren versöhnt und nur den der Gegner bekämpft: Ihr habt die Provinz in Eroberer und Eroberte geteilt; eure Mühen waren darauf

73 Dr. Francisco Muniz Tavares, *História da Revolução de Pernambuco em 1817*, 3. Auflage (Recife 1917), S. 115.

ausgerichtet, den Euren zu geben, was ihr den anderen vorwerft; ihr habt nur Teile einer finsteren Reaktion zornig gemacht und aufgebracht; ihr habt verbissen und haßerfüllt wie eine Fraktion gehandelt und nicht patriotisch, nicht aus der Sicht einer politischen Partei.«[74]

Daß die vielen Aufstände, die es bei uns vor und nach der Unabhängigkeit gab, nicht tiefer gingen, zeigt, wie schwierig es war, die Grenzen zu überschreiten, die gewisse spezifische, durch die portugiesische Kolonisierung geschaffene Prinzipien unserem politischen Leben gesetzt hatten. Eine der Auswirkungen der beinahe notgedrungenen Improvisation einer Art urbanen Bürgertums in Brasilien liegt darin, daß manche bislang dem ländlichen Patriarchat eigene Haltungen in allen Klassen umgehend zur allgemeinen, idealen Verhaltensnorm wurden. Die durch lange Jahre des Landlebens zu einem Stereotyp gewordene Gutsherren-Mentalität bemächtigte sich so der Städte und eroberte alle Berufe, ließ selbst die niedersten nicht aus. Die Geschichte eines einfachen Tischlergesellen, der sich wie ein Edelmann mit Dreispitz und Schnallenschuhen bekleidete und sich weigerte, die Hände zu gebrauchen, um die Werkzeuge seines Berufes zu tragen, und es vorzog, sie einem Schwarzen zu übergeben, die ein gewisser John Luccock in Rio de Janeiro erlebte, sie ist durchaus typisch.[75]

Viele der bereits in den Anfangszeiten beobachteten Schwierigkeiten unseres öffentlichen Dienstes, reibungslos zu funktionieren, müssen zweifellos denselben Gründen zugeschrieben werden. In einem Land, das während der meisten Zeit seines Bestehens ein Land von Herren und Sklaven war und dessen Handel ausschließlich in den Händen von nach

74 Joaquim Nabuco, *Um Estadista do Império* (São Paulo 1936), S. 63 ff.

75 John Luccock, *Notas sobre o Rio de Janeiro e partes meridionais do Brasil, tomadas durante uma estada de dez anos nesse país, de 1808 a 1818* (São Paulo o. J.), S. 73.

Reichtum und Adel gierenden Zugewanderten lag, konnte es schwerlich eine zahlreiche, für diese Dienstleistungen geeignete Mittelklasse geben.

Dies wird noch verständlicher, wenn man bedenkt, daß es in Brasilien, wie im übrigen in den meisten Ländern mit einer erst vor kurzem zu Ende gegangenen Kolonialgeschichte, Städte und Landgüter und dazwischen kaum Ansiedlungen gab, in denen exportierbare Lebensmittel produziert wurden. Dies trifft insbesondere dort zu, wo wie bei uns und ganz allgemein in Lateinamerika die Stabilität der ländlichen Besitztümer immer direkt und allein von der natürlichen Ergiebigkeit der Böden abhing. Und vor allem dort, wo der Verbrauch bebaubaren Landes häufig die Verlagerung ländlicher Siedlungen und damit die Bildung ausgedehnter entvölkerter oder dünnbesiedelter Räume mit kaum an die Scholle gebundener Bevölkerung notwendig machte.[76]

Dies wiederum hat dazu geführt, daß in Brasilien – und man könnte durchaus sagen in ganz Amerika – an die Stelle der klassischen, typisch europäischen Unterscheidung zwischen Stadt und Land die Unterscheidung zwischen Stadt und »Fazenda«, dem Landgut, tritt. Sieht man von einigen wenigen Ausnahmen ab, gibt es für das Wort »Dorf« in seinem üblichen Sinne ebenso wie für das Wort »Bauer« mit der Bedeutung eines Menschen, dessen Vorfahren seit zahllosen

76 Der Nordamerikaner Preston James konnte aufgrund einer genauen Studie hierzu zum Schluß kommen, daß es in ganz Lateinamerika nur vier fest umrissene Zonen gibt, in denen die Bevölkerung wirklich expandiert, will heißen, in denen die Besiedlung neuer Gebiete nicht die Abnahme der Bevölkerung des ursprünglich besiedelten Raumes zur Folge hat. Es sind dies: 1. die Hochebene der Republik Costa Rica, 2. die Hochebene von Antióquia in Kolumbien, 3. Zentralchile und 4. die drei Staaten im Süden Brasiliens. – Preston James, *Latin America* (New York – Boston o. J.), S. 828ff.

Generationen in seinem Geburtsort lebten, in der Neuen Welt keine Entsprechung.[77] Und aus diesem Grunde stößt der mit dem Wachstum städtischer Zentren in Gang gesetzte Prozeß einer Absorbierung der Landbevölkerung hier immer dann, wenn es in gut erreichbarer Nähe kein Land mehr zu roden und urbar zu machen gibt, auf geringeren Widerstand als beispielsweise in den Ländern Europas.

Im vorliegenden Kapitel wurde versucht aufzuzeigen, wie zumindest in seinen Anfängen dieser Prozeß faktisch eine Weiterentwicklung der traditionellen Situation der Abhängigkeit war, in die sich die Städte gegenüber den Landgütern gestellt sahen. Da ein unabhängiges städtisches Bürgertum fehlte, stammten die Kandidaten für die neu geschaffenen Funktionen zwangsläufig aus der Mitte ebenderselben alten Gutsherren, die die für ihre Klasse charakteristische Mentalität und deren Neigungen besaßen. Die gesamte Verwaltungsordnung des Landes sollte daher während der Kaiserzeit und selbst später, in der Republik, eng mit dem alten Gutsherrensystem verbundene Elemente in sich tragen.

Diese Bedingungen spiegeln das Fortbestehen eines sehr realen und schmerzlich spürbaren Umstandes wider, der während der Kolonialzeit vorherrschte. Lange Zeit hindurch, in gewisser Hinsicht bis zur Ankunft des portugiesischen Hofes in Rio de Janeiro, bildeten wir eine Struktur sui generis, selbst im Vergleich zu den anderen amerikanischen Ländern, insbesondere jenen, in denen das Wirtschaftsleben sich, wie bei uns, fast ausschließlich auf die Arbeit von Leibeigenen stützte.

Die Regel war überall und zu jeder Zeit immer das Gegenteil gewesen: Der Reichtum der Städte wurde auf Kosten der Zentren mit landwirtschaftlicher Produktion geschaf-

77 Leopold von Wiese, »Ländliche Siedlungen«, *Handwörterbuch der Soziologie* (Stuttgart 1931), S. 522ff.

fen. Wuchsen die Städte nicht und bildeten sich keine ans Land gebundenen Klassen, dann gelangte das Land ganz allmählich in die Hände der Vertreter jener Klassen, die gemeinhin in den Städten lebten und das von der Landbevölkerung Produzierte konsumierten, ohne ihr indes den wirtschaftlichen Gegenwert dessen zu geben, was sie von ihr erhielten.[78]

Wenn die Behauptung, bei uns sei genau das Gegenteil der Fall gewesen, nicht sehr zutreffend zu sein scheint, so liegt das daran, daß es während der ganzen Kolonialzeit nur ein unsicheres, relatives Wachstum unserer Städte gegeben hat. Man sollte jedoch die bedeutsame Tatsache nicht vergessen, daß in jener Zeit die brasilianischen Städte immer unter der Diktatur der Landgüter gelitten haben. Es ist wichtig, diese Tatsache hervorzuheben, weil sie hilft, den besonderen Charakter unserer kolonialen Städte zu erkennen. Die höchsten Ämter in ihnen standen in Wirklichkeit den Gutsherren zu. In unserer Kolonialgeschichte waren immer Klagen von in der Stadt lebenden Kaufleuten über das Monopol der Landbesitzer in den mächtigen Ratsversammlungen an der Tagesordnung. Der Wunsch der Kaufleute, Seite an Seite mit den Gutsbesitzern zu stehen, wurde als Impertinenz angesehen und sogar vom Hof in Lissabon als absurd bezeichnet, denn der Titel eines Zuckerrohrplantagenbesitzers war, wie der Chronist berichtet, genauso hoch angesehen wie die Adelstitel der Großen des Königreichs Portugal.

78 Andererseits ist der Anspruch derjenigen zu einem großen Teil ungerechtfertigt, die den städtischen Fortschritt feiern und behaupten, daß die Stadt in ihrer Blütezeit zwischen dem 15. und 18. Jahrhundert die Landbevölkerung begünstigte, indem sie sie von der Leibeigenschaft, dem Sklaventum und anderen Formen der Unterdrückung »befreite«. »Stadtluft macht frei bedeutete häufig Gefängnisluft für den ländlichen Bereich«, merkten Sorokin und Zimmermann an. Pitirim Sorokin und Carl E. Zimmermann, *Principles of Rural-Urban Sociology* (New York 1928), S. 88.

Es verwundert daher nicht, daß die Gutsherren praktisch die einzigen wahren »Bürger« der Kolonie waren und daß sich in der Kolonie eine Situation herausgebildet hat, die womöglich für die klassische Antike charakteristisch gewesen ist, die jedoch Europa – selbst das Europa des Mittelalters – nicht kannte. Der typische Bürger der klassischen Antike war stets, von Anbeginn an, ein Mann, der die Produkte seines eigenen, von den Sklaven bearbeiteten Landbesitzes konsumierte. Nur lebte er für gewöhnlich nicht auf seinen Gütern. An einigen Orten des Mittelmeerraumes, in Sizilien zum Beispiel, lebten die Landbesitzer – wie uns Max Weber berichtet – wegen der Unsicherheit und wegen der außergewöhnlichen Gefahren, denen sie sich auf dem Lande ausgesetzt sahen, auf gar keinen Fall außerhalb der Stadtmauern. Selbst die römischen »Villen« waren vor allem Luxusbauten und dienten ihren Besitzern nicht als ständiger Wohnsitz, sondern als Sommerfrische.[79]

Im kolonialen Brasilien hingegen war das für den Ackerbau genutzte Land der gewöhnliche Wohnsitz der Großen. Sie strömten nur in die Städte, um an Festen und Feierlichkeiten teilzunehmen. Dort lebten lediglich Verwaltungsbeamte, Handwerker und Kaufleute. Über die Armut der Bewohner von Piratininga während des 17. Jahrhunderts gibt uns Pater Justo Mansilla van Surck in einem Brief an den General der Jesuiten anläßlich des Überfalls auf die Missionen von Guairá Auskunft. In diesem Dokument wird das Elend der Leute von Piratininga mit der ständigen Abwesenheit der Bewohner erklärt, »denn außer während der drei oder vier Feste halten sich nur wenige Männer oder Frauen in ihnen auf; sie verweilen vielmehr auf ihren Gütern, in ihren Wäldern, auf ihren Feldern und suchen nach Indios, damit verbringen sie ihr Leben«. Von Bahia, dem Zentrum der Ver-

79 Max Weber, *Wirtschaft und Gesellschaft*, II (Tübingen 1925), S. 520ff.

waltung des Landes während des größten Teils der Kolonialzeit, berichtet uns Capistrano de Abreu, daß die Häuser fast das ganze Jahr über verschlossen waren, sich nur zu den öffentlichen Festen füllen. »Die Stadt«, sagt er, »erwachte nur wenige Male im Jahr aus ihrer Trägheit.« Gabriel Soares spricht von einer ansehnlichen Arena, in der es Stierkämpfe gab, wenn es paßte. »Es gab regelmäßig kirchliche Feste mit ihren Prozessionen, Darbietungen und Gesängen unter freiem Himmel; in der Kirche wurden Komödien aufgeführt, und zwar wenig schicklich, denn, so schwört ein Zeuge, jemand konnte sich auf den Altar setzen. Dann leerten sich die Zuckerrohrplantagen; man konnte den Luxus zur Schau stellen, der sich nicht wie heute auf ein einziges Geschlecht beschränkte ...«[80] An anderer Stelle sagt derselbe Historiker in bezug auf Salvador im 16. Jahrhundert weiter: »... eine merkwürdige Stadt, mit Häusern ohne Bewohner, denn die verbrachten die Zeit auf ihren Landsitzen und kamen nur zu den Festen. Die Bevölkerung der Stadt bestand aus Handwerkern, die ihre Berufe ausübten, aus Kaufleuten, aus Gerichts-, Finanz- und Kriegsbeamten, die verpflichtet waren, dort zu wohnen.«[81]

Anderen Zeugenberichten zufolge war die Lage in den übrigen Städten der Kolonie genau die gleiche. Es kam daher häufig dazu, daß die Eigentümer ihre Stadthäuser vernachlässigten, allen Eifer dem Landhaus widmeten, wo sich der Hauptteil ihres Besitzes und die Luxusgegenstände befanden und wo sie mit demonstrativer Großzügigkeit Gäste oder Besucher empfangen konnten. Wie im Florenz der Renaissance, wo, wie Giovanni Villani überlieferte, die in der ländlichen Toscana gelegenen »Villen« der reichen Männer

80 *Primeira Visitação do Santo Ofício às Partes do Brasil. Denunciações da Bahia* (São Paulo 1928), S. 11 ff.

81 Fr. Vicente do Salvador, op. cit., XI.

sehr viel schöner waren als die Stadthäuser und für sie mehr ausgegeben wurde, als vernünftig war.

Die soeben zitierten Angaben beziehen sich vor allem auf das erste und zweite Jahrhundert der Kolonisierung: Bereits im dritten Jahrhundert scheint das städtische Leben an bestimmten Orten mit der Niederlassung der königlichen Kaufleute mehr Charakter zu gewinnen. Im Jahre 1711 erklärt Antonil: »Die Kinder immer auf der Plantage leben zu lassen bedeutet, sie zu untauglichen Menschen zu erziehen, die in den Gesprächen nur über Hunde, Pferde und Ochsen zu reden wissen. Sie allein in der Stadt zu lassen heißt ihnen die Freiheit geben, umgehend dem Laster zu verfallen und sich schändliche Krankheiten aufzuhalsen, die man nur schwerlich heilen kann.«[82]

Der Vergleich zwischen Stadt- und Landleben wird freilich nicht zugunsten der Städte ausfallen, wenn stimmt, was Conde de Cunha, erster Vizekönig Brasiliens, in einem im Jahre 1767 an den König von Portugal adressierten Brief sagt. Er beschreibt Rio de Janeiro als Stadt, die nur von Handwerkern, Fischern, Seeleuten, Mulatten, wilden, nackten Schwarzen und einigen Kaufleuten bewohnt wird, von denen nur wenige diesen Namen verdienen, und in der es niemanden gebe, der als Stadtverordneter dienen oder einen angesehenen Posten bekleiden könne, da die Menschen aus adligem oder vornehmem Hause zurückgezogen auf ihren Landgütern oder Plantagen lebten.

Diese Aussage mag als Zeugnis dafür dienen, daß während der zweiten Hälfte des 18. Jahrhunderts der Stand der Dinge noch genau derjenige war, der unser koloniales Leben seit seinen Anfängen charakterisiert hat. Die Macht der Landgüter und die Armseligkeit der Städte stellen ein Phänomen

82 João Antônio Andreoni (André João Antonil), *Cultura e Opulência do Brasil*, Text der Ausgabe von 1711 (São Paulo 1967), S. 165.

dar, das hier mit den portugiesischen Siedlern Fuß gefaßt hat, seit sie sich auf dem Land niedergelassen haben. Und dies wird noch deutlicher, wenn man es dem gegenüberstellt, was die Holländer in Pernambuco erreicht haben. Im vorangegangenen Kapitel wurde bereits darauf hingewiesen, daß es der Westindien-Kompanie trotz aller Bemühungen nicht gelang, bei der Eroberung unseres Nordostens eine nennenswerte Anzahl ländlicher Siedler für die Einwanderung zu rekrutieren, sondern daß sie im Gegenteil nur ein Anwachsen des Zustroms städtischer Siedler erreichte. Das städtische Leben entwickelte sich anormal und verfrüht. Während 1640 in den von den Portugiesen besiedelten Capitanias des Südens die Verteidigung der Städte häufig ein schwerwiegendes Problem darstellte, weil Menschen fehlten, war es in Recife genau umgekehrt: Es herrschte ein beträchtlicher Mangel an Wohnraum für die Menschen, die unablässig in die Stadt strömten. Holländische Dokumente berichten davon, daß überall Lagerstätten für die Neuankömmlinge in der Kolonie improvisiert wurden. Manchmal schliefen in einem einzigen Zimmer bei unerträglicher Hitze drei, vier, sechs und häufig auch acht Menschen. Wenn die holländischen Behörden nicht strenge Vorkehrungen getroffen hätten, um die Unterbringung all dieser Menschen zu erleichtern, hätte es nur einen Ausweg gegeben: in den Gasthäusern am Hafen zu wohnen. »Und diese«, heißt es in einem holländischen Bericht, »sind die ordinärsten Hurenhäuser der Welt. Weh dem jungen Mann, der dort hineingerät! Er ist unwiderruflich zum Unglück verdammt.«[83]

Die erdrückende Vorherrschaft des Ländlichen war allem Anschein nach ein sich aus den Bemühungen unserer Kolonisatoren ergebendes Phänomen und nicht etwas vom natürlichen Umfeld Auferlegtes. Und dies sollte deutlich gesagt

83 Hermann Wätjen, op. cit., S. 244.

werden, denn der Glaube daran, daß eine gewisse geheimnisvolle, der südamerikanischen Umwelt eigene »zentrifugale Kraft« unseren Landadel dazu gezwungen habe, die Stadt zu verlassen und statt dessen die Einsamkeit der Zuckerrohrplantagen und das einfache Landleben zu suchen, scheint interessanter zu sein und vielleicht auch der nationalen Eitelkeit ein bißchen mehr zu schmeicheln.

Anmerkungen der Übersetzerin

Gesetz von Eusébio de Queirós: Das am 4. 9. 1850 verabschiedete Gesetz verbietet den Sklavenhandel.

Bill Palmerston: Im Allianzvertrag von 1810 zwischen dem Hof von Brasilien und England hatte sich Brasilien verpflichtet, Maßnahmen zu einer allmählichen Abschaffung des Sklavenhandels zu ergreifen. 1817 werden, als Zusatz zum Vertrag von 1815, der ein Verbot des Sklavenhandels nördlich des Äquators vorsieht, die Maßnahmen zur Unterdrückung des illegalen Sklavenhandels festgelegt. 1839 wird in der *Bill Palmerston* bestimmt, daß die Mannschaften aller von britischen Kreuzern unter dem Verdacht des Sklavenhandels aufgebrachten Schiffe der Gerichtsbarkeit der britischen Admiralität zu übergeben seien.

Caramuru (Feuermann): Spitzname, den die Tupínamba-Indianer Diego Alvares Correira, einem der ersten Kolonisatoren Brasiliens gaben, weil er der Legende nach aus seiner Muskete einen Schuß abgab, der einen Vogel tötete, als 1510 sein Schiff an der Küste Bahias unterzugehen drohte. Später wurden die Anhänger der von José Bonifácio de Andrada e Silva (1763-1838) geleiteten politischen Partei *caramurus* genannt, die nach der Abdankung Pedros I. für dessen Wiedereinsetzung eintrat.

Regentschaft (1831-1841): Nachdem Pedro I. 1831 abgedankt, Brasilien verlassen hat und nach Portugal gegangen ist, werden für seinen damals minderjährigen Sohn anfangs drei provisorische Regenten, dann drei gemäß der Verfassung gewählte Regenten eingesetzt.

Bill Aberdeen: Mit dem 1845 verabschiedeten Gesetz nahmen sich die Engländer einseitig das Recht, brasilianische Schiffe auf Sklaven hin zu durchsuchen und diese zu beschlagnahmen.
José Maria da Silva Paranhos, Visconde do Rio Branco: Premierminister von 1871-73. Während seiner Amtszeit wurde 1871 das Gesetz Rio Branco oder Gesetz der freien Geburt verabschiedet, das Kinder von Sklaveneltern für frei erklärt. Obwohl diese Kinder frei waren, erlaubte dieses Gesetz den Besitzern der Eltern, sie bis zu ihrem 21. Lebensjahr zur Arbeit heranzuziehen.
Protokolle der Cortes de Lamego: Diese Protokolle, die eine Versammlung der Stände 1143 in Lamego belegen sollen, sind eine Fälschung aus der 1. Hälfte des 17. Jahrhunderts. Sie wurde aus patriotischen und separatistischen Gründen im Kloster von Alcobaça hergestellt (Portugal stand damals noch unter spanischer Herrschaft). In diesen gefälschten Dokumenten wird unter anderem die Erbfolge der portugiesischen Könige so geregelt, daß die portugiesische Krone nicht auf die Könige von Kastilien und León übergehen kann. Doch bereits 1632 deckt Fr. Antônio Brandão die Fälschung auf, an deren Echtheit die Patrioten der Zeit aus guten Gründen festhielten.

IV
Sämann und Fliesenleger

Der deutliche Primat des Landlebens entsprach durchaus dem Geist der portugiesischen Herrschaft, die nicht darauf bestand, gebieterische und absolute Normen einzuführen, die immer nachgab, wenn dies unmittelbar opportun war, der es weniger wichtig war, zu bauen, zu planen oder Grundsteine zu legen, als vielmehr ohne viel Anstrengung in greifbarer Nähe liegenden Reichtum zu erwirtschaften.

In der Tat ist das Wohnen in Städten von seinem Wesen her widernatürlich, es gehört zu den Manifestationen des Geistes und des Willens in dem Maße, wie diese im Gegensatz zur Natur stehen. Für viele Eroberer-Nationen war der Bau von Städten das entscheidendste Herrschaftsinstrument. Max Weber zeigt auf bewundernswerte Weise, wie die Gründung von Städten für den Vorderen Orient und vor allem für die hellenistische Welt und das Römische Reich das spezifische Umfeld zur Schaffung lokaler Machtorgane war, und fügt hinzu, daß dieses Phänomen auch in China anzutreffen sei, wo während des vergangenen Jahrhunderts die Unterwerfung der Miao-Stämme an der Urbanisierung ihres Landes zu erkennen war. Und diese Nationen hätten aus gutem Grund auf dieses Mittel zurückgegriffen, denn die Erfahrung habe gezeigt, daß es die wirksamsten und dauerhaftesten Ergebnisse zeitige. Die in Zeit und Raum durch die Gründung von Städten im Römischen Reich festgelegten Wirtschaftsgrenzen wurden gleichzeitig auch Grenzen der Welt, die später mit dem Erbe der klassischen Kultur prahlen sollte.[84] Der ländliche Herrschaftsbereich erlang-

84 Max Weber, op. cit. II, S. 713.

te um so mehr Bedeutung, je ferner er dem Einflußbereich von Stadtgründungen, je weiter er von den Grenzen entfernt lag.

Es ist freilich nicht notwendig, sich so weit zurück in die Geschichte und geographisch in die Ferne zu begeben. Auf unserem eigenen Kontinent war die spanische Kolonisierung weitgehend durch etwas charakterisiert, was der portugiesischen fehlte: das beharrliche Bemühen darum, die militärische, wirtschaftliche und politische Herrschaft des Mutterlandes über die eroberten Gebiete durch die Schaffung großer Einheiten mit seßhafter Bevölkerung und geordneter Besiedlung zu gewährleisten. Ein bis ins Detail planender und vorausschauender Eifer lenkte die Gründung spanischer Städte in Amerika. Wenn auch anfangs der Eigeninitiative große Freiheit eingeräumt wurde, damit denkwürdige Heldentaten der kastilischen Krone neuen Ruhm und neues Land bescherten, ließ später die starke Hand des Staates ihre Macht fühlen, indem sie den alten und neuen Bewohnern der amerikanischen Länder Disziplin auferlegte und so ihre Rivalitäten und Uneinigkeiten befriedete und die ungestüme Energie der Siedler zum Wohl des Mutterlandes kanalisierte. Wenn die Besiedlung und der Bau der Häuser abgeschlossen ist, dann und »nicht vorher«, empfehlen ausdrücklich die *Ordenanzas de Descubrimiento Nuevo y Población* (Anordnungen zu Entdeckung und Besiedlung) aus dem Jahre 1563, sollten Regierende und Siedler mit Sorgfalt und frommem Eifer die Eingeborenen friedlich in den Schoß der Heiligen Kirche und zum Gehorsam gegenüber den zivilen Behörden führen.

Auf den ersten Blick bereits verrät der Grundriß der Städte des spanischen Amerikas das ausdrückliche Bemühen, den launenhaften Eigensinn der wilden Landschaft zu besiegen und sie zu Geraden auszurichten: Es ist dies ein entschiedener Akt menschlichen Willens. Man läßt die Straßen sich nicht an die Krümmungen und Unebenheiten des Bodens anpassen; man zwingt ihnen die gerade Linie auf. Der regelmäßige Grundriß erwächst nicht aus einer religiösen Vorstellung wie beim Bau der Städte Latiums, die dem etruskischen Ritus entsprachen, und später in den römischen Kolonien. Er ist einfach nur der Triumph der Absicht, die eroberte Welt zu ordnen und zu beherrschen. Die gerade Linie, in der sich die Richtung des Willens auf ein gewähltes Ziel hin verkörpert, ist ein vorzüglicher Ausdruck dieser Absicht. Es ist kein Zufall, daß sie all diese spanischen Städte beherrscht, die ersten »abstrakten« Städte, die Europäer auf unserem Kontinent gebaut haben.

Umfangreiche Gesetzeswerke verhindern bei den Nachkommen der spanischen Konquistadoren jeden Einfall einer kapriziösen Phantasie beim Bau ihrer Städte. Die Vorschriften in den Gesetzen der Königreiche beider Indien, die die Stadtgründungen in Amerika regeln sollen, weisen den gleichen bürokratischen Sinn für minutiöse Details auf, der die Kasuisten der damaligen Zeit beherrschte, die damit beschäftigt waren, zur Erbauung der Regierenden und der Beichtväter die kompliziertesten Gewissensfragen zu definieren und zu kategorisieren. Zunächst wurde untersucht, ob ein Gebiet der Gesundheit zuträglich war, und zwar anhand der Zahl alter und junger Männer mit gesunder Gesichtsfarbe und ohne offensichtliche Krankheiten. Die dort lebenden Tiere mußten gesund und von angemessener Größe sein, ebenso Früchte und Nahrungsmittel; es durfte keine giftigen, schädlichen Dinge geben; die Konstellation mußte gut und verheißungsvoll sein, der Himmel klar und mild, die Luft rein und sanft.

Für den Fall, daß an der Küste gebaut werden sollte, mußten der natürliche Schutz, die Wassertiefe und die Verteidigungsfähigkeit des Hafens in Betracht gezogen und beachtet werden, daß das Meer möglichst nicht nach Süden oder

Westen hin lag. Für die Ansiedlungen im Inland sollten zu hoch gelegene, dem Wind ausgesetzte und schwer erreichbare Stellen gemieden werden. Sie sollten andererseits auch nicht zu tief gelegen sein, da solche Lage gemeinhin als ungesund galt, sondern in mittlerer Höhe und vor Nord- und Südwind geschützt. Bei Gebirgen sollte am Ost- oder Westhang gesiedelt werden. Falls die Wahl auf eine Stelle an einem Fluß fiel, sollte er so gelegen sein, daß bei Sonnenaufgang die Sonne zuerst auf den Ort und dann erst auf das Wasser schien.

Beim Bau der Stadt mußte immer mit dem Hauptplatz, der Plaza Mayor, begonnen werden. Falls die Stadt am Meer lag, sollte dieser Platz die Anlegestelle des Hafens sein; in südlichen Gegenden sollte er sich im Zentrum der Stadt befinden. Die Form des Platzes hatte ein Viereck zu sein, dessen Breite mindestens zwei Dritteln seiner Länge entsprach, so daß an Festtagen dort Pferderennen stattfinden konnten. Die Größe mußte sich an der Zahl der Bewohner orientieren, wobei zu berücksichtigen war, daß die Orte wachsen konnten. Zumindest durfte er nicht weniger als zweihundert Fuß breit und dreihundert Fuß lang sein und nicht größer als achthundert Fuß lang und fünfhundertzweiunddreißig Fuß breit. Der Platz diente als Grundlage für die Planung der Straßen: Die vier Hauptstraßen gingen vom Mittelpunkt einer jeden Seite des Platzes aus. Von jeder Ecke sollten weitere zwei ausgehen, wobei darauf zu achten war, daß die Ekken in die vier Himmelsrichtungen wiesen. An kalten Orten sollten die Straßen breit sein, an heißen hingegen eng. Wo es Pferde gab, sollten sie vorzugsweise breit sein.[85]

Auf diese Weise war der Ort deutlich durch ein Zentrum geprägt. Die Plaza Mayor hat hier die gleiche Funktion wie

85 *Recopilación de Leyes de los Reynos de Indias*, II (Madrid 1756), Blatt 90-92.

der *cardo* und der *decumanus* der römischen Städte – die beiden vom Gründer mit dem *lituus* gezeichneten, von Norden nach Süden und von Osten nach Westen verlaufenden Linien, die als Koordinaten für den zukünftigen Grundriß der Städte dienten. Doch während in den römischen Städten der geordnete Grundriß die kosmische Ordnung wiedergeben will, ist er in den spanischen Städten der Ausdruck dafür, daß der Mensch willkürlich – und dies mit Erfolg – in den Lauf der Dinge eingreifen kann und daß die Geschichte nicht einfach »geschieht«, sondern gelenkt und sogar »hergestellt« werden kann.[86] Der Höhepunkt der Verwirklichung dieser Vorstellung sind die Missionen der Jesuiten. Diese führten solche Prinzipien nicht nur in die materielle Kultur der Guarani-Missionen ein, indem sie geometrische Städte aus behauenem Stein und Lehmziegeln in einer Region »herstellten«, die reich an Holz, aber sehr arm an Steinbrüchen war, sondern auch in ihren Institutionen. Alles war derart geregelt, daß, wie ein Zeitzeugnis aussagt, in den Missionen, die im heutigen Bolivien liegen, »coniuges Indiani media nocte sono tintinabuli ad exercendum coitum excitarentur« (Die indianischen Eheleute werden durch Glokkengeläut um Mitternacht dazu aufgefordert, den Beischlaf auszuüben).[87]

Im portugiesischen Amerika war indes das Werk der Jesuiten eine seltene, an ein Wunder grenzende Ausnahme.

86 Die Hypothese, daß der Grundriß der hispanoamerikanischen Städte direkt von griechisch-römischen Vorbildern beeinflußt wurde, ist nicht von der Hand zu weisen. Kürzlich erschienene Untersuchungen zeigen sogar eine enge Anlehnung der von König Philipp erlassenen Vorschriften für die Gründung von Städten in der Neuen Welt an das klassische Traktat von Vitruvius auf. Dan Stanislawski, *»Early Town Planning in the New World«, Geographical Review* (New York, Januar 1947), S. 10ff.

87 S. A. Bastian, *Die Kulturländer des Alten Amerika, II. Beiträge zu geschichtlichen Vorarbeiten* (Berlin 1878), S. 838.

Neben dem wahrhaft monströsen Wunder des Willens und der Intelligenz, die dieses Werk darstellte, und im Vergleich zu dem, was die spanische Kolonisierung zu sein sich zum Ziel erkoren hatte, nimmt sich das portugiesische Unterfangen zu zaghaft und zu schlecht ausgerüstet aus, als daß es hätte siegreich sein können. Verglichen mit denen der Spanier, unterscheiden sich die Anstrengungen der Portugiesen bei ihren Eroberungen vornehmlich dadurch, daß diese einen zuvorderst kommerziellen Charakter besaßen und somit das Beispiel der Kolonisierung in der Antike wiederholten, insbesondere das von den Phöniziern und den Griechen gegebene. Die Spanier hingegen wollten das besetzte Land zu einer organischen Verlängerung des eigenen machen. Dies waren zweifellos Intention und anfängliche Richtung, wenn es auch nicht ganz der Wahrheit entspricht, zu behaupten, daß Kastilien den eingeschlagenen Weg bis zum Ende gegangen ist. Der Eifer, aus den neuen Gebieten mehr als eine einfache Handelsfaktorei zu machen, führte die Spanier manchmal dazu, beim Bau des kolonialen Gebäudes mit der Kuppel zu beginnen. Bereits im Jahre 1538 wird die Universität von Santo Domingo gegründet. Die von San Marco in Lima wird im Jahre 1551, nur zwanzig Jahre nach dem Beginn der Eroberung Perus durch Francisco Pizarro, durch eine königliche Gründungsurkunde mit den gleichen Privilegien, Ausnahmen und Beschränkungen ausgestattet wie die Universität von Salamanca. 1551 wird auch die Universität von Mexiko gegründet, die 1553 ihren Lehrbetrieb aufnimmt. Weitere Hochschulen entstehen noch im 16. und in den zwei darauffolgenden Jahrhunderten, so daß, als die koloniale Ära endet, in den verschiedenen Besitzungen Kastiliens sich nicht weniger als dreiundzwanzig Universitäten befinden, von denen sechs zur ersten Kategorie gehören (hierbei zählen die von Mexiko und Lima nicht mit). Diese Einrichtungen durchliefen noch unter spanischer Herrschaft Tausende Söhne

Amerikas, die so ihre Studien abschließen konnten, ohne den Ozean zu überqueren.[88]

Dieses Beispiel zeigt uns zwar nur eine Seite der spanischen Kolonisation, doch sie veranschaulicht vorzüglich den dahinterstehenden Schaffenswillen. Es soll damit nicht behauptet werden, daß dieser Schaffenswille alle Bemühungen der Spanier ausgezeichnet und daß die guten Absichten sich immer gegen die Trägheit der Menschen durchgesetzt hätten. Doch eben darin liegt der Unterschied zwischen ihrer und der Arbeit der Portugiesen in Brasilien. Man könnte sagen, daß hier die Kolonie sowohl für die Regierung als auch für deren Untertanen nur eine Durchgangsstation war. Das ist im übrigen genau der Eindruck, den Henry Koster* im 19. Jahrhundert von unserem Land gewann. Die Spanier hingegen führten in der Neuen Welt den jahrhundertealten Kampf gegen die Heiden weiter, und die Tatsache, daß Kolumbus genau in dem Jahr in Amerika ankam, als mit Granada die letzte Festung der Sarazenen fiel, scheint ein sorgsam kalkulierter Zufall zu sein, um zu zeigen, daß es in diesem Bestreben keine Unterbrechung geben dürfe. Bei der Kolonisierung Amerikas wiederholten sie selbstverständlich die gleichen, allein durch die Erfahrung vervollkommneten Verfahren, die sie bereits nach der Vertreibung der Anhänger Mohammeds im Mutterland angewandt hatten.

Hinzu kommt die bedeutsame Tatsache, daß in den Gebieten unseres Kontinents, die den Spaniern zufielen, das Klima im allgemeinen nicht beschwerlich war. Ein beträchtlicher Teil lag außerhalb der Tropen und oft in großer Höhe. Selbst in der Stadt Quito, die auf dem Äquator liegt, wird der andalusische Immigrant eine stets gleichbleibende Temperatur vorfinden, die nie höher ist als in seiner Heimat.[89]

88 Siehe Anmerkung 1 am Ende des Kapitels: *Intellektuelles Leben in Hispanoamerika und in Brasilien.*

89 Bernhard Brandt, *Südamerika* (Breslau 1923), S. 69.

Die großen Siedlungszentren, die die Spanier in der Neuen Welt errichteten, sind eben genau an den Orten gelegen, deren Höhe den Europäern selbst in der heißen Zone erlaubt, ein Klima zu genießen, wie sie es aus ihren Heimatländern gewohnt sind. Anders als die portugiesische Kolonisation, die vor allem die Küste und tropische Gebiete betraf, scheint die spanische freiwillig die Küste zu fliehen und das Binnenland und die Hochebenen vorzuziehen. Es gibt übrigens in den Vorschriften zur Entdeckung und Besiedlung ausdrücklich entsprechende Empfehlungen. Man erwähle für die Besiedlung, sagt der Gesetzgeber, keine Orte an der Küste, weil die Gefahr besteht, daß es dort Korsaren gibt, weil sie der Gesundheit abträglich sind und weil weder die Menschen dieser Orte sich eifrig darum bemühen, das Land zu bestellen, noch die Sitten und Gebräuche sich dort gut entwickeln. Nur wenn es gute Häfen gebe, solle es möglich sein, Orte längs der Meeresküste zu besiedeln, doch selbst dann nur, wenn jene wirklich unverzichtbar seien, um den Zugang zum Land und dessen Handel und Verteidigung zu erleichtern.

Die Portugiesen schufen indes aus Angst davor, der Küstenstreifen könnte sich entvölkern, alle erdenklichen Schwierigkeiten, um den Zugang ins Landesinnere zu verhindern. Unter der Regierung des ersten Generalgouverneurs von Brasilien, Tomé de Sousa, wird ausdrücklich festgelegt, daß niemand ohne besondere Erlaubnis des Gouverneurs oder des königlichen Oberfinanzaufsehers ins Landesinnere dürfe, und der Anordnung wird noch hinzugefügt, daß eine derartige Erlaubnis nur demjenigen gegeben werde, »der aus gutem Grunde reist und dessen Reise und Handel niemandem zum Nachteil gereicht, und selbst dann dürfen sie nicht ohne Erlaubnis der besagten Hauptleute und Finanzaufseher reisen, und dann auch nur durch Gebiete, in denen Frieden herrscht, um irgendwelche Unannehmlichkeiten zu vermeiden, bei Strafe, daß der einfache Mann ausgepeitscht wird und der höheren Standes zwanzig Cruzados zur Hälfte an die Kasse zur Auslösung von Kriegsgefangenen und zur anderen Hälfte an denjenigen zahlt, der ihn anklagt«.[90]

Eine andere Maßnahme, die darauf abzielte, die Besiedlung auf die Küste zu beschränken, war die in den Schenkungsbriefen der Capitanias festgelegte Klausel, daß die Beschenkten am Meer und an den schiffbaren Flüssen so viele Städte bauen konnten, wie sie wollten, »während« ohne vorherige Erlaubnis Seiner Majestät »im Landesinneren im Urwald jene nicht mehr als sechs Meilen und nicht weniger als drei Meilen voneinander entfernt sein dürfen und, sobald solche Städte gegründet werden, die Grenzen einer jeden von ihnen umgehend festgelegt werden müssen, damit aus dem so festgelegten Land nicht eine weitere Stadt gemacht werden kann«.[91]

In São Vicente rief 1554 die Nachricht, daß Dona Ana Pimentel, die Witwe des vom König Beschenkten, das von ihrem Mann gegen die Bewohner der Küste ausgesprochene Verbot widerrufen hatte, in der Gegend von Piratininga Handel zu treiben, unter den Stadtverordneten eine derartige Bestürzung hervor, daß diese von ihr forderten, die königliche Verordnung vorzulegen, die den neuen Beschluß enthielt. Eine solche Maßnahme mußte derart unklug erscheinen, daß sie selbst noch in den letzten Jahren des 18. Jahrhunderts hart kritisiert wurde und Männer wie Frei Gaspar da Madre de Deus oder der Richter Cleto den Schaden beklagten, der durch einen solchen Widerruf den Küstengebieten der Capitania entstand.

Mit der Schaffung der Stadt Santo André in Borda do

90 Siehe »Regimento de Tomé de Sousa«, *História da Colonização Portuguesa do Brasil*, III (Porto 1924), S. 347.

91 Ibid., S. 310.

Campo und später mit der Gründung von São Paulo verfiel São Vicente, und selbst Santos entwickelte sich schlechter, als anfangs zu erwarten war. Zudem wurde der Küstenstreifen nördlich von Bertioga und südlich von Itanhaém entvölkert. Die Zuckerrohrplantagen an der Küste arbeiteten nicht weiter, und da es keine Waren mehr zu transportieren gab, kam der Schiffsverkehr dieser Capitania mit Angola und Portugal zum Erliegen.

Die Maßregel Martim Afonsos* erschien Frei Gaspar als die dem allgemeinen Wohl des Reiches förderlichste und die für die Entwicklung der Capitania günstigste, selbst nachdem die Bewohner São Paulos dank ihrer Energie und ihres Ehrgeizes auf eigene Rechnung den im Vertrag von Tordesillas* festgelegten Grenzverlauf korrigiert hatten und die Kolonie in den Urwald hinein ausweiteten. Der erste Empfänger einer königlichen Schenkung begriff weit besser als viele zukünftige Gouverneure die wahren Interessen des Staates: Sein Ziel war es, nicht nur Kriege zu verhindern, sondern auch die Küste zu besiedeln. Er sah voraus, daß ein freier Zugang der Weißen zu den Dörfern der Indios endlose Zwistigkeiten zur Folge haben würde. Er wußte wohl, daß König Johann III. die Gründung von Kolonien in einem so fernen Land mit der Absicht befohlen hatte, durch den Export von Waren aus Brasilien Nutzen für den Staat zu ziehen: Ihm war klar, daß die in der Nähe des Meeres produzierten Waren leicht nach Europa gebracht werden konnten, während die aus dem Landesinneren lange Zeit brauchten, bis sie zur Verschiffung in die Häfen gelangten, und daß, wenn sie überhaupt in Portugal ankamen, dies mit so hohen Kosten verbunden wäre, daß es sich für die Bauern »nicht rechnete, sie zu demselben Preis abzugeben, zu dem die von der Küste verkauft wurden«.[92]

92 Fr. Gaspar da Madre de Deus, *Memórias para a História da Capitania*

Die Folgen dieser Kolonisierung der Küste, der die Portugiesen den Vorrang gaben, dauern noch bis zum heutigen Tag an. Wenn heute vom »Interior«, dem Landesinneren, gesprochen wird, steht wie im 16. Jahrhundert dahinter der Gedanke an ein kaum von der urbanen Kultur berührtes, dünnbesiedeltes Gebiet. Man kann die Leistung der »Bandeirantes«* von São Paulo nicht in ihrem ganzen Ausmaß verstehen, wenn man dieses Unternehmen als etwas Selbstverständliches hinstellt. Im Gegenteil: Ohne die Bindungen zum Mutterland zu lösen, bricht es mit dessen Gesetzen, setzt alles aufs Spiel – und gibt Brasilien seine heutigen geographischen Umrisse. Es ist kein Zufall, daß die erste in der Kolonie vom Willen nach Autonomie getragene Geste, die Akklamation von Amador Bueno*, in São Paulo vollzogen wurde, einem Landstrich, der wenig Kontakt zu Portugal hatte, in dem es eine starke Vermischung mit Fremden und Eingeborenen gab und in dem die Kinder in den Schulen noch im 18. Jahrhundert Portugiesisch lernten wie heute Latein.[93]

Auf der Hochebene von Piratininga bricht in Wahrheit ein neues Moment in unserer nationalen Geschichte an. Dort gibt die Kolonialbevölkerung die weitverbreitete Gleichgültigkeit auf und findet eine eigene Stimme. Die Expansionsbewegung der »Pioniere von São Paulo« hatte ihren Ursprung nicht auf der anderen Seite des Ozeans, sie brauchte keine Anreize seitens des Mutterlandes und vollzog sich häufig gegen dessen Willen und gegen dessen unmittelbare Interessen. Zudem waren diese Bezwinger von Indios Schatzsucher und reine Abenteurer – nur wenn die Umstände sie

de S. Vicente (Lissabon 1797), S. 32. – Marcelino Pereira Cleto, »Dissertação a respeito da Capitania de S. Paulo, sua decadência e modo de restabelecê-la«, *Anais da Biblioteca Nacional do Rio de Janeiro*, XXI (Rio de Janeiro 1900), S. 201 ff.

93 Siehe Anmerkung 2 am Ende des Kapitels: *Das Tupi in São Paulo.*

zwangen, wurden sie zu Siedlern. Wenn die Expeditionen erfolgreich beendet waren, kehrten sie im allgemeinen in ihre Stadt oder auf ihre Äcker zurück. Daher waren sie vor der Entdeckung der Minen nur sporadisch Kolonisatoren.

Im dritten Jahrhundert der portugiesischen Herrschaft verzeichnen wir mit der Entdeckung des Goldes der Minas Gerais einen größeren Zustrom von Immigranten in das Hinterland. »Das Gold fließt«, schreibt ein zeitgenössischer Chronist, »in Pulverform und als Münzen in fremde Königreiche, und nur der geringste Teil bleibt in Portugal und in den Städten Brasiliens, ausgenommen das, was für Halsketten, Ohrgehänge und andere Kleinodien verbraucht wird, mit denen wir heute die Mulattinnen von schlechtem Lebenswandel viel mehr noch als die feinen Damen behängt sehen.«[94] Und sogar diese Immigration vollzieht sich weitgehend trotz der von der Regierung künstlich geschaffenen rabiaten Hemmnisse. Ausländer waren ausdrücklich von ihr ausgenommen (geduldet – und zwar gerade eben noch geduldet – waren allenfalls die Untertanen befreundeter Nationen: Engländer und Holländer), desgleichen die Mönche, die als schlimmste Übertreter der königlichen Befehle angesehen wurden, Priester ohne Anstellung, Händler, Gastwirte, kurz alle Menschen, die nicht ausschließlich im Dienst der unersättlichen Gier des Mutterlandes dorthin kamen. Im Jahre 1720 wollte man zu einem letzten Gegenmittel greifen, zum Verbot der Überfahrten nach Brasilien. Nur Personen, die ein öffentliches Amt bekleideten, konnten sich in die Kolonie einschiffen. Diese Beamten durften nur von den unerläßlichsten Dienern begleitet werden. Vom Klerus konnten nur Bischöfe und Missionare dorthin fahren, ebenso Mönche, die ihre Profeß in Brasilien abgelegt hatten und in ihre Klöster zurückkehren mußten. Schließlich sollten nur solche

94 João Antônio Andreoni (André João Antonil), op. cit., S. 304.

Privatleute eine Ausnahmegenehmigung erhalten, die beweisen konnten, wichtige Geschäfte zu erledigen zu haben, und sich verpflichteten, innerhalb einer bestimmten Frist wieder zurückzukehren.

Jetzt, und erst jetzt, beschließt Portugal, energischer in die Geschäfte seiner Überseebesitzung einzugreifen, doch dies mit einer einzig und allein repressiven polizeilichen Energie, die weniger darauf ausgerichtet war, etwas Bleibendes zu schaffen, als alles für sich zu beanspruchen, was unmittelbaren Nutzen brachte. Dies wird besonders deutlich an der *Demarcação Diamantina*, der Demarkierung des Diamantendistrikts*, mit der ein Staat im Staat geschaffen wird, mit streng definierten Grenzen, die niemand ohne ausdrückliche Erlaubnis der Behörden überschreiten darf. Die mit Sondergesetzen regierten Bewohner bildeten so etwas wie eine einzige Familie, über die der Generalintendent despotisch herrschte. »Diese Idee, ein Gebiet zu isolieren«, bemerkt Martius, »in dem sämtliche bürgerlichen Voraussetzungen der Ausbeutung eines Exklusivgutes der Krone untergeordnet sind, ist in der Geschichte einmalig.«[95]

Ab 1771 werden die Bewohner des Distrikts einer äußerst strengen Überwachung unterworfen. Wer seine Identität und Tauglichkeit nicht beweisen konnte, mußte das Gebiet unverzüglich verlassen. Falls er zurückkehrte, drohten eine Strafe von 50 Oitavas Gold (1 Oitava: $\frac{1}{8}$ Unze) und sechs Monate Gefängnis. Im Wiederholungsfall betrug die Strafe sechs Jahre Verbannung nach Angola. Und niemand durfte in diesem Distrikt wohnen, ohne die Absicht dazu bis ins einzelne zu begründen. Selbst in der Nähe des demarkierten Gebietes durfte man sich nur mit einer vorab erteilten Genehmigung des Intendenten niederlassen. »Die ständig laufenden allgemeinen Zeugenbefragungen, die mysteriösen Be-

95 Spix und Martius, op. cit., II, S. 436.

schuldigungen«, schreibt ein Historiker, »waren wie ein riesiges Höllennetz, das, um die Opfer einzufangen, im Finstern, häufig aus Verleumdungen, persönlicher Rache oder Ehrgeiz der Steuerbeamten gewoben wurde.«[96] Der Umstand, daß die Minen, vor allem die Diamantenminen, entdeckt wurden, bewog Portugal schließlich, in seiner Kolonie etwas mehr Ordnung zu schaffen, eine Ordnung, die künstlich durch die Tyrannei derer aufrechterhalten wurde, die ein Interesse daran hatten, alle wirtschaftlichen Kräfte des Landes zu mobilisieren, um ohne allzu große eigene Anstrengungen die Ausbeute zu genießen.

Ohne diese Ereignisse wäre zweifellos die Küstenregion bis zum Ende der Kolonialzeit weiter vorrangig besiedelt worden, was ein müheloses Unternehmen mit leicht zu erlangender Ausbeute war. Man wird sich schwerlich einen portugiesischen Hauptmann vorstellen können, der, wie es Cortez zugeschrieben wird, befiehlt, die Karavellen, die ihn nach Amerika, nach Neu-Spanien, gebracht haben, zu zerlegen, um das Holz für Bauten auf dem Festland zu nutzen. Nichts ist indes spanischer als diese Tat, die für das erstmals umgesetzte neue Kolonisierungssystem wahrhaft symbolisch ist. Pizarro würde später diese Heldentat wiederholen, indem er, als ihn 1535 ein Heer von fünfzigtausend Indios in Peru belagerte, befahl, die Schiffe aus dem Hafen zu entfernen, um seinen Männern jede Versuchung zur Flucht zu nehmen, während er im Triumph die Eroberung des großen Inkareiches fortführte.

Für diese Männer gab es ganz gewiß kein Meer, es sei denn, als Hindernis, das es zu überwinden galt. Es gab auch keine Küstengebiete, es sei denn, als Zugang zum Landesinneren und zu den *tierras templadas* oder *frías*, den Ländern

96 Dr. Joaquim Felício dos Santos, *Memória do Distrito Diamantino da Comarca de Serro Frio* (Rio de Janeiro 1924), S. 107.

mit gemäßigtem oder kaltem Klima.[97] In Mittelamerika liegen die fortschrittlichsten und am dichtesten besiedelten Zentren in der Nähe des Ozeans, das ist wohl richtig. Doch es ist der Pazifische Ozean, nicht der Atlantik, der natürliche Weg der *conquista* und des Handels. Weil sie das sanftere Klima der Hochebenen unweit der Westküste anlockte, errichteten die Spanier dort ihre ersten Niederlassungen. Und noch heute wundern sich Historiker und Geographen darüber, daß die Nachkommen der alten Siedler keinen ernsthaften Versuch unternahmen, die Küstenregion des Antillenmeeres zwischen Yucatán und Panama zu besetzen. Obwohl diese Küste beinahe in Sichtweite der Inseln lag, die der spanischen Krone gehörten, und obwohl ihre Besiedlung die Entfernung zwischen dem Mutterland und den Niederlassungen an der Pazifikküste beträchtlich verkürzt hätte, zogen sie es vor, diese den Indios und den englischen Schmugglern zu überlassen. An mehr als einer Stelle sind in Mittelamerika die größten Ballungsräume bis heute durch eine fast undurchdringliche Urwaldbarriere von der Ostkü-

97 Es ist kein Zufall, daß die Hauptzentren der spanischen Kolonisierung auf dem amerikanischen Kontinent – Mexiko, Guatemala, Bogotá, Quito etc. – in großer Höhe liegen. Nur Lima, das 140 m über dem Meeresspiegel und unweit der Küste liegt, ist eine Ausnahme. Diese Ausnahme hat indes weniger mit den guten Voraussetzungen zu tun, die die peruanische Hauptstadt für den Handel mit dem Mutterland bietet, als mit bestimmten historischen Ereignissen. Es ist bekannt, daß der erste für den Sitz der spanischen Verwaltung in Peru ausgesuchte Ort Jauja war, das 3300 m hoch liegt. Daß später Lima vorgezogen wurde, liegt, wie ein moderner Forscher betont, daran, daß die von den Konquistadoren mitgebrachten Pferde sich anfangs nicht an diese Höhen gewöhnten. Da der Erfolg der spanischen Waffen zu einem großen Teil auf der demoralisierenden Wirkung beruhte, die die Pferde auf die Indios hatten, war die Wahl eines Ortes, an dem man sie leichter aufziehen konnte, von entscheidender Bedeutung. – Siehe Karl Sapper, »Über das Problem der Tropenakklimatisation von Europäern«, *Zeitschrift der Gesellschaft für Erdkunde zu Berlin*, Heft 9/10 (Berlin, Dezember 1939), S. 372.

ste isoliert.[98] Man kann durchaus sagen, daß die Seeschiffahrt oder, falls es diese nicht gab, die Flußschiffahrt, die die Spanier beide so sehr verachteten, als unkomplizierte Verkehrsverbindungen die Hauptgrundlage der Kolonisierungsanstrengungen Portugals bildeten. Die von der portugiesischen Krone verabschiedeten Vorschriften und verliehenen Stadtrechte bestanden, wenn es sich um Gebiete außerhalb der Küstenregion handelte, immer darauf, daß nur die Ufer der großen, schiffbaren Flüsse, wie beispielsweise des Rio São Francisco, besiedelt werden durften. Die spanische Gesetzgebung bezieht sich im Gegenteil kaum auf die Flußschiffahrt als Verkehrsverbindung. Der Transport von Menschen und Nahrungsmitteln konnte auf dem Landweg durchgeführt werden.

In Brasilien traf die Ausbeutung der Küste durch die Portugiesen zudem deswegen auf weniger Schwierigkeiten, weil sie vom Norden bis zum Süden von einer einzigen Völkerfamilie mit einer gemeinsamen Sprache bewohnt wurde. Und diese Sprache, die sofort gelernt, gezähmt und an einigen Orten von den Jesuiten der klassischen Syntax angeglichen wurde, sollte zur Verständigung mit den anderen Völkern des Landes dienen, selbst mit den Angehörigen ganz anderer Völkerfamilien. Alles weist darauf hin, daß den Portugiesen bei ihrer Ausbreitung längs der Küste stets ausgedehnte Migrationsbewegungen von Tupi-Völkern vorausgingen, und sie verweilten während der gesamten kolonialen Ära immer in dem Gebiet, das zuvor von diesen Migrationsbewegungen umrissen worden war.

Die Tupi-Guarani scheinen sich erst kurz vor der Landung der ersten Portugiesen im Bereich der Küste niedergelassen zu haben. Ein zeitgenössischer Amerikanist setzt hierfür den Anfang des 15. Jahrhunderts fest. Und in der

98 Arnold J. Toynbee, *A Study of History*, II (London 1935), S. 35 f.

Tat war die Erinnerung an die Vertreibung der nicht zu den Tupi gehörenden Völker ins Landesinnere noch zu Zeiten von Gabriel Soares, das heißt Ende des 16. Jahrhunderts, in Bahia so lebendig, daß der Chronist uns sogar die Namen der »Tapuia-Völker« überliefern konnte, die in später von den Tupinaé und Tubinambá eroberten Gebieten gelebt hatten. Selbst nach Beginn der portugiesischen Kolonisierung kann man eine erneute Ausbreitung der Tupi verzeichnen, die den Maranhão und die Ufer des Amazonas erreicht. Der Kapuziner Claude d'Abbeville, der 1612 in Maranhão lebte, hat sogar noch einige Zeugen dieser ersten Tupinambá-Migration kennengelernt. Métraux glaubt aus stichhaltigen Gründen, daß diese Migration in den Jahren 1560 bis 1580 stattfand.[99]

Die Auffassung, daß die Eroberung des Küstenstreifens durch die Tupi-Stämme kurz vor der Ankunft der Portugiesen stattfand, wird noch durch die vollkommene kulturelle Einheit der Küstenbewohner bestätigt, denn diese sind, wie Gandavo sagt, »wenngleich in verschiedene Volksgruppen mit jeweils eigenem Namen geteilt, aufgrund der Ähnlichkeit untereinander, aufgrund ihres Charakters, ihrer Bräuche und heidnischen Riten allesamt ein Volk«.[100]

Indem sie sich mit dem wichtigsten Volk der Ureinwohner an der Küste vermischten, deren Länder sie besetzten, übernahmen die Portugiesen viele seiner Feindschaften und Ab-

99 A. Métraux, *Migrations Historiques des Tupi-Guarani* (Paris 1927), S. 3.

100 Diese Ähnlichkeit ist um so außergewöhnlicher, als wir heute wissen, wie groß die Fähigkeit der Tupi-Völker war, andere kulturelle Sitten zu assimilieren und ebenso andere, ihrer Rasse fremde Völker zu »tupinisieren«. Pater W. Schmidt bemerkt in seinen Studien zu Kulturkreisen und Kulturschichten auf dem südamerikanischen Kontinent, daß diese Tatsache es fast unmöglich macht, »festzulegen, was genau die eigene Kultur der Tupi-Guarani ist und worin sie besteht«. – P. Wilhelm Schmidt, »Kulturkreise und Kulturschichten in Südamerika«, *Zeitschrift für Ethnologie* (Berlin 1913), S. 1108.

neigungen. Die anderen, die Nicht-Tupi, die »Tapuias«, blieben während der Kolonialzeit weitgehend unbekannt, und es waren über sie die phantastischsten Legenden und Geschichten im Umlauf. Es ist auffällig, daß die portugiesische Kolonisierung sich im wesentlichen innerhalb der vormals von den Tupi sprechenden Eingeborenen bewohnten Gebiete dauerhaft etablierte und zur Blüte gelangte. Man könnte sagen, daß die Tupi den Boden für die lusitanische *conquista* bereitet haben. Dort, wo die Expansion der Tupi eine Lücke aufwies, war auch die Kolonisation durch die Weißen unterbrochen. Zu den wenigen Ausnahmen gehören die Goianá aus Piratininga, die zu Zeiten von João Ramalho* bereits langsam von den Tupiniquim absorbiert wurden, und die Cariris aus dem Sertão, dem Landesinneren nördlich von São Francisco.

Der Küstenstreifen von Espírito Santo, die »fette Pfründe« von Vasco Fernandes Coutinho*, ebenso wie das Gebiet südlich von Bahia, die ehemaligen Capitanias von Ilhéus und Porto Seguro, wurden von den Portugiesen fast vollkommen vergessen, weil genau aus diesen Gebieten die Tupi von den ursprünglichen Bewohnern teilweise vertrieben worden waren. Handelmann sagte sogar in seiner *História do Brasil*, daß dieses Gebiet, sieht man vom oberen Amazonas ab, das am dünnsten besiedelte des ganzen Kaiserreiches war, und wunderte sich darüber, daß es nach dreihundert Jahren Kolonisation zwischen der Bucht von Todos os Santos und der Bucht von Rio de Janeiro noch immer ein so wildes, kärglich bebautes Gebiet gab. Um in Espírito Santo die wenigen Siedlungszentren aufrechtzuerhalten, förderten die Portugiesen die Zuwanderung von Indios von der Küste, damit diese sie gegen die Überfälle der anderen Ureinwohner verteidigten. Und erst im 19. Jahrhundert wurde dank des benediktinischen Eifers von Guido Tomás Marlière mit der Bekehrung der, wie man annimmt, letzten Nachfahren der wilden Aimoré an den Ufern des Rio Doce begonnen, die einst die Geißel der Siedler waren.

Und so wußten die Portugiesen, die dort kampierten, wo früher die Abanheenga sprechenden Eingeborenen gelebt hatten, von den Eingeborenen des Sertão, von denen, die »eine andere Sprache« sprachen, wie sie Padre Cardim nennt, wenig mehr als das, was die Menschen von der Küste ihnen berichteten. Wie bereits gesagt, die Kolonisatoren waren wenig daran interessiert, mehr als den Küstenstreifen zu besiedeln und kennenzulernen, von dem aus die Verbindung mit dem Mutterland einfacher war. Und so stellte die Tatsache, daß sie dieses Land von einer einzigen Rasse Menschen besiedelt vorfanden, die zudem noch ein und dieselbe Sprache sprachen, für sie einen unschätzbaren Vorteil dar.

Der merkantile Charakter dieser Kolonisation drückte sich ebenso deutlich spürbar in der planvollen Besiedlung des Küstenstreifens in unmittelbarer Reichweite der Häfen wie in dem hier bereits angesprochenen Phänomen des Ungleichgewichts zwischen dem Glanz der Landgüter und dem Elend der Städte aus. Beides ist besonders bedeutsam wegen des Lichts, das es auf die späteren Phasen unserer gesellschaftlichen Entwicklung wirft. Padre Manuel da Nóbrega rief in einem 1552 verfaßten Brief aus: »... von all denen, die hierherkamen, empfindet niemand Liebe für dieses Land (...), alle wollen Nutzen daraus ziehen, selbst dann, wenn es auf Kosten des Landes geschieht, weil sie hoffen, es irgendwann wieder zu verlassen.« In einem anderen Brief aus demselben Jahr greift er das Thema wieder auf und beklagt sich über jene, die es lieber sähen, wenn viele mit Gold beladene Schiffe Brasilien verließen, als wenn viele Seelen in den Himmel kämen. Und er fügt hinzu: »Sie lieben das Land nicht, denn ihre Liebe gehört Portugal; auch arbeiten sie nicht, um ihm zu nützen, sondern um es mit allen Mitteln auszunutzen; dies ist allgemein so, obwohl es unter ihnen manche geben mag, die eine Ausnahme bilden.«[101] Und Frei Vicente do Salvador kann noch im darauffolgenden Jahrhundert darüber klagen, daß die Portugiesen bis dahin so gelebt haben »wie Krebse, die an der Küste kratzen«, und bedauert, daß die Siedler, so sehr die reichsten unter ihnen auch an ihrem Land hängen mögen, letztlich doch vorhaben, alles nach Portugal mitzunehmen. »Wenn die Landgüter und Besitzungen, die sie haben, reden könnten, müßten sie ihnen dasselbe wie den Papageien beibringen, die zuallererst lernen müssen, ›Papagei nach Portugal‹ zu sagen, denn sie wollen, daß alles dorthin kommt.«[102]

Selbst in seinen besten Zeiten war das von den Portugiesen in Brasilien Geschaffene stets eher durch die Niederlassung von Handel als durch die Niederlassung von Menschen charakterisiert. Es war nicht zweckmäßig, hier große Werke in die Tat umzusetzen, es sei denn, sie brachten unmittelbaren Nutzen. Nichts, was dem Mutterland größere Ausgaben verursachte oder ihm zum Nachteil gereichte. Das Gebot des Merkantilismus – das im übrigen für alle Kolonialmächte bis ins 19. Jahrhundert galt –, daß das Mutterland und die Kolonien sich gegenseitig ergänzen sollten, paßte vorzüglich zu diesem Standpunkt. Aus diesem Grunde war es strengstens verboten, in den Überseebesitzungen Güter zu produzieren, die mit den im Mutterland hergestellten konkurrieren könnten. Als Ende des 18. Jahrhunderts von der Capitania von São Pedro in Rio Grande aus damit begonnen wurde, Weizen in andere Teile Brasiliens zu exportieren, unterband die Regierung in Lissabon den gesamten Anbau dieses Getreides. Und in der Verordnung vom 5. Januar 1785 wurde befohlen, alle möglicherweise auf brasilianischem Gebiet existierenden Gold- und Silberschmieden sowie Seide-, Baumwoll-,

101 Manuel da Nóbrega, *Cartas do Brasil*, 1549-1560 (Rio de Janeiro 1931), S. 131 u. 134.
102 Fr. Vicente do Salvador, op. cit., S. 16.

Leinen- und Wollmanufakturen aufzulösen, da, so führte man an, die Bewohner der Kolonie aus dem Ackerbau und der Landwirtschaft alles bezögen, was sie brauchten. Wenn sie diesem noch die Vorzüge des Handwerks für Kleidung hinzufügten, »wären besagte Bewohner vollkommen unabhängig von ihrem sie beherrschenden Mutterland«.

Dennoch scheint die portugiesische Verwaltung in einigen Punkten relativ liberaler gewesen zu sein als die Verwaltung der spanischen Besitzungen. So war, anders als bei diesen, der freie Zuzug von Ausländern erlaubt, die zum Arbeiten hierherkommen wollten. Unzählige Spanier, Italiener, Flamen, Engländer, Iren und Deutsche machten sich diese Toleranz zunutze. Den Ausländern war zudem erlaubt, die brasilianische Küste als Kaufleute zu bereisen, sofern sie sich verpflichteten, zehn Prozent des Wertes ihrer Waren als Importsteuer zu bezahlen, und solange sie nicht mit den Indios Handel trieben. Dies war zumindest in den ersten Zeiten der Kolonie so. Eine Änderung trat erst im Jahre 1600 während der spanischen Herrschaft über Portugal ein, als Philipp II. befahl, alle Ausländer unwiderruflich aus Brasilien auszuschließen. Damals wurde ihre Anstellung als Verwalter landwirtschaftlicher Betriebe verboten, es wurde festgelegt, eine Zählung von Ausländern, ihrer Wohnsitze und ihres Vermögens vorzunehmen, und in bestimmten Orten – wie zum Beispiel Pernambuco – erhielten sie den Befehl, sich in ihre Herkunftsländer einzuschiffen. Siebenundzwanzig Jahre später wurde dieses Verbot erneuert und erst nach der Restauration teilweise, und zwar zugunsten von Engländern und Holländern, widerrufen.

In Wahrheit war dieser Ausschließlichkeitsanspruch der Spanier, der im Gegensatz zur relativen Liberalität der Portugiesen stand, ein verbindlicher, unveräußerlicher Bestandteil ihres Systems. Es ist verständlich, daß für die spanische Gesetzgebung der Umgang und das Zusammenleben mit Ausländern in erst kürzlich eroberten Gebieten, in denen die Herrschaft noch nicht fest gegründet war, als unerwünscht und als nachteilig für die Disziplin der Untertanen angesehen wurde. Die Liberalität der Portugiesen mag im Vergleich dazu wie eine negative, nicht klar definierte Haltung erscheinen, eine Haltung, die zum Teil ihrer vom Interesse geleiteten Moral entsprang, der Moral von Kaufleuten, die jedoch durch viele mächtige Bande der mittelalterlichen Tradition unterworfen waren.

Unsere Kolonisatoren kümmerte die laxe Handhabung der Disziplin nur wenig, es sei denn, deren Zügel konnten dazu genutzt werden, unmittelbar ihren irdischen Interessen zu dienen. Hierzu könnte zudem noch eine angeborene Abneigung gegen jedwede unpersönliche Reglementierung des Lebens beigetragen haben. Eine Abneigung, die unter den Portugiesen weder ein Korrektiv im Bereich des Herrschaftswillens fand, der den relativ geringen Mitteln unterlag, über die sie als Volk verfügten, noch im ausgesprochenen Hang zu jener asketischen Strenge, zu der die rauhe Landschaft Kastiliens ihre Bewohner herauszufordern scheint und die häufig in der Neigung mündet, das Leben geregelten und abstrakten Normen unterzuordnen.

Der Einfallsreichtum, mit dem in unseren Städten im Vergleich zu denen im spanischen Amerika häufig die Straßen oder Häuser angelegt wurden, spiegelt dies zweifellos wider. In Bahia, der größten Stadt der Kolonie, bemerkte ein Reisender im 18. Jahrhundert, daß die Häuser den Launen ihrer Bewohner folgend gebaut waren. Alles war dort unregelmäßig, so daß sich der Palast der Vizekönige nur rein zufällig am Hauptplatz befand.[103] Bereits im ersten Jahrhundert der

103 L. G. de la Barbinais, *Nouveau voyage au tour du Monde*, III (Paris 1729), S. 181.

Kolonisierung standen die Häuser in São Vicente und Santos derart kreuz und quer durcheinander, daß der erste Generalgouverneur von Brasilien sich darüber beklagte, die beiden Städte nicht mit Mauern umgeben zu können, weil dieses viel Arbeit und für die Bewohner viel Schaden mit sich brächte.[104]

Selbstverständlich gab es das rechteckige Schema durchaus – in Rio de Janeiro taucht es im Ansatz auf –, und zwar immer dann, wenn es auf wenige natürliche Hindernisse stieß. Es wäre indes ein Trugschluß anzunehmen, daß dies aufgrund der Anziehungskraft der festen, vorgegebenen Formen so war, die einen kraftvollen gestalterischen Willen ausdrükken, wenn richtig ist, daß sie im allgemeinen aus den rationalen und ästhetischen Prinzipien der Symmetrie hervorgehen, die die Renaissance, von Vorstellungen der Antike inspiriert, einführte. Sei es, wie es wolle, der geometrische Grundriß konnte bei uns nie die Bedeutung erlangen wie in den Ländern der spanischen Krone: Häufig wurde aufgrund der späteren Entwicklung der Städte hier dieser ursprüngliche Grundriß verworfen, und man gehorchte eher den topographischen Vorgaben.

Erfahrungsgebundenes Handeln und nicht der abstrakte Verstand war das Prinzip, dem die Portugiesen sowohl bei

104 In dem am 1. Juni 1553 von Tomé de Sousa an den König adressierten Brief heißt es: »... diese beiden Städte, São Vicente und Santos, sind nicht von Mauern umgeben, und die Häuser liegen dermaßen verstreut, daß man die Städte nicht ohne große Anstrengungen und Verluste für die Bewohner ummauern kann, denn es gibt dort Häuser aus Stein und Kalk und große Gärten, alles steht durcheinander, ein jedes Haus hat die besten Dachziegel, und jedes ist an der Stelle gebaut, die für seine Verteidigung am günstigsten ist, jedes einzelne ist seine eigene Burg, und so sind sie gut angelegt, je nach Qualität des Bodens, und alles muß sich danach ausrichten, sonst ist es nicht gut für sie.« *Hist. da Col. Port.*, op. cit., III, S. 365.

dieser als auch bei anderen kolonisatorischen Tätigkeiten folgten. Sie zogen es vor, ihren Erfahrungen entsprechend zu handeln, auch wenn diese nicht immer aufeinander abgestimmt waren, statt im voraus einen Plan zu entwerfen und ihn bis zum Ende durchzuführen. Es gibt wenige von ihnen in Brasilien gegründete Niederlassungen, die nicht ein-, zwei- oder mehrmals den Ort gewechselt haben, und das Nebeneinander der klassischen alten Stadt und bestimmter städtischer Zentren deutlich kolonialen Charakters ist ein dauerndes Zeugnis für diese sich vorantastende, verschwenderische Haltung.

Der vorzügliche Beobachter Vilhena konnte daher zu Beginn des vorigen Jahrhunderts darüber klagen, daß die Portugiesen, als sie die Stadt Salvador bauten, einen steilen Hügel »voller Brüche und Abhänge« ausgesucht haben, wo es doch nicht weit davon einen Ort gebe, der »zum Besten gehört, was man auf der Welt finden kann, um eine Stadt zu gründen, die stärker, lieblicher und nicht durch Tausende von Unannehmlichkeiten beeinträchtigt wäre«.[105]

Die Städte, die die Portugiesen in Amerika bauten, sind keine Kopfgeburten, sie widersetzen sich nicht der natürlichen Umgebung, und ihre Silhouette fügt sich in die Landschaft ein. Keine Strenge, keine Methode, keine Vorausplanung, immer diese Lässigkeit, dieses Laisser-faire, das das Wort *desleixo* ausdrückt – ein Wort, das der Schriftsteller Aubrey Bell für so typisch portugiesisch hielt wie das Wort *saudade*, wehmütige Sehnsucht, und das seiner Meinung nach weniger einen Mangel an Energie als die tiefempfundene Überzeugung beinhaltet, daß »es sich nicht lohnt ...«[106]

Dem kann man noch hinzufügen, daß eine derartige Überzeugung bei weitem keine Gleichgültigkeit gegenüber dem

105 Luís dos Santos Vilhena, *Recopilação das Notícias Soteropolitanas Brasílicas*, I (Bahia 1921), S. 109.
106 Aubrey Bell, *Portugal of the Portuguese* (London 1915), S. 11.

Leben oder gar Lebensverachtung ausdrückt, sondern vielmehr mit einem elementaren Realismus zusammenhängt, der darauf verzichtet, die Wirklichkeit mittels übertriebener Vorstellungen, Verhaltenskodizes oder formeller Regeln zu verändern (ausgenommen in den Fällen, wo diese Regeln bereits zu stereotypen Konventionen geworden sind und es keinerlei Anstrengungen oder Kunstgriffe mehr bedarf). Kurz gesagt, das Leben wird angenommen, so wie es ist, ohne viel Umstände, ohne Illusionen, geduldig, ohne Arglist und häufig ohne Freude.

Diesem bodenständigen, handfesten Realismus muß wahrscheinlich zugeschrieben werden, daß noch heutzutage viele denkwürdige Heldentaten der Portugiesen zur Zeit der Entdeckungen auf einige Historiker, die eine etwas zu große Vorliebe für das Romanhafte auszeichnet, wenig Anziehungskraft ausüben. Im Vergleich zum stürmischen Elan eines Kolumbus nimmt sich selbst das Werk des großen Vasco da Gama als ein kleinkrämerisches, von einem vorsichtigen, erdverhafteten Geist getragenes Unterfangen aus. Seine Reise führte über bereits bekannte Meere – sie war »Küstenschiffahrt in großem Stil«, wie Sophus Ruge sagte. Das Ziel war bekannt, und als es notwendig wurde, den Indischen Ozean zu überqueren, konnte er sich auf erfahrene Lotsen wie Ibn Majid stützen.

Die weltweite Expansion der Portugiesen war vor allem das Werk von Umsicht, besonnenem Verstand und der Einsicht, »daß Erfahrung klug macht«. Und es scheint richtig zu sein, daß dies von Anfang an so war, trotz aller poetischen Prachtgewänder, mit denen man beispielsweise die Eroberung von Ceuta zu umhüllen versuchte.[107] Die lusitanischen

107 Als Gegenpol zu den Übertreibungen Oliveira Martins' in bezug auf die Eroberung Ceutas sollte man den »Ensaio de interpretação não romântica do texto de Azurara« von Antônio Sergio in *Ensaios*, I (Rio

Seefahrer hatten, Magalhães einmal ausgenommen, eine gemeinsame Eigenschaft: einen beharrlichen, indes selten übertriebenen Mut.

Die Portugiesen waren sich selbstverständlich schon früh der heroischen Größe ihrer Taten und der universellen historischen Bedeutung der hehren Ideale, die sie leiteten, lebhaft bewußt. Die Vorstellung, daß sie sogar die legendären Heldentaten der Griechen und Römer übertrafen, wird in der Literatur des 16. Jahrhunderts zu einem Gemeinplatz. Doch es ist gleichzeitig bedeutsam, daß diese literarische Begeisterung in dem Maße zunimmt, wie der Verlust des Ansehens und der Verfall der portugiesischen Macht spürbarer werden. Was wir beispielsweise in den Seiten des Historikers João de Barros finden, ist eine Art rückschauender Überhöhung in nahezu pädagogischer Absicht. Und die »große klanggewaltige dichterische Begeisterung« eines Luís de Camões* kann nur dann richtig verstanden werden, wenn wir neben den *Lusiadas* den *Soldado prático* von Diogo do Couto* lesen, der zwar auch kein ganz getreues, aber doch ein Bild liefert, das die andere Seite dieser grandiosen poetischen Idealisierung darstellt.

Von keiner der größeren überseeischen Unternehmungen der Portugiesen kann man zulässigerweise behaupten, sie sei im Mutterland wirklich populär gewesen. Es ist bekannt, daß selbst die Entdeckung des Seeweges nach Indien vom König gegen den Willen seiner Berater beschlossen wurde. Ihnen erschien es unklug, das Gewisse für das Ungewisse, Problematische aufzugeben. Den Worten von Damião Góis zufolge waren für den Gewinn der Kaufleute, für die Einnahmen des Reiches und die Beschäftigung seiner Adligen

de Janeiro o. J. [1920]), S. 281, lesen, in dem versucht wird aufzuzeigen, daß das Unterfangen weniger ritterlichem Denken als den Erfordernissen eines kosmopolitisch geprägten Bürgertums entsprang.

der friedliche Handel mit Guinea und die ehrenvolle Eroberung von Orten in Afrika das Richtige.

Später, als immer mehr dem Duft des indischen Zimts folgen und sich das Königreich zu entvölkern beginnt, kommen noch andere Gründe hinzu, um das Unternehmen in Asien zu verdammen. Denn der schnell angehäufte Reichtum oder die Hoffnung, ihn zu erlangen, verblendet gemeinhin die Menschen für alle Wohltaten der produktiven Arbeit, die von ihrer Natur her bescheiden und monoton ist, so daß sie lieber auf den Zufall und das Glück vertrauen.

Der unheilvolle Einfluß, den die Eroberungen in Übersee auf die Portugiesen hatte, ist bekanntermaßen ein ständiges Thema der Dichter und Chronisten des 16. Jahrhunderts. Und es wird kein Zufall sein, daß dieser Einfluß ganz allgemein mit dem Aufstieg der bürgerlichen Kaufleute zusammenfällt, der bereits mit dem Haus Aviz begann, doch erst spürbar zunahm, seit es João II.* gelungen war, die Arroganz des Adels zu brechen.

Die relative Durchlässigkeit der sozialen Klassen führte dazu, daß dieser Aufstieg sich in Portugal anders als in Ländern, in denen die feudale Tradition tiefer verwurzelt und die gesellschaftliche Schichtenbildung deswegen strenger war, ohne große Hemmnisse vollzog. Da es Enkeln von Handwerkern nicht immer verwehrt war, in den Adel aufzusteigen und sich mit ihm zu vermischen, wollten alle adlig werden.

Das Ergebnis war, daß die gesellschaftlichen und geistigen Werte, die traditionell mit dem Adel verbunden waren, auch zu Merkmalen des aufsteigenden Bürgertums wurden. In dem Maße, wie sie gesellschaftlich aufstiegen, gaben die unteren Schichten ihre ursprüngliche Klassenmentalität auf, um sich den alten herrschenden Gruppen anzuschließen. Die mit dem Bürgertum verbundenen »wirtschaftlichen Tugenden« konnten daher nicht zu Ansehen gelangen, und es ist für diesen Umstand charakteristisch, daß die Worte *traficante* (»Schieber«) und vor allem *tratante* (»Gauner«) einen abfälligen Sinn erhielten, während sie anfangs – wie heute noch im Spanischen – einfach nur einen Geschäftsmann bezeichneten. Jenen Tugenden, die gut für einen Genuesen waren – beharrlicher Fleiß, Sparsamkeit, Genauigkeit, Pünktlichkeit, soziale Solidarität –, konnten die Lusitanier nie recht Geschmack abgewinnen.[108]

Der »Neu-Adel« des 16. Jahrhunderts brachte diesen Tugenden ganz besonders große Abneigung entgegen. Nicht nur weil sie seines Standes unwürdig waren, sondern weil sie möglicherweise an eine Gesellschaftsschicht – nämlich die der städtischen Kaufleute – gemahnten, der er auf die eine oder andere Weise durch seine Herkunft, jedoch nicht durch seinen Stolz verbunden war. Daher bemühten sich die neuen Adligen in dem Maße, die Bande zur Vergangenheit zu zerreißen, wie die Vergangenheit ihnen diese Herkunft vergegenwärtigte, und ihr vom Eifer Neubekehrter getragenes Bestreben, die Attribute in sich zu stärken, die ihnen als untrennbar mit dem echten Adel verbunden erschienen, rührt ebenfalls daher.

Die Hypertrophie authentischer oder vermeintlicher Ideale des Adels könnte als innerer und zugleich nach außen hin sichtbarer Ausgleich für eine unvollkommene Integration in diese Klasse verstanden werden. Als die Durchlässigkeit der in Portugal ohnehin nie sehr hohen Klassenschranken größer wurde, traten vor allem im 16. Jahrhundert Erfindung und Nachahmung als ordnende Prinzipien an die Stelle der Tradition. Die Worte des »erfahrenen Soldaten« lassen uns an dem Defilee jener Hauptleute teilnehmen, die sich ganz allmählich von den strengen Bräuchen lösen und dem neuen

108 Siehe Anmerkung 3 am Ende des Kapitels: *Abneigung gegen wirtschaftliche Tugenden.*

Klassenbewußtsein einen prächtigen Rahmen geben. Und daher verschwinden die berühmten Veteranen mit ihren bis zu den Knien reichenden Bärten, ihren kurzen Hosen, der rostigen Hellebarde in der Hand oder der Armbrust auf dem Rücken von der Bühne. Jetzt will man nur noch mit verbrämtem Umhang, Wams und Hosen aus Samt auftreten, mit Strümpfen aus gezwirnter Seide, einem Hut mit Goldlitze, goldenem Schwert und goldenem Dolch, das Haar trägt man hochgekämmt und den Bart – wenn überhaupt – gestutzt. So verlieren sich der alte Schneid und die Tapferkeit der Lusitanier, denn, wie einer von ihnen überlegte, »man macht Kriege nicht mit Flausen, sondern mit starkem Herzen; und nichts bringt große Reiche leichter zu Fall als die Änderung der Mode und der Gesetze«.[109]

Diogo do Couto hatte sich gewünscht, seine Portugiesen wären weniger anfällig für Neuerungen gewesen, dem Ideal der Unbeweglichkeit treu geblieben, das seiner Meinung nach die dauerhafte Größe anderer Völker, der Venezianer oder der Chinesen etwa, ausmachte. Der neue Adel erscheint ihm zu Recht wie eine Karikatur des echten Adels, der in seinem Wesen konservativ ist. Was die Neu-Adligen des 16. Jahrhunderts allem voran schätzen, ist der äußere Schein, die Pracht, durch die sie sich vom einfachen Volk unterscheiden können.

Sie kümmern sich kaum noch um etwas anderes als den Putz, den sie an sich tragen. Und da sie sich nur im Tragsessel fortbewegen wollen und keine Pferde mehr benutzen, verlernen sie die Kunst des Reitens, die für das Kriegshandwerk so notwendig ist.[110] Sogar die Turniere, die zum Besten der aristokratischen Tradition gehören – von den Alten geschaffen, damit »der Gebrauch der Waffen sich nicht verlöre«, wie be-

109 Diogo do Couto, *O Soldado prático* (Lissabon 1937), S. 144f.
110 Ibid., S. 219.

reits König D. João I.[111] gesagt hatte –, wurden immer prächtiger und immer weniger gefährlich.

Wenn auch die meisten noch nicht wagten, das Militär für den Kaufmannsberuf aufzugeben, der als niedrig galt, so wurden doch viele Jurist und nahmen Posten in der zivilen Verwaltung und akademische Ämter ein. So konnten sie die eigene Würde und zugleich ihre Bequemlichkeit wahren. Das führte dazu, daß selbst in Länder, die von Feinden umringt waren, wie beispielsweise Indien, wo man immer mit einem Schwert in der Hand einhergehen sollte, »Stäbe* geschickt wurden statt Lanzen, Gesetze statt Harnische, Gerichtsschreiber statt Soldaten«. Und selbst unter Ungebildeten waren vormals ungebräuchliche Worte wie »Klageschrift«, »Ordnungswidrigkeit«, »Replik und Duplik«, »Aufschub«, »Verdacht« und andere dieser Art gang und gäbe.[112]

Vor diese Landschaft im Verfallsstadium muß man nicht nur die nativistische Erbitterung eines Antônio Ferreira*, sondern auch und vor allem den »hohen, sublimen Klang« der *Lusíadas* stellen, die diese Dekadenz durch den Kontrast noch hervorheben. Bei Camões entspricht die epische Färbung, mit der er die Heldentaten Portugals schönte, weniger dem edlen Trachten nach Überhöhung als dem melancholischen Rückblick auf erloschenen Ruhm. In diesem Sinne muß gesagt werden, daß der Dichter eher dazu beigetragen hat, das wahre moralische Antlitz der Helden der Expansion nach Übersee zu entstellen, als es auf ewig festzuhalten.

Die portugiesische Tradition scheint sich im Gegenteil keineswegs im reinen Streben nach Ruhm und der wortreichen Verherrlichung heroischer Tugenden, sondern im be-

111 *Livro da Montaria feito por D. João I, rei de Portugal* (Coimbra 1918), S. 8.

112 Diogo do Couto, op. cit., S. 157.

scheidenen Gebrauch ebendieser Tugenden auszudrücken. Und wenn Camões jemals den richtigen Tonfall gefunden hat, um diese Tradition in Worte zu fassen, dann war es in den Schluß-Oktaven seines Epos, in denen er König Sebastião* rät, die Erfahrensten zu fördern und zu rekrutieren, die wissen, »wie und wann und wo die Dinge ihren Platz haben«, und in denen er die militärische Disziplin feiert, die man durch beharrliches Üben lernt, »indem man sieht, tut, kämpft« – und nicht »indem man träumt, sich etwas vorstellt oder studiert«.

Nach diesem Verständnis können nicht etwa Kunstfertigkeit, die reine, nutzlose Phantasie oder die Wissenschaft den Menschen läutern. Dies kann allein eine Gabe Gottes bewirken, der durch Erfahrung gereifte gesunde Menschenverstand, der dazu führt, daß die Werke des Menschen der Natur mehr als der Kunst verdanken. Schon der alte Sá de Miranda* bemerkte:

»Pouco por força podemos,	*»Durch Kraft vermögen wir wenig,*
isso que é, por saber veio,	*was da ist, entsteht nach Belieben,*
todo o mal jaz nos extremos,	*alles Böse liegt in den Extremen,*
o bem todo jaz no meio.«	*alles Gute liegt in der Mitte.«*

Und ein Jahrhundert zuvor hatte König Duarte über den »geistigen Willen« den »vollkommenen Willen« gestellt, auf den sich »die wahre Klugheit gründet«, und gemeint, daß er diejenigen, die »der Urteilskraft der Vernunft und des Begreifens folgen«, »dem Weg der Besonnenheit, den wir in unserer Sprache die wahre Klugheit nennen«, jenen vorzieht, die sich »allen Gefahren und Mühen aussetzen, die sich ihnen bieten, und nicht bedenken, was ihnen zuträglich ist und in ihren Kräften steht«, die nur ihrem Belieben folgen, und zwar »unmäßig, so daß sie nicht einmal Sorge tragen, zu essen und zu schlafen, noch eine geregelte Erholung zu pflegen, die der Körper von seiner Natur her braucht«.[113]

Diesen Regeln ruhiger Mäßigung, denen die Strenge fehlt und die sich bereits in vielen Punkten von den aristokratischen, feudalen Idealen entfernen, bleibt der Sohn des Mestre de Avis treu, wenn er dem Leser seines Traktates rät, sich zum guten Regiment seines Gewissens »nicht anders denn auf sicherem Boden zu bewegen und weder Zeichen noch Träumen Beachtung zu schenken, noch den Gipfeln der Wahrheit ...«[114] Hierin zeigt er sich als exemplarischer Vertreter jenes Realismus, der Abstraktionen oder mystische Verzückungen verwirft, der selbst in der Religion eher zu persönlicher Andacht, den greifbareren Manifestationen Gottes neigt. Und wenn es stimmt, daß die portugiesische Literatur des Mittelalters durch das beharrlich immer wieder aufgegriffene Thema der Dissonanz zwischen dem Individuum und der Welt charakterisiert wird, wobei das Individuum sich in diesem Gefühlszustand sogar wohl fühlt, ist es dann nicht offensichtlich, daß ebendiese Dissonanz bereits ein bejahendes Bild enthält, die Freude an der Welt und am Leben? Weit davon entfernt, die menschliche Gesellschaft zu verachten oder sich von ihr fernhalten zu wollen, ist das Individuum in diesen Fällen fast immer unfähig, den eitlen irdischen Dingen ganz zu entsagen. Selbst Amadís de Gaula*, dem Vorbild an Mut und Muster höfischer Tugend, gelingt es nicht, in der Einsamkeit des Peña Pobre zu einem wahren Einsiedler zu werden, denn all sein Denken und Tun wird von der unauslöschlichen Erinnerung an Oriana begleitet.

113 Dom Eduarte, *Leal Conselheiro* (Lissabon 1942), S. 15.
114 Ibid., S. 27.

In der Lyrik der alten *Cancioneiros**, die diese Haltung in unverbildetem Zustand zeigen, sind die Herzensergießungen, die zarten und traurigen Erinnerungen, das gescheiterte Begehren, die Verwünschungen und Enttäuschungen niemals durch die unpersönlichen Konstruktionen zurechtgestutzt, die später die Künstler der Renaissance und des Klassizismus so bewundern sollten, sondern sie bieten sich als Wildwuchs intimer Gefühle dar. Jede Art theoretischen Arrangements wäre hier fehl am Platze, denn die Wechselfälle der individuellen Erfahrung sind der einzige bestimmende Wert. Viel Schaden ließe sich, wie eine Romanfigur aus der *Diana* von Jorge de Montemor* sagen wird, vermeiden, manch Unglück würde nicht geschehen, »wenn wir aufhörten, den wohlgeordneten Worten und wohlgesetzten Erklärungen freier Herzen Glauben zu schenken, denn in nichts zeigen sie, daß sie dies sind, so sehr als darin, daß sie einen Schmerz geordnet ausdrücken, der, wenn er wahrhaftig ist, nichts neben sich kennt«. Ein Gedanke, der wie ein Echo aus der *Hystoria de Menina e Moça* (Geschichte vom kleinen, jungen Mädchen) erscheint: »… über Trauriges kann man nichts in Reih und Glied Gefügtes singen, denn es geschieht ganz ungeordnet …«[115]

Wenn die portugiesische Dichtung diesen emotionalen Zuständen einen positiven und unübertragbaren Charakter zuschreibt, so wird sie sie niemals, auch nicht nach der Romantik, bis zu einer vollkommenen Auflösung der Persönlichkeit treiben, und darin zeigt sie sehr wohl, daß sie zum lateinischen und iberischen Stamm gehört. Sie verliert sich auch nicht in metaphysischen Todesängsten und Aberwitz, die eine Lösung für alle Nonkonformismen sein können. Sie besingt Enttäuschungen, doch ohne dabei vorzugeben,

115 Bernardim Ribeiro* e Cristóvão Falcão*, *Obras*, II (Coimbra 1931), S. 164.

Stürme zu entfesseln, den Dämon anzurufen oder Gold zu produzieren. Die Ordnung, die sie akzeptiert, ist nicht die, die Menschen unter Mühen ausarbeiten, sondern die, die sie mit Lässigkeit und einer gewissen Freiheit schaffen: die Ordnung des Sämanns, nicht die des Fliesenlegers. Es ist auch die Ordnung der göttlichen und natürlichen Dinge, denn, wie bereits Antônio de Vieira* sagte, wenn die Sterne in einer Ordnung zueinander stehen, solle es »eine Ordnung sein, die beeinflußt, nicht eine Ordnung, die Mühe macht. Gott hat die Sterne am Himmel nicht wie auf einem Schachbrett angeordnet ...«[116]

Diese Weltsicht, die in der Literatur, vor allem in der Dichtung, vollendet zum Ausdruck kommt, prägte auch die unterschiedlichsten Sphären der Unternehmungen der Portugiesen, vor allem in dem Bereich, der uns interessiert: in der kolonialen Expansion. Es muß im übrigen angemerkt werden, daß kein von außen kommender Stimulus sie dazu brachte, ernsthaft den Lauf des Geschehens zu beherrschen, die Ordnung der Natur zu beugen. Und was dies betrifft, wird eine Gegenüberstellung zwischen ihnen und den anderen hispanischen Völkern aufschlußreich sein. Kastiliens Zentralisierungs-, Kodifizierungs- und Uniformisierungswut, die ihre deutlichste Ausprägung im Gefallen an peinlich genauen Regelungen findet – und sogar in der Lage ist, den Grundriß der kolonialen Städte zu bestimmen, wie wir bereits gesehen haben –, ist die Eigenschaft eines im Inneren uneinigen Volkes, das ständig von der eigenen Auflösung bedroht ist; eines Volkes, das innerhalb seiner eigenen Grenzen auf der Halbinsel mit dem Aragonesen-, Katalanen- oder Baskenproblem und – nicht nur bis 1492, sondern bis 1611 – mit dem Maurenproblem zu kämpfen hatte.

Und daher ist es nicht verwunderlich, daß in dem Maße,

116 Siehe Anmerkung 4 am Ende des Kapitels: *Natur und Kunst.*

wie die überhebliche Berufung der Kastilier ihren Schatten über Flamen und Deutsche, Burgunder und Mailänder, Neapolitaner und Sizilianer, die Muslime der Berberei, die Indiós Amerikas und den Orient warf, die Projektion der Monarchie des Escorial über seine Grenzen und die Ozeane hinaus unausweichlich, geradezu mechanisch zwanghaft stets durch das Streben nach Regelmäßigkeit begleitet wurde, theoretisch und durchaus auch in der Praxis. Diesen normativen Willen, das Produkt einer künstlichen, noch instabilen Vereinigung, eines Wunsches nach Einheit derart unzusammenhängender Teile, drückten die Worte von Olivares aus, mit denen er Philipp IV., König von Portugal, Aragón und Valencia und Graf von Barcelona, mahnte, »alle Königreiche, aus denen sich Spanien zusammensetzt, auf den Stil und die Gesetze Kastiliens zu beschränken, denn so wird er der mächtigste Herrscher der Welt sein«.[117] Die verzweifelte Liebe zur Einheitlichkeit und zur Symmetrie tritt als Folge des Fehlens wahrer Einheit auf.

Portugal ist in dieser Hinsicht ein vergleichsweise problemloses Land. Seine politische Einheit fand es noch vor jedem anderen modernen europäischen Staat seit dem 13. Jahrhundert, und aufgrund der Kolonisierung des Südens des Landes, das damals endlich von den Sarazenen befreit wurde, war es ihm möglich, eine bemerkenswerte ethnische Einheit zu erlangen. Die Tatsache, daß ein Impuls frühzeitig befriedigt wurde, der alle Energien auf ein Ziel zu lenken wußte, das die vorhandene Wirklichkeit transzendierte und gestattete, daß bestimmte Bereiche höherer Abstraktion und Formalisierung ihre Vorrangstellung an konkrete und individuelle Situationen abtraten – Besser ich hab's, als ich hätt's, wie ein altes Sprichwort sagt –, muß möglicherweise mit dem »Realismus« und dem »Naturalismus« in Zusammen-

117 Henri Hauser, *La Préponderance Espagnole* (Paris 1940), S. 328.

hang gebracht werden, für den die Portugiesen im Laufe ihrer Geschichte so viele Beweise lieferten.

Es erklärt andererseits, daß der angeborene Konservatismus, dieses *Laisser-faire* – der »desleixo« –, sich bei ihnen häufig gegen den Ehrgeiz durchsetzte, die Zukunft zu gestalten, den historischen Prozeß starren, die begrenzten Möglichkeiten des Menschen überfordernden Gesetzen zu unterwerfen. Zweifellos war in den Herzen noch genug Kraft verwurzelt, um der einfachen Gier nach Reichtum Zusammenhalt und einen geistigen Sinn zu geben. Der Humanist Damião de Góis hielt den Anwürfen Paulo Jóvios, der die Portugiesen der Raffgier und Skrupellosigkeit im Gewürzhandel beschuldigte, entgegen, daß die mit den Waren erzielten Gewinne notwendig seien, um die durch unvorhersehbar ausbrechende Kriege bei der Verbreitung des katholischen Glaubens entstehenden Kosten zahlen zu können. Und falls es Mißbrauch gebe, so treffe allein die umherziehenden feilschenden Kaufleute die Schuld, für die es kein Gesetz gebe außer dem, das ihre Gier auf Gewinn begünstigt.

Doch diese fromme Entschuldigung hindert nicht daran, daß der Katholizismus zumindest in den Überseegebieten Portugals, wenn nicht gar im Mutterland, die allgemeine Zügellosigkeit fast immer geteilt hat. Die katholische Kirche, die besonders in Brasilien der zivilen Herrschaft eng unterstellt war, teilte auch deren Unwägbarkeiten und deren jeweiligen Zustand. Insbesondere seit 1551 Seine Heiligkeit Papst Julius III. in der Bulle *Praeclara carissimi* das Patronat über die entdeckten Gebiete auf das Amt des Großmeisters des Christusordens und damit auf die portugiesischen Könige übertrug, hatten jene bei uns eine praktisch vollkommene richterliche Machtbefugnis in kirchlichen Fragen. Sie schlugen die Kandidaten für die Bischofswürde und für alle übrigen Ämter, deren Verleihung dem Papst zusteht, vor, sie erhoben den Zehnten für die Ausstattung des Gottesdienstes und gründeten auf eigene Rechnung und ihren augenblicklichen Interessen entsprechend alle möglichen religiösen Stiftungen. Die Kirche wurde auf diese Weise zu einem Arm der säkularen Macht, zu einem weltlichen Verwaltungsressort oder, wie Padre Júlio Maria sagte, einem *instrumentum regni.*

Die berühmte »Freizügigkeit« der brasilianischen Kleriker von einst, ihr Mangel an gesellschaftlicher Disziplin und sogar an Respekt vor der rechtlichen Autorität, scheint weitgehend auf diese Tatsache zurückzuführen zu sein. Als Körperschaft konnte die Kirche Verbündete oder sogar getreue Komplizin der zivilen Macht sein, wenn es darum ging, bestimmte Leidenschaften des Volkes zu zügeln, doch als Individuen standen die Kleriker ständig im Gegensatz zu ihr. Nicht nur während der Kolonialzeit, sondern auch während des Kaiserreiches, das die Tradition des Patronats aufrechterhielt, rief die ständige Einmischung der Behörden in Kirchendinge innerhalb des Klerus eine latente Haltung des Aufbegehrens gegen die Verwaltung hervor.

Dieses Aufbegehren spiegelt sich im kollektiven Hirtenbrief des brasilianischen Episkopats vom März 1890 wider, der sich fast wie offener Beifall für die Republik ausnimmt, die vier Monate zuvor eingeführt worden war, obwohl es den Klerikern im Prinzip unmöglich sein mußte, dem Gedanken der Trennung von Staat und Kirche zuzustimmen. In diesem Dokument werden die Staatsminister lächerlich gemacht, die den Bischöfen die Einhaltung der Bestimmungen des Tridentinischen Konzils bei der Überwachung der Gemeinden befahlen; die ihnen bei Strafe, daß die Stelle für vakant erklärt und die zivilen Behörden einen Nachfolger bestimmen würden, verboten, die Diözese ohne Erlaubnis der Regierung zu verlassen; die verlangten, daß die Theologiebücher, aus denen die Schüler der Seminare lernen sollten, der Zustimmung weltlicher Verwalter unterliegen müßten; die den regulären Orden verboten, Novizen aufzunehmen; die den Vikaren das Recht absprachen, Altarkerzen zu fordern; die festlegten, wem es oblag, die Pförtner in den Kathedralen zu ernennen. Und indem er sich auf das Patronat bezieht, auf das diese unantastbare Position der Oberhoheit irdischer Macht sich gründete, schließt der Hirtenbrief mit den Worten: »Es war ein Schutz, der uns die Luft zum Atmen nahm.«

Hinzuzufügen wäre dem noch, daß Kleriker und Laien unterschiedslos von dieser Unterordnung unter dieselbe, häufig launische und despotische Macht betroffen waren und dies sich äußerst ungünstig auf den Einfluß der Kirche und bis zu einem gewissen Grade auch auf den Einfluß christlicher Tugenden innerhalb der brasilianischen Gesellschaft auswirkte. Die schlechten, das heißt die nachlässigen, geldgierigen, sittenlosen Priester waren in unserer kolonialen Welt nie die Ausnahme. Und diejenigen, die gegen den allgemeinen Sittenverfall vorgehen wollten, fanden schwerlich Mittel dazu. Von ihnen wird der größte Teil wie unser erster Bischof gedacht haben, daß in einem so neuen Land »sehr viel mehr Dinge entschuldigt als bestraft werden ...«[118]

Anmerkungen der Übersetzerin

Henry Koster (1793-1820): Englischer Reisender, der 1809 nach Brasilien kam und seine Beobachtungen in seinem Buch *Travels in Brasil* niederschrieb. Er starb in Pernambuco.
Martim Afonso de Sousa: Berühmter Feldherr und Seefahrer. Er gründete 1532 auf der Insel S. Vicente die erste Siedlung in Brasilien und er-

118 »Carta do Bispo do Salvador (1552)«, *Hist. da Col. Port.*, op. cit., III, S. 364.

richtete dort die erste Zuckerrohrplantage und Zuckerrohrmühle des Landes.
Vertrag von Tordesillas: Der am 7. 6. 1494 nach dem Schiedsspruch von Papst Alexander VI. zwischen Spanien und Portugal geschlossene Vertrag über die Aufteilung der entdeckten Gebiete und der künftigen Endeckungsräume legte eine Demarkationslinie von 370 Seemeilen westlich der Kapverden fest.
Bandeirantes: Teilnehmer an Expeditionen ins Landesinnere, die sich um eine Fahne (»bandeira«) versammelten. Es gab »bandeiras de guerra«, Kriegszüge, die darauf abzielten, Indios zu fangen, und »bandeiras de colonização«, Siedlungszüge. Bei diesen Expeditionszügen machten sich unter der Führung eines vom Staat mit allen Hoheitsvollmachten ausgestatteten Adligen, der zugleich Patriarch, Gesetzgeber, Richter und Militärkommandant war, oftmals Tausende von Männern, Frauen und Kindern mit Hausrat und Haustieren auf, um neues Land im Inneren zu erschließen.
Amador Bueno: Geboren in São Paulo, dort um 1649 gestorben. Reicher Gutsbesitzer, der nach anderen hohen Ämtern das des Gouverneurs der Capitania von São Paulo bekleidete. Als 1640 die Nachricht die Stadt erreichte, daß Portugal seine Unabhängigkeit wiedererlangt hatte (von 1580-1640 stand Portugal unter spanischer Herrschaft), versuchten verschiedene Kräfte innerhalb der Bevölkerung, vor allem Spanier, die die portugiesische Unabhängigkeit nicht akzeptieren wollten, São Paulo als souveränen Staat zu proklamieren, und riefen Amador Bueno zum König aus. Er unterstützte diese Bewegung jedoch nicht, sondern erklärte König João IV. von Portugal seine Treue.
Diamantendistrikt: 1729 wurden im Bezirk Cerro Frio im heutigen Staat Minas Gerais Diamantenvorkommen entdeckt. Anfangs wurden so viele Diamanten abgebaut, daß der Preis auf den internationalen Märkten verfiel. In den ersten Jahren konnten Diamanten frei geschürft werden. Ab 1740 verpachtete die Regierung Schürfstellen und übernahm dann 1771 gewaltsam das Monopol. Von 1740 bis 1867 war Brasilien der größte Produzent von Diamanten.

Diamantina ist heute der Name einer Stadt im Staat Minas Gerais, die an der Stelle liegt, wo sich 1691 Goldsucher niederließen.
João Ramalho: Einer der ersten portugiesischen Kolonisatoren in Brasilien, lebte im 15. und 16. Jahrhundert. Er leitete eine Expedition

ins Landesinnere, wo er die Stadt Piratininga gründete, aus der die Stadt São Paulo hervorgehen wird, die 1560 mit den Stadtrechten den Namen São Paulo de Piratininga erhält. Er wird als der erste Bandeirante angesehen. Einige Historiker sind sogar der Meinung, er sei 1490, das heißt schon zehn Jahre vor Pedro Alvares Cabral, der als Entdecker Brasiliens gilt, im späteren Santa Cruz gelandet. João Ramalho wurde uralt und starb 1512 bei einem Schiffbruch.
Vasco Fernandes Coutinho: Erhielt als Dank für seine Dienste in Indien von König João III. eine der fünf Capitanias zum Geschenk, in die Brasilien aufgeteilt war. Gründete 1535 die Stadt Espírito Santo, die der damaligen Capitania und dem heutigen Staat ihren Namen gab.
Luís de Camões (um 1525-1580): Berühmtester Schriftsteller Portugals und von den Portugiesen als ihr größter Dichter bezeichneter Autor des Nationalepos *Os Lusíadas*, das 1572 erschien und in zehn *Cantos* die Heldentaten der portugiesischen Entdecker besingt. Camões ist selbst in Ceuta und Indien gewesen.
Er ist daneben Verfasser von petrarkistisch beeinflußten Sonetten.
Diogo do Couto (1542-1616): Historiker und Leiter des Archivs von Goa. War mit Camões befreundet. 1610 erschien der *Soldado prático*, der »Erfahrene Soldat«, dessen Untertitel lautet: »Bemerkungen über die hauptsächlichen Gründe für den Niedergang der Portugiesen in Asien, geschrieben in Form eines Dialogs«. Die beiden Dialogpartner sind ursprünglich der zukünftige Vize-König von Indien und ein alter Soldat.
João II (1455-1495): König von 1481-95.
Der Stab war das Symbol der Gerichtsbarkeit und wurde von Angehörigen der Justiz getragen.
Antônio Ferreira (1528-1569): Portugiesischer Dichter und Schriftsteller, Autor der *Poemas lusitanos*, petrarkistisch inspirierter Oden, Sonette, Eklogen und Elegien.
Sebastião: 16. König Portugals (1557-78). Das Volk gab ihm den Namen »Der Ersehnte«. Er unternahm einen theatralischen Kreuzzug gegen Marokko und starb mit einem großen Teil des portugiesischen Adels 1578 in der Schlacht von Alcázar. Sein Leichnam wurde nie gefunden, und die Legende lautet, er werde eines Tages aus dem Nebel zurückkommen und das Volk retten. Nach seinem Tode bestieg sein

Onkel, der Kardinal-König Henrique, den portugiesischen Thron. Nach dessen Tod fällt Portugal 1580 an die Spanier.
Sá de Miranda, Francisco (1481-1558): Portugiesischer Dichter, der die neuen, in Italien entstandenen literarischen Formen der Renaissancedichtung als erster in Portugal einführte.
Amadís de Gaula: Held des gleichnamigen Ritterromans möglicherweise portugiesischen Ursprungs, der im 16. und 17. Jahrhundert in ganz Europa großen literarischen Widerhall fand.

Die erste bekannte schriftliche Version stammt aus der Feder des Spaniers Garcí Ordóñez de Montalvo (1508). Es wird jedoch angenommen, daß der *Amadís* bereits Anfang des 14. oder sogar Ende des 13. Jahrhunderts im Umlauf war.

Amadís zieht sich (Buch II der drei Bücher) nach Peña Pobre zurück, um dort, vorübergehend dem Ritterdasein entsagend, unter dem Namen Beltenebrós zum Eremiten zu werden.
Cancioneiros: »Liederbuch«, Sammlung portugiesisch-galicischer poetischer Lieder (cantigas) aus dem 12.-14. Jahrhundert.
Jorge de Montemor (auch *Montemayor*): Zwischen 1520/24 in Montemôr-o-Velho, Portugal, geborener Dichter und Musiker, der im Gefolge der Infantin Maria, die König Philipp II. heiratete, 1543 nach Kastilien ging. Die *Diana* (1559) ist der erste Schäferroman spanischer Sprache. Jorge de Montemor starb 1561 in Turin bei einem Duell.
Bernardim Ribeiro (1482-1552): Portugiesischer Dichter und Schriftsteller, der mit fünf Eklogen und einem Roman die Schäferdichtung in Portugal einführte.
Cristóvão Falcão de Sousa (um 1515-1553): Ihm wird die Autorschaft der Ekloge *Crisfal* zugeschrieben, die zuerst anonym und dann 1554 in der *Hystoria de Menina e Moça* von Bernardim Ribeiro erscheint.
Antônio de Vieira: Geboren 1608 in Lissabon, gestorben 1697 in Salvador, Brasilien, jesuitischer Missionar, Prediger, Diplomat und Meister der klassischen portugiesischen Prosa. Seine Predigten und Briefe sind wertvolle Quellen für die Welt des 17. Jahrhunderts in Portugal und Brasilien. Vieira kämpfte bis zu seinem Tode für die Freiheit der Indios. Sowohl Portugiesen als auch Brasilianer beanspruchen ihn für sich als ihren literarischen Meister.

Anmerkungen des Autors zu Kapitel IV

1. S. 108, Fn. 88 – Intellektuelles Leben in Hispanoamerika und in Brasilien

Ein Grund für den Mangel an genauen Daten über die Studenten mit Universitätsabschluß an diesen Hochschulen ist, daß verschiedene Universitätsarchive, wie die von Lima und Chuquisaca, verlorengingen. Dennoch wird die von einem Historiker geschätzte Zahl von insgesamt 150000 für ganz Hispanoamerika nicht übertrieben sein. Allein von der Universität von Mexiko weiß man mit Sicherheit, daß im Zeitraum zwischen 1775 und der Unabhängigkeit 7850 Bakkalaurei, 473 Doctores bzw. Lizentiaten die Universität verließen.[119] Interessant ist ein Vergleich mit der Anzahl von in Brasilien Geborenen, die während desselben Zeitraums (1775-1821) in Coimbra ihren Abschluß machten: Es sind zehnmal weniger, genauer gesagt 720.[120]

Ebenso überraschend ist der Gegensatz zwischen Hispanoamerika und dem portugiesischen Amerika in bezug auf die Einführung eines anderen wichtigen Kulturträgers: des Buchdrucks. Es ist bekannt, daß bereits im Jahre 1535 die ersten Bücher in Mexiko-Stadt gedruckt wurden und daß vier Jahre später der Lombarde Giovanni Paoli oder Juan Pablos, der Sevillaner Agent des deutschen Druckers Johann Gronberger, sich dort mit seiner Werkstatt niederließ. Von Neu-Spanien wird die Druckkunst noch Ende des 16. Jahrhunderts nach Lima gebracht. Die Genehmigung, in der peruanischen Hauptstadt eine Druckerei zu eröffnen, stammt aus dem Jahre 1584.

In allen wichtigen Städten Hispanoamerikas gab es um das Jahr 1747 Druckereien, demselben Jahr, da in Rio de Janeiro die Werkstatt von Antônio Isidoro da Fonseca eröffnet, jedoch gleich darauf auf

119 John Tate Lane, »The Transplantation of the Scholastic University«, *University of Miami Hispanic-American Studies*, I (Coral Gables, Florida, November 1939), S. 29.

120 »Estudantes Brasileiros na Universidade de Coimbra«, *Anais da Biblioteca Nacional do Rio de Janeiro*, LXII (Rio de Janeiro 1942), S. 141ff.

Anordnung des Königs geschlossen wird.[121] Der Königliche Brief vom 5. Juli besagten Jahres befiehlt, die »Lettern« auf Kosten und Risiko des Besitzers zu beschlagnahmen und ins Mutterland zurückzuschikken, und führt an, daß es für Brasilien nicht zuträglich sei, »wenn Papiere zum jetzigen Zeitpunkt gedruckt werden, noch ist es nützlich, daß die Drucker in ihrem Handwerk dort arbeiten, wo die Kosten höher als im Mutterland sind, aus dem die Bücher und Papiere gleichzeitig mit dem Imprimatur der Inquisition und meines Übersee-Rates gesandt werden können, ohne die die Werke weder gedruckt noch in Umlauf gebracht werden dürfen ...«

Noch vor Beginn des 19. Jahrhunderts, als mit der Übersiedlung des portugiesischen Hofes nach Brasilien* die Druckkunst tatsächlich eingeführt wurde, betrug allein die Zahl der in Mexiko-Stadt gedruckten Werke den Erhebungen José Toribio Medinas zufolge insgesamt 8979, die sich folgendermaßen verteilen:

16. Jahrhundert	251
17. Jahrhundert	1838
18. Jahrhundert	6890

Anfang des 19. Jahrhunderts, bis 1821, wurden in Mexiko-Stadt mehr als 2673 Werke herausgegeben, was die Gesamtzahl der während der Kolonialzeit gedruckten Werke auf 11652 erhöht.

Es verwundert daher nicht, daß dort bereits Ende des 17. Jahrhunderts mit der Publikation der *Gaceta* in der Werkstatt von Bernardo Calderón im Jahre 1671 die amerikanische Presse entsteht.

Obwohl sie nicht so umfangreich wie die Mexikos ist, verdient die Bibliographie Limas dennoch erwähnt zu werden. Medina kann, weil

121 Soweit man weiß, war dies die erste in Brasilien eingerichtete Druckerei. Kürzlich konnte indes Serafim Leite bei der Durchsicht unveröffentlichter Dokumente der Gesellschaft Jesu unter den Büchern der Bibliothek des Jesuitenkollegs von Rio de Janeiro feststellen, daß »um 1724 im eigenen Haus einige Drucke hergestellt wurden ...« Damit wäre bewiesen, daß die Jesuiten die ersten waren, die die Druckkunst im portugiesischen Amerika einführten. Dieser Vorrangstellung darf indes keine allzu große Bedeutung beigemessen werden, geht man davon aus, wie der berühmte Historiker sagt, daß diese Bücher »zum privaten Gebrauch des Kollegs und der Patres« hergestellt wurden. – Serafim Leite, *História da Companhia de Jesus no Brasil*, VI (Rio de Janeiro 1945), S. 26.

er sie entweder selbst gesehen hat oder sich auf vertrauenswürdige Quellen stützt, 3984 Titel von Werken angeben, die zwischen 1584 und 1824 die Druckereien der peruanischen Hauptstadt verließen.

Es lohnt sich, zur Buchdruckerei im kolonialen Hispanoamerika unter den zuletzt publizierten Untersuchungen die ausgezeichnete, erschöpfende Arbeit von José Torres Rovello, *Orígenes de la Imprenta en España y su desarrollo en América Española*, Buenos Aires 1940, zu konsultieren. Vom selben Autor gibt es eine andere Arbeit, die sich insbesondere mit der Gesetzgebung in bezug auf den Buchdruck und die Presse in Hispanoamerika beschäftigt: *El Libro, La Imprenta y El Periodismo en América durante la Dominación Española*, Buenos Aires 1940. Interessant und überreichlich illustriert sind die in der Nummer sieben der Zeitschrift *Mexican Art and Life* vom Juli 1939 anläßlich der 400-Jahr-Feier der Einführung des Buchdrucks in Mexiko publizierten Untersuchungen, vor allem die von Frederico Gomez de Orozco mit dem Titel *Mexican Books in the Seventeenth Century*. Außerdem die Arbeit von Ernst Wittich, *Die erste Druckerei in Amerika*, die im *Ibero-Amerikanischen Archiv*, Berlin, April 1938, Seite 68-87, erschienen ist.

Hinter den Hindernissen, die die portugiesische Administration der Entwicklung der intellektuellen Kultur in Brasilien in den Weg legte, stand der eiserne Wille, die Verbreitung von neuen Ideen zu vereiteln, die die Stabilität ihrer Herrschaft in Gefahr bringen könnten. Es ist aufschlußreich, daß die Portugiesen sich zwar ziemlich liberal in bezug auf die Einreise von Ausländern verhielten, die mit ihrer Arbeit zur Aufwertung der Kolonie beitragen konnten, doch Ausländer, deren Anwesenheit unter den Bewohnern Brasiliens unbotmäßige, aufwieglerische Gedanken schüren könnten, nicht duldeten. Der vom Prinzregenten im anbrechenden 19. Jahrhundert an die Gouverneure der Capitanias im Norden bis nach Ceará ausgegebene Befehl, die Einreise »eines gewissen Barons von Humboldt aus Berlin« in die Länder der Krone Portugals zu verhindern, weil die Reise verdächtig und »höchst schädlich für die politischen Interessen« derselben Krone sei, ist wohlbekannt.[122]

122 Der Wortlaut der Weisung an den Gouverneur von Grão-Pará kann in der Anmerkung von R. Garcia zur 3. Auflage der *História Geral do Brasil*, V (São Paulo o.J.), S. 93-95, nachgelesen werden, ebenso wie

Es wird berichtet, daß der Conde da Barca, der von diesem Befehl wußte, sich beeilte, beim Prinzregenten zugunsten von Alexander von Humboldt vorstellig zu werden. Zumindest steht dies in dem Brief, den der Baron von Eschwege 1848 an diesen schrieb, in dem das fast ein halbes Jahrhundert zuvor Geschehene in allen Einzelheiten erzählt wird. An den Rand der Kopie des besagten Befehls, den ihm der Autor des *Pluto Brasiliensis* mitschickte, schrieb Humboldt 1854 eigenhändig folgende Worte: »Ich wünsche, daß dieses Dokument erst nach meinem Tode veröffentlicht wird.«

Zu demselben Fall ist der Eintrag vom 11. August 1855 im Tagebuch Varnhagen von Enses interessant. Humboldt war wegen des Schiedsspruches, den er in einem Rechtsstreit zwischen Brasilien und Venezuela ausgesprochen hat, kurz zuvor der Große Orden Brasiliens verliehen worden.[123] Sein Gutachten brachte dem Reich ein beträchtliches Territorium ein.

»›Früher wollte man mich in Rio de Janeiro als gefährlichen Kundschafter verhaften und nach Europa zurückschicken, der dazu ausgefertigte Befehl wird noch dort als Merkwürdigkeit gezeigt, jetzt macht man mich zum Schiedsrichter! Ich habe natürlich für Brasilien entschieden, denn ich wollte den großen Orden haben, die Republik Venezuela hat keinen!‹

Diese mit heiterster Ironie gesprochenen Worte unterbrach ich mit dem Ausruf: Wie sich die Zeiten ändern!

– ›Ja, fiel er sogleich wieder ein, der Verhaftungsbefehl und dann der große Orden!‹«[124]

die Nachricht über die Reise von Humboldt, die am 13. Mai 1800 in der *Gazeta de Lisboa* veröffentlicht wurde und der Grund für das Verbot war.

123 Das Großkreuz des Kaiserlichen Ordens der Rose wurde Freiherrn von Humboldt am 31. März 1855 verliehen, nachdem er der Regierung ein Memorandum über die Grenzen des Reiches im Norden vorgelegt hatte. Barão do Rio Branco, *Efemérides Brasileiras* (Rio de Janeiro 1946), S. 184.

124 Julius Löwenberg, »Alexander von Humboldt. Sein Reiseleben in Amerika und Asien«, *Alexander von Humboldt. Eine Wissenschaftliche Biographie, bearbeitet und herausgegeben von Karl Bruhns*, I (Leipzig 1872), S. 463. Zit. nach: Karl August Varnhagen von Ense, *Tageblätter* (Frankfurt am Main 1994), S. 724.

Dieses Thema, das kürzlich Gegenstand einiger Kontroversen war, wurde vom Autor in den Ausgaben vom 11. und 18. Mai und vom 13. Juni 1945 des *Estado de S. Paulo* in Artikeln behandelt, die im folgenden fast vollständig wiedergegeben werden.

Es wird allgemein und vor allem seit den Arbeiten von Teodoro Sampaio eingeräumt, daß wir unseren außergewöhnlichen Reichtum an aus dem Tupi stammenden Toponymen weniger den Eingeborenen als den Bandeirantes verdanken. Doch diese Meinung wird nicht aus voller Überzeugung vertreten, denn eine »primitive« Bevölkerung würde doch, selbst wenn sie zahlreich ist, unweigerlich dazu neigen, die Normen ihrer Beherrscher zu übernehmen.

Aus diesem Grunde blieb nicht aus, daß Vorbehalte gegen eines der von Teodoro Sampaio angeführten Argumente laut wurden, das besagt, daß die Bewohner São Paulos zur Zeit der Bandeirantes das Tupi im täglichen Leben genauso benutzten wie heute das Portugiesische.

Dieses Argument stützt sich indes auf genaue Zeugnisse, die wenig Raum für Zweifel lassen, wie beispielsweise das berühmte Votum von Padre Antônio Vieira anläßlich der in der Bevölkerung São Paulos wachsenden Bedenken im Zusammenhang mit dem heiklen Problem der »Verwaltung« der Heiden.* »Richtig ist«, behauptet der große Jesuit, »daß die Familien der Portugiesen und der Indios in São Paulo heute miteinander verbunden sind, daß die Frauen und die Kinder durch religiöse und häusliche Erziehung gebildet werden und daß die Sprache, die in diesen Familien gesprochen wird, die der Indios ist, während die Kinder Portugiesisch in der Schule lernen ...«[125]

Nun sage man jedoch nicht, daß diese Behauptung – bedenkt man, wer sie aufgestellt hat – nur eine fromme Erfindung war, die denjenigen das Wort redete, die gegen eine Übergabe der Heiden an Einzelpersonen waren und den Gedanken verfochten, sie in Dörfern zusammenzufassen, wo sie den Katechismus lernen und gemäß den Gesetzen der Kirche leben sollten. Es waren vielmehr Skrupel, die Vieira zusetzten, denn »wie kann man eine so natürliche Verbindung

125 P. Antônio Vieira, *Obras Várias*, I (Lissabon 1856), S. 249.

lösen, ohne denen Grausames zuzufügen, die zusammen aufgewachsen sind und seit vielen Jahren so leben?«

Um sich gegen einen derartigen Vorwurf zu schützen, räumt der Jesuit schließlich ein, daß die Indios und Indias, wenn sie für ihre sogenannten Herren wirklich eine so große Liebe empfänden, aus freiem Willen bei ihnen bleiben könnten. Die Liebe solle die einzige Verpflichtung sein – die süßeste Gefangenschaft und freieste Freiheit.

Es ist indes nicht vollkommen unwahrscheinlich, daß Vieira, der vom Hörensagen wußte, was in São Paulo geschah, leichtgläubig bestimmte Märchen wiederholte, die unter seinen Kollegen in Soutane über die Bewohner der südlichen Capitania kursierten. Daher sollte man neben seine Aussage die anderer Zeitgenossen zu dieser Angelegenheit stellen und ihren Wahrheitsgehalt überprüfen.

Den Eifer, den die Bewohner von São Paulo im 17. Jahrhundert an den Tag legten, wenn es darum ging, die Vikariate der Capitania mit ihren eigenen Leuten zu besetzen, kann demselben Nativismus zugeschrieben werden, der später im Krieg der Emboabas* aufbrechen sollte. Doch es gibt ein weiteres plausibles Motiv: Da die von außerhalb kommenden Geistlichen die im Lande gesprochene Sprache überhaupt nicht beherrschten, verstanden sie sich mit den Bewohnern schlecht.

Deutlich sagt dies bereits ein Bericht, den die Stadtverordneten von São Paulo 1725 an den König schickten.[126] Als 1698 der Gouverneur Artur de Sá e Meneses Seine Majestät darum bittet, daß bei der Auswahl von Geistlichen für den südlichen Teil die Wahl auf diejenigen fallen möge, die die »allgemeine Sprache« der Indios, das Tupi, beherrschten, tut er dies mit folgenden Worten: »... die meisten dieser Menschen, vornehmlich Frauen und Diener, drücken sich in keiner anderen Sprache aus, und können die Priester sie nicht, so führt das zu einem nicht wiedergutzumachenden Schaden, wie man heute in São Paulo bei dem neuen Vikar sieht, der in diese Kirche berufen wurde und immer jemanden braucht, der ihm dolmetscht ...«[127]

Daß vor allem unter Frauen das Tupi die ausschließlich gesproche-

126 »Ordens Régias«, *Revista do Arquivo Municipal*, XXI (São Paulo 1936), S. 114f.

127 »Cartas de Artur de Sá e Meneses a el-Rei ...«, *Revista do Instituto Histórico e Geográfico de São Paulo*, XVIII (São Paulo 1913), S. 354.

ne Sprache war, ist eine wichtige Präzisierung, die der zitierte Text den Informationen Vieiras hinzufügt. Da sie enger an das Heim gebunden ist als der Mann, war die Frau hier wie überall das stabilisierende, erhaltende Element par excellence, die größte Hüterin der häuslichen Tradition. Und die Tradition, die sich in diesem besonderen Fall als sehr lebendig erweist, ist ebendie von den Eingeborenenfrauen in die Gesellschaft der ersten Eroberer und Siedler gebrachte, die sich mit ihnen vermischten.

Zugunsten des Fortbestehens dieser Tradition in São Paulo durch das ganze 17. Jahrhundert hindurch wird zu einem beträchtlichen Teil die Tatsache beigetragen haben, daß Frauen dort häufig eine herausragende Stellung einnahmen. Fälle wie der der Inês Monteiro, der berühmten *Matrone* von Pedro Taques de Almeida Pais Leme*, die sich fast ohne fremde Hilfe bemühte, das Leben ihres Sohnes und all ihrer Leute gegen grausame Gegner zu verteidigen, tragen dazu bei, diese Vormachtstellung nachvollziehbar zu machen. Einer der indirekten Ursachen für dieses beinahe matriarchalische System, dem häufig die Kinder, bevor sie ins Katechismusalter kamen und selbst noch später, unterworfen waren, ist möglicherweise der *Bandeirismo*, der immer wieder einen großen Teil der männlichen Bevölkerung der Capitania in das ferne Landesinnere lockte. In der strengen häuslichen Abgeschiedenheit war zwischen den Frauen und der Dienerschaft, die beide gleichermaßen der Fremdsprache nicht mächtig waren, die im Land gesprochene Sprache das natürliche und gewöhnliche Kommunikationsmittel.

In einem um 1692 verfaßten Bericht sagt der Gouverneur Antônio Pais de Sande von den Frauen von São Paulo, sie waren »schön und männlich, und es ist dort Brauch, daß ihnen die Ehemänner das Schalten und Walten im Haus und auf den Landgütern überlassen ...« Wenige Zeilen später fügt er hinzu: »Die Kinder sprechen zuerst die Sprache der Heiden und dann erst die Muttersprache ...«[128] Das heißt Portugiesisch.

Ein Jahrhundert nach Padre Antônio Vieira, Artur de Sá e Meneses und Antônio Pais de Sande machte Félix de Azara in Curuguati in Paraguay die gleiche Beobachtung. Auch dort sprachen die Frauen nur

128 »Relatório do Governador Antônio Pais de Sande ...«, *Anais da Biblioteca do Rio de Janeiro*, XXXIX (Rio de Janeiro 1921), S. 199.

Guarani, und die Männer verständigten sich mit ihnen in dieser Sprache, obwohl sie untereinander Spanisch sprachen. Diese Form der Zweisprachigkeit war jedoch in anderen Teilen Paraguays nicht mehr vorhanden. Dort verständigten sich alle, Männer wie Frauen, unterschiedslos nur auf Guarani, und nur die Gebildeteren konnten Spanisch.

Es sei nebenbei darauf hingewiesen, daß demselben Azara die Gemeinsamkeiten zwischen dem, was er in Paraguay beobachten konnte, und dem, was von den alten Paulistanern behauptet wurde, nicht entgangen sind. »Das gleiche«, schreibt er, »ist in der riesigen Provinz São Paulo geschehen, wo die Portugiesen, die ihre eigene Sprache vergessen haben, nur Guarani sprechen.«[129]

Zu dem Zeitpunkt, als er seine Reisenotizen verfaßte, gehörte das, was von São Paulo berichtet wurde, bereits der Vergangenheit an, doch es lebte in der Erinnerung der spanischen Bewohner Paraguays und der übrigen La-Plata-Länder weiter, die so häufig von den alten Bandeirantes bedroht und mißhandelt worden waren.

Zu den oben zitierten Zeugnissen kann man sagen, daß sie durch ihren zu allgemeinen Charakter die Behauptung, unter den Paulistanern des 17. Jahrhunderts sei der Gebrauch des Tupi häufiger als der des Portugiesischen gewesen, zwar nicht vollkommen widerlegen können, aber doch relativieren. Allerdings beziehen sich diese Zeugnisse vor allem auf die niedersten (und daher an Zahl bedeutendsten) Schichten des Volkes. Und in ihnen führten die starke Vermischung und das sehr enge Zusammenleben mit den Indios beinahe zwangsläufig zum ständigen Gebrauch von deren Sprache.

Daß die Paulistaner der gebildeten und wohlhabenderen Klassen ihrerseits die »allgemeine Sprache« der Heiden durchaus gut konnten, besser als die Bewohner anderer Capitanias, ist bei ihrer Art zu leben nicht verwunderlich. Und genau dies ist es, was ein Jean de Laet, indem er sich zweifellos auf Informationen aus zweiter Hand stützt, in seiner 1640 erschienenen Geschichte der Neuen Welt zu verstehen gibt. Nachdem er auf die seiner Meinung nach einfache, reiche und sehr angenehme Tupi-Sprache eingegangen ist, ruft der damalige Direktor der Westindien-Kompanie aus: »Or les enfants des Portugais

129 D. Félix de Azara, *Viajes por la América del Sur* (Montevideo 1850), S. 210.

nés ou eslevés de jeunesse dans ces Provinces, le sçavent comme le leur propre, principalement dans le gouvernement de St. Vincent«[130] (»Nun können sie die Kinder der Portugiesen, die in diesen Provinzen geboren wurden oder als junge Menschen dort aufwuchsen, wie ihre eigene [Sprache], vor allem in der Statthalterschaft São Vicente«).

Es gibt indes weitere Angaben, die die Situation, auf die sich die besagten Zeugnisse beziehen, noch genauer wiedergeben. Eine davon ist das vom Archiv des Staates São Paulo publizierte Inventar von Brás Esteves Leme. Als er das Inventar aufstellte, mußte der Waisenrichter Alvaro Neto, einen Kenner der Landessprache, vereidigen, um die Erklärungen von Luzia Esteves, der Tochter des Verstorbenen, verstehen zu können, »weil sie die portugiesische Sprache nicht gut beherrschte«.[131]

Man muß dazu erklären, daß das Inventar aus dem Jahr 1636 stammt und der Waisenrichter, Francisco Rendon de Quebedo, erst sechs Jahre zuvor nach São Paulo gekommen war. Daher brauchte er, obwohl er in dieser Capitania lebte, einen Dolmetscher für die in der Bevölkerung übliche Sprache.

Das Beispiel von Luzia Esteves kann allerdings nicht ganz überzeugen, denn sie war, obwohl sie väterlicherseits zu den ersten Familien des Ortes gehörte, selbst Mestizin ersten Grades.

Der Fall von Domingos Jorge Velho, dem Sieger von Palmares* und Bezwinger von Piauí, ist zweifellos ein wichtigeres Beispiel zur Klärung der Frage. Zu den Vorfahren des großen »Duodezfürsten« von Parnaíba zählen überwiegend Portugiesen, obwohl – da ist er keine Ausnahme von der Regel – eine Vermischung mit Eingeborenen durchaus auch vorhanden ist. Vorausgesetzt, die Genealogen irren sich nicht, ist er zugleich Ur-Ur-Urenkel der Tochter von Piquerobi und der anonymen Tapuia des Pedro Afonso.

Daher ist es merkwürdig, daß er einen Dolmetscher brauchte, als er 1694 während der Belagerung von Palmares mit dem Bischof von Pernambuco verhandeln mußte, »denn er konnte nicht einmal sprechen«. Dies schrieb der Bischof und fügte hinzu: »Zwischen ihm und dem barbarischsten Tapui gibt es keinen Unterschied, er soll

130 Jean de Laet, *Histoire du Nouveau Monde ou Description des Indes Occidentales* (Leiden 1640), S. 478.

131 *Inventários e Testamentos*, X (São Paulo 1921), S. 328.

ein Christ sein, doch hatte er zu seiner Hochzeit sieben Indio-Konkubinen bei sich, und daran kann man sehen, wie er sich sonst verhält.«[132]

Die Tatsache, daß Schriftstücke bekannt sind, die Domingos Jorge eigenhändig geschrieben und unterzeichnet hat, Dokumente, aus denen ein gewisser intellektueller Scharfsinn spricht, den die zitierten Zeilen nicht vermuten lassen, stellt die Stichhaltigkeit dieser Aussage in Frage. Man lese beispielsweise in demselben Band, in dem die Erklärungen des Bischofs von Pernambuco wiedergegeben sind, die Worte, mit denen der berühmte Caudillo der immer wieder an ihm geübten harschen Kritik der Jesuitenpatres begegnet und das Verhalten der Indiojäger im Sertão entschuldigt, ja sogar zu rühmen versucht.

Erstens, bemerkt er, seien die Paulistaner Truppen nicht in die Soldbücher Seiner Majestät eingetragen, weder für Sold noch für Mundvorrat. Sie nähmen die menschenfressenden Heiden nicht gefangen, sondern gliederten sie eher in die zivile, städtische Gesellschaft ein. Und wenn diese wilden Indios auf den Feldern arbeiten müßten, sei das kein schreiendes Unrecht, »denn es dient dazu, daß wir sie und ihre Kinder ernähren, so wie wir uns und die unsrigen ernähren«, was, weit davon entfernt, Gefangenschaft zu sein, für sie einen unschätzbaren Nutzen darstelle, da sie lernten, den Boden zu pflügen, zu bepflanzen und zu ernten, kurz, für den eigenen Unterhalt zu arbeiten, was sie, bevor sie von den Weißen gezähmt wurden, nicht gekonnt hätten.

Dies sei seiner Meinung nach die einzig vernünftige Art, die Indios dem Licht Gottes und den Mysterien der heiligen katholischen Religion zuzuführen, und es reiche aus, um ihre ewige Rettung zu erlangen, denn »der müht sich vergebens, der aus ihnen eher Engel denn Menschen machen will«.

Sieht man von dieser grobgestrickten Scheinpädagogik einmal ab, mit der versucht wird, die Zwangsarbeit der Eingeborenen für ihre Herren zu verbrämen, so kann man doch nicht umhin, anzuerkennen, daß an der Verurteilung des Systems der Patres etwas richtig ist. Engel, nicht Menschen, das genau wollten die Anhänger des Ignatius von

132 »Carta do bispo de Pernambuco ...«, in: Ernesto Ennes, *As Guerras dos Palmares*, I (São Paulo 1938), S. 353.

Loyola in ihren Dörfern schaffen. Doch in der Regel erreichten sie weder das eine noch das andere. Noch heute ist dies eine der nachdenkenswertesten Kritiken am Regime der alten jesuitischen Missionen.

Ob der »barbarische Tapui«, der nicht einmal sprechen konnte – Portugiesisch, versteht sich –, wirklich der Autor derart subtiler Gedankengänge war, ist hier die Frage, die noch offenbleibt. Man kann letztlich nur annehmen, daß es zwar seine Handschrift ist, mit der die Schriftstücke verfaßt wurden, doch nicht seine Worte und noch viel weniger seine Gedanken.

Wie dem auch sei, obwohl aus jeder Zeile die haßerfüllte Abneigung des Bischofs von Pernambuco gegen den Bandeirante spricht, dürfen einige seiner Behauptungen nicht ganz von der Hand gewiesen werden. Der besagte Brief ist, was die dürftigen Portugiesischkenntnisse des Domingos Jorge betrifft, eines von vielen Zeitzeugnissen über die Bewohner São Paulos im 17. Jahrhundert. Ein Zeugnis, das in diesem speziellen Falle Vorbehalte und Zweifel verdienen mag, indes nicht ganz beiseite gelegt werden darf.

Neben diesen ausdrücklichen Zeugnissen verdient ein weiterer während des gesamten 17. Jahrhunderts existierender Umstand unsere Aufmerksamkeit. Wenn wir einmal die im alten São Paulo häufigen Spitznamen genauer betrachten, werden wir feststellen, daß sie gerade in diesem Zeitraum fast alle der Sprache der Eingeborenen entstammen. So war Manuel Dias da Silva als »Bixira« bekannt; Domingos Leme da Silva war der »Botuca«; Gaspar de Godói Moreira der »Tavaimana«; Francisco Dias de Siqueira der »Apuçá«; Gaspar Vaz da Cunha der »Jaguaretê«; Francisco Ramalho der »Tamarutaca«; Antônio Rodrigues de Góis oder da Silva der »Tripoí«. Einer ganz und gar nicht unwahrscheinlichen Darstellung zufolge soll Bartolomeu Bueno* von seinen Landsleuten, nicht von den Indios von Goiás, die nicht einmal Tupi sprachen, den Tupi-Spitznamen »Anhanguera« erhalten haben, möglicherweise, weil er ein durchbohrtes oder krankes Auge hatte. Die Episode mit dem im Glas angezündeten Branntwein, die mit seiner Person verbunden wird, schreibt Pedro Taques einem anderen Mann aus dem Sertão zu, Francisco Pires Ribeiro.

Im 17. Jahrhundert sind Spitznamen rein portugiesischer Herkunft eine Seltenheit; eines der wenigen Beispiele ist »Perna-de-Pau«, Holzbein, für den 1693 verstorbenen Jerônimo Ribeiro. Es gibt hingegen Fälle, in denen portugiesische Namen oder Spitznamen ein augmentatives Suffix aus der Tupi-Sprache erhalten, als sollte sich die eifrige Vermischung zweier Rassen und Kulturen in diesem häufig durchaus originellen Zusammenspiel der beiden so unterschiedlichen Sprachen spiegeln. So wird aus Mecia Fernandes, dem Namen der Frau von Salvador Pires, Meciuçu. Und Pedro Vaz de Barros wird zu Pedro Vaz Guaçu. In einem in der Nationalbibliothek in Rio de Janeiro verwahrten Manuskript kann man nachlesen, daß die Paulistaner dem Gouverneur Antônio da Silva Caldeira Pimentel den Spitznamen »Casacuçu« gaben, weil er ständig eine »casaca« trug, einen langen Frack.[133] Möglicherweise ein Zeichen dafür, daß noch im 18. Jahrhundert zumindest in bestimmten Schichten des Volkes der Gebrauch der sogenannten Landessprache üblich war. Der aus Itu gebürtige Salvador de Oliveira Leme, der den Spitznamen »Sarutaia« erhielt, starb erst 1802.

Dennoch handelt es sich nunmehr um Einzelfälle, die eine Ausnahme darstellen und jederzeit vorkommen können. Tatsächlich können wir feststellen, daß mit zunehmendem Abstand vom 17. Jahrhundert portugiesische Spitznamen wie »Via-Sacra« (Kreuzweg), »Ruivo« (der Blonde), »Orador« (der Redner), »Cabeça do Brasil« (Kopf Brasiliens) oder auch dieser Spitzname geradezu ciceronianischer Prägung: »Pai da Pátria« (Vater des Vaterlandes) überwiegen und am Ende ausschließlich benutzt werden. Die im 17. Jahrhundert vorherrschenden Spitznamen aus der Tupi-Sprache werden immer seltener und verschwinden praktisch ganz. Das zeitliche Zusammentreffen dieser Tatsache, die auf einen größer werdenden portugiesischen Bevölkerungsanteil in der Capitania schließen läßt, mit der Entdeckung des Goldes in Minas Gerais und dem fast vollständigen Ende der organisierten Jagd auf Indios wird keineswegs zufällig sein.

Wann etwa beginnt nun aber der allgemeine Gebrauch der Tupi-Sprache durch die Bewohner der Hochebene von São Paulo zu verschwinden? Die bislang zitierten Texte, die herangezogen wurden, um das Vorherrschen dieser Sprache zu belegen, stammen zum größten Teil aus dem 17. Jahrhundert, genauer gesagt, vom Ende des

133 »Sumário dos Senhores Generais que têm governado Cäpitania«, *Manuscritos da Biblioteca Nacional do Rio de Janeiro*, I – 7, 4, 10.

17. Jahrhunderts. Der Bericht von Antônio Pais de Sande stammt aus dem Jahre 1692 oder 1693. Das berühmte Votum Padre Antônio Vieiras über die Bedenken der Bewohner der Capitania datiert vom Jahre 1694. Aus dem Jahre 1697 stammt die Aussage des Bischofs von Pernambuco über Domingos Jorge Velho. 1693 schreibt der Gouverneur Artur de Sá Meneses den Brief, in dem er bittet, für die Gemeinden von São Paulo und des gesamten Südens nur solche Priester auszuwählen, die die Sprache der Indios sprechen.

Anfang des 18. Jahrhunderts gibt es noch Belege, doch sie sind weniger genau. Einem Manuskript zufolge, das mir liebenswürdigerweise von Afonso de Taunay übermittelt wurde, konnte Coelho de Carvalho, der »Emboaba-Gouverneur«, 1709 ein Gespräch mithören, das Unteroffiziere der bei Guaratinguetá kampierenden Paulistaner Armee führten und dessen Inhalt für ihn und seine Leute nicht gerade schmeichelhaft war. Er konnte es nur verstehen, weil er vorher Generalhauptmann von Maranhão gewesen war, einem Gebiet, in dem der Gebrauch des Tupi ebenfalls üblich war. Oder weil er, als er das Gespräch hörte, einen Missionar bei sich hatte, der im Umgang mit Indios geübt war.

Diesem und ähnlichen Texten sollte noch das bedeutsame Zeugnis des Biographen, ja beinahe Hagiographen von Padre Belchior de Pontes zur Seite gestellt werden. Vollkommen, vertraut uns Manuel da Fonseca an, beherrschte dieser die »Sprache, die alle diese Indios sprachen, denn damals war sie im ganzen Bezirk üblich ...«[134] Berücksichtigt man, daß Belchior de Pontes im Jahre 1644 geboren wurde, bedeutet das, daß die Sprache der Eingeborenen in der zweiten Hälfte des 17. Jahrhunderts in der ganzen Capitania gesprochen wurde. In der zweiten Hälfte des darauffolgenden Jahrhunderts war dies nicht mehr so, denn Padre Manuel da Fonseca bezieht sich auf diese Tatsache als auf etwas der Vergangenheit Angehörendes. Daher kann man sagen, daß die tatsächliche Integration der Bewohner São Paulos in die Welt der portugiesischen Sprache sich aller Wahrscheinlichkeit nach in der ersten Hälfte des 18. Jahrhunderts vollzog.

Und es ist durchaus möglich, daß diese Integration in bestimmten Orten oder in bestimmten Familien, die wenig Kontakt mit den neu-

134 P. Manuel da Fonseca, *Vida do Venerável Padre Belchior de Pontes* (São Paulo o. J.), S. 22.

en Einwanderern aus Europa hatten, erst sehr viel später stattfand. Daraus erklärt sich Hércules Florence, daß 1828 im Tagebuch der Expedition Langsdorff vermerkt wird, die Damen São Paulos hätten fünfzig Jahre zuvor – das heißt etwa 1780 – selbstverständlich Tupi gesprochen, das die Sprache der Freundschaft und des häuslichen Lebens gewesen sei. »In Paraguay«, fügt er hinzu, »ist das in allen Klassen so, doch es wird (wie früher in São Paulo) nur innerhalb der Familie benutzt, denn mit Fremden spricht man Spanisch.«[135]

Eine Bemerkung, die der bereits zitierten von Félix de Azara entspricht und für die es noch heute nicht nur in der Republik Paraguay, sondern auch in der Provinz Corrientes in Argentinien und bei uns in Teilen des südlichen Mato Grosso Belege gibt. In der Provinz São Paulo, in die er im Jahre 1825 kam, konnte Florence noch einige Alte Tupi sprechen hören. Es wäre nicht verwunderlich, wenn dies während seines mehr als sechsmonatigen Aufenthaltes in Porto Feliz geschehen ist, einem Distrikt, in dem es viele eingeborene Arbeitskräfte gab und wo, wie in den *Reminiscências* des alten Ricardo Gumbleton Daunt nachzulesen ist, zu Anfang des vergangenen Jahrhunderts »innerhalb des Hauses nur Guarani gesprochen wird«.[136]

In den Orten, in denen es wenige »verwaltete« Indios gab, wie beispielsweise in Campinas, herrschte hingegen das Portugiesische vor. Doch selbst in Campinas gab es damals noch Menschen, die fließend Tupi sprachen. Gumbleton Daunt, der sich auf mündliche Überlieferung stützt, läßt uns wissen, daß ein Schwiegersohn von Barreto Leme, Sebastião de Sousa Pais, ein »profunder Kenner dieser Sprache ...« war. Dem wäre noch hinzuzufügen, daß Sousa Pais, der weit vor 1750 geboren wurde und hundertjährig, wie überliefert wird, im darauffolgenden Jahrhundert starb, aus Itu stammte wie seine Vorfahren. Dies war wohl bei den meisten Bewohnern von Campinas der Fall, in einem Land, in dem es in großen Teilen des 18. Jahrhunderts eine beträchtliche Anzahl »verwalteter« Indios gegeben hat.

135 Hércules Florence, »Expedição Langsdorff«, *Revista do Instituto Histórico e geográfico Brasileiro*, XXXVIII, 2. Teil (Rio de Janeiro 1878), S. 284.

136 Ricardo Gumbleton Daunt, »Reminiscências do Distrito de Campinas«, *Almanaque Literário de S. Paulo para 1879* (São Paulo 1878), S. 189.

Daß sich die Bewohner der damals bereits wachsenden Dominanz der portugiesischen Sprache überwiegend verschlossen, muß darauf zurückgeführt werden, daß sie die Indios in großem Ausmaß bei der Haus- und Feldarbeit einsetzten, solange die Einfuhr von schwarzen Sklaven noch nicht allgemein verbreitet war. Noch Anfang des vergangenen Jahrhunderts ließ Dona Juana Furquim de Campos, Tochter von Portugiesen, beim Sprechen stets viele Worte aus der alten Landessprache einfließen. Dies kam, wie Francisco de Assis Vieira Bueno erklärte, daher, »daß ihr Vater, der in Mogi-Guaçu lebte, dort große Mengen indianischer Sklaven hatte, die von ihm zivilisiert worden waren«.[137]

Man möge beachten, daß dieser Einfluß der Tupi-Sprache auf den Wortschatz, die Prosodie und sogar auf die Syntax der Sprache unserer Landbevölkerung sogar dann wirksam war, wenn die zur Arbeit eingesetzten Indios nicht einmal der großen Familie der Tupi-Völker angehörten: Im Falle der Bororo und vor allem der Pareci, die im 18. Jahrhundert in São Paulo die Rolle spielten, die der der Carijó im 17. Jahrhundert, zur Blütezeit der Bandeiras entsprach. Denn da sie normalerweise in der Lingua franca der Küste zivilisiert und bekehrt wurden, verständigten sie sich mit ihren Herren allein in dieser Sprache.

Wir wissen, daß vor allem der Mangel an Arbeitskräften für die Landwirtschaft und mehr noch das Fehlen finanzieller Mittel, die den meisten Bauern erlaubt hätten, auf afrikanische Arbeitskräfte zurückzugreifen, die Expansionbewegung der Bandeirantes ausgelöst hat. Ein Mangel an Mitteln, der seinerseits aus dem Fehlen leichter und schneller Anbindung der fruchtbarsten und ausgedehntesten Produktionszentren auf der Hochebene an die großen Verbrauchermärkte in Europa herrührte.

Anders als im Nordosten lagen die für den Zuckerrohranbau geeigneten Böden in São Paulo in beträchtlicher Entfernung zur Küste, in Orten am Hang des Gebirges – denn der schmale Küstenstreifen, den die Europäer zuerst aufgesucht hatten, war bereits vor dem Ende des 16. Jahrhunderts für den Anbau nicht mehr geeignet. Der Trans-

137 Francisco de Assis Vieira Bueno, *Autobiografia* (Campinas 1899), S. 16. – José Jacinto Ribeiro, *Cronologia Paulista*, II, 2. Teil (São Paulo 1904), S. 755 f.

port landwirtschaftlicher Produkte über die unwegsamen Steilhänge des Paranapiacaba wäre fast immer ein mühevolles, selten einträgliches Unterfangen gewesen.

Um diesen Widrigkeiten zu begegnen, blieb nichts anderes übrig als die Jagd auf die Indios. Die Raubzüge ins Landesinnere und der Transport von versklavten Indios an die Küste hatte hier ein klar umrissenes Ziel: Es sollte damit die gleiche Art von Seßhaftigkeit gewährleistet werden, die die Zuckerbarone im Norden erreichten, ohne auch nur einen Fuß außerhalb ihrer Plantagen zu setzen. So merkwürdig es erscheinen mag, die größere Mobilität, die Dynamik der Leute aus São Paulo wurde in diesem Fall für das gleiche Ideal von Seßhaftigkeit und Stabilität aufgewendet, das an anderen Orten seit Beginn der Kolonisierung mit wenig Kraftaufwand erreicht werden konnte.

Wenn nun die Portugiesen auf der Hochebene nicht ohne die Indios leben konnten, so konnten sie mit ihnen nicht als reine Portugiesen überleben. Mit anderen Worten: Sie mußten viele ihrer ererbten Gebräuche, ihre Art, das Leben zu gestalten und zusammenzuleben, ihre Techniken und Wünsche aufgeben und, was noch viel entscheidender war, ihre Sprache. Und das ist in der Tat geschehen.

Was sie letztlich dadurch und durch das Werk ihrer mestizischen Nachfahren gewannen, war eine reiche, weite Welt, ein zur Zeit des Vertrages von Tordesillas ungeahnter Siegespreis. Das portugiesische Kolonialreich wurde vom Historiker R.H. Tawney als »wenig mehr als eine Reihe von Forts und Faktoreien von zehntausend Meilen Länge« beschrieben.[138] Das wäre absolut richtig, ginge es allein um das portugiesische Imperium des 16. Jahrhunderts, in dem selbst in Brasilien die Siedler wie Krebse an der Küste kratzten. Doch bereits im 18. Jahrhundert änderte sich die Lage, die Lebensquellen Brasiliens, sogar des portugiesischen Mutterlandes verlagerten sich in den fernen Sertão, den die Bandeirantes urbar gemacht hatten. Und es wird kein Zufall sein, daß der erste endgültige Schritt zu einer Durchquerung und Erforschung des afrikanischen Kontinents in ebendiesem Jahrhundert von einem Sohn São Paulos und Enkel von Mestizen, Francisco José de Lacerda e Almeida, getan wurde. Sein Unterfangen

138 R.H. Tawney, *Religion and the Rise of Capitalism* (London 1936), S. 72.

war derart denkwürdig, daß es noch viele Jahrzehnte später in der Erinnerung der unzivilisierten Schwarzen fortlebte, wie Livingstone in seinem Tagebuch festhielt.

In seinem monumentalen Werk über den Charakter der Entdekkung und Eroberung Amerikas durch die Europäer fand Georg Friederici folgende Worte zu den Taten der Bandeirantes: »Die Entdecker, Kundschafter und Eroberer des Landesinneren von Brasilien waren nicht die Portugiesen, sondern die weißen und vor allem auch mestizischen Brasilianer. Und mit ihnen zusammen die ursprünglichen Bewohner des Landes. Der gesamte riesige Sertão Brasiliens wurde nicht von Europäern entdeckt und Europa eröffnet, sondern von Amerikanern.«[139]

Ich stimme mit dem deutschen Ethnologen und Historiker nicht in allem überein, besonders dort nicht, wo er systematisch die Bedeutung der portugiesischen Entdeckungen und Eroberungen zu schmälern scheint, indem er sie mit denen anderer Völker vergleicht. Ich glaube sogar, daß die Portugiesen aufgrund ihrer Anpassungsfähigkeit an jede Art von Umfeld, häufig sogar zu Lasten ihrer rassischen und kulturellen Eigenschaften, eher zu Kolonisatoren taugten als andere Völker, die vielleicht unflexibler an ihren in der Alten Welt herausgebildeten Eigenheiten festhielten. Und ich würde auch nicht zögern, mich der kürzlich von Júlio de Mesquita Filho vertretenen Meinung anzuschließen, daß die Bewegung der Bandeirantes von ihrer Substanz her zu den Großtaten der Söhne Portugals in Afrika, Asien und Amerika seit der Zeit Heinrichs des Seefahrers und seiner Schule in Sagres gehört.[140] Doch ich würde dies mit einem wichtigen Vorbehalt tun: dem nämlich, daß die Portugiesen sich lange Zeit hindurch selbst annullierten. Wie das Weizenkorn im Evangelium, das erst ersterben muß, um später viele Früchte zu bringen.

139 Georg Friederici, *Der Charakter der Entdeckung und Eroberung Amerikas durch die Europäer*, II (Stuttgart 1936), S. 220.

140 Júlio de Mesquita Filho, *Ensaios Sul-Americanos* (São Paulo 1946), S. 139ff.

Die moralischen Eigenschaften, die das Geschäftsleben von Natur aus verlangt, unterscheiden sich von den ideellen Tugenden des Adels darin, daß sie den Erfordernissen der Kreditwürdigkeit und nicht denen von Ehre und Ruhm entsprechen. Es ist vor allem lukrativer, den einfachen geschäftlichen Anstand über die ritterliche und höfische Ehre und die wachsende, von der Vernunft gestaltete Strukturierung des Lebens über persönliche, direkte Bindungen zu stellen.

Nun ist es aber so, daß die Ablehnung jeder Art von Rationalisierung und damit jeder Entpersönlichung seit jeher eine der beständigsten Charaktereigenschaften der Völker iberischer Herkunft ist. Viele Kaufleute anderer Länder wissen, daß man, um aus Geschäften mit Portugiesen und Spaniern sicheren Gewinn zu ziehen, mit ihnen engere als die normalerweise im Handel üblichen formellen Beziehungen eingehen muß. Die von André Siegfried berichtete Anekdote (vgl. S. 182) vom Kaufmann aus Philadelphia, der feststellt, daß man sich in Brasilien oder Argentinien erst einmal zum Freund machen muß, wen man als Kunde erobern will, ist ein ausgezeichnetes Beispiel.

»Von Freunden«, bemerkt ein Beobachter und bezieht sich dabei vor allem auf Spanien und die Spanier, »kann man alles fordern und alles erhalten, und diese Art des Umgangs miteinander durchdringt die unterschiedlichen sozialen Beziehungen. Wenn man etwas von jemandem will, ist das sicherste Mittel, sich diesen Jemand zum Freund zu machen. Diese Methode erstreckt sich auf die Fälle, in denen man eine Dienstleistung wünscht. Eine Befehlshaltung wird dann als besonders unpassend angesehen. Das Ergebnis ist, daß die Beziehungen zwischen Dienstherren und Angestellten hier für gewöhnlich freundschaftlicher sind als anderswo.«

Dem guten Beobachter und feinen Psychologen Alfred Rühl fiel zudem auf, daß es unter Spaniern als völlig normal gilt, bestimmte persönliche Vorteile über Personen zu erlangen, zu denen sie affektive, kameradschaftliche Beziehungen haben, und daß sie es nicht verstehen, wenn jemand, der ein bestimmtes öffentliches Amt innehat, dieses nicht nutzt, um seinen Freunden und Verwandten Gefallen zu tun. Selbst von den Behörden werden allzumenschliche Gefühle verlangt. Wie kann man sonst den Umstand erklären, daß Eisenbahngesellschaften von Bitten um Freikarten oder Preisermäßigung geradezu überschüttet werden, die in der Regel allesamt von Personen stammen, die den wohlhabenderen Klassen angehören?[141]

Deshalb ist es nur selten gelungen, in der Geschäftswelt entsprechende rationale Strukturen zu schaffen. Der Kunde muß vorzugsweise die Stellung eines Freundes annehmen. Zweifellos liegen in diesem Sozialverhalten, bei dem das System der Beziehungen im wesentlichen auf direkte Bande von Mensch zu Mensch aufbaut, die hauptsächlichen Hindernisse für die strenge Anwendung rechtlicher Normen und gesetzlicher Verordnungen. Das gilt für Spanien und alle hispanischen Länder – Portugal und Brasilien inbegriffen.

Andererseits waren Erfolg oder Mißerfolg bestimmter Völker in ihren Geschäftsverbindungen mit Spaniern und Portugiesen immer notwendigerweise von ihrer mehr oder weniger großen Fähigkeit abhängig, sich dieser Art von Beziehungen anzupassen. Der Gegensatz zu der sogenannten kapitalistischen Mentalität ist kein neues Phänomen. Es gibt hierfür in der Geschichte eindrucksvolle Zeugnisse. Wir verdanken beispielsweise Henri Sée die Kenntnis eines Rundbriefes, den der Intendent der Bretagne 1742 an seine Beauftragten richtete und in dem zu lesen ist, daß die lokalen Kaufleute »appréhendent de commercer avec les Portugais, attendue leur infidélité; si les Portugais sont si infidèles, ils le sont pour toutes les nations; cependant les Hollandais commercent au Portugal utilement et les Anglais y font un commerce d'une étendue et d'un avantage étonnantes; c'est donc la faute des Français de ne savoir pas prendre les mesures justes pour établir en Portugal un commerce assuré«[142] (»Sie fürchten, mit den Portugiesen Handel zu treiben, da diese treulos sind; wenn die Portugiesen derart treulos sind, dann sind sie es allen Völkern gegenüber; dennoch pflegen die Holländer in Portugal nützliche Handelsbeziehungen, und die Engländer treiben dort Handel in erstaunlichem Umfange und mit erstaunlichem Erfolg; es muß daher an den Franzosen liegen, daß sie nicht die rechten Vorkehrungen treffen, um in Portugal aussichtsreich Handel zu treiben.«)

141 Alfred Rühl, »Die Wirtschaftspsychologie des Spaniers«, *Zeitschrift der Gesellschaft für Erdkunde* (Berlin 1922), S. 95.

142 Enrique Sée, *Nota sobre el Comercio Franco-Portugués en el Siglo XVIII* (Madrid 1930), S. 5.

In bezug auf die »Treulosigkeit« der portugiesischen Kaufleute teilt uns Sée noch den Fall eines Reeders aus Saint-Malo mit, der zwischen 1720 und 1740 für seine Kunden viele Tuche nach Lissabon expedierte, doch diese nur selten auf eigene Rechnung schickte, da er an der »Genauigkeit« jener Kaufleute Zweifel hegte, die andererseits stets übertriebenen Kredit erbaten.[143]

Diese Treulosigkeit und mangelnde Genauigkeit bei Geschäften mit Ausländern ist bei den Portugiesen des 18. Jahrhunderts und auch anderer Jahrhunderte ein Zeichen ihrer ungeordneten und kurzsichtigen Freude am Geld. Wer hier den Keim des kapitalistischen Geistes erkennen will, irrt. Die einfache Gewinnsucht, die Liebe zum Reichtum, der auf Kosten von anderen, vor allem Ausländern, angehäuft wurde, gab es in Wahrheit zu allen Zeiten, und sie ist keineswegs charakteristisch für die kapitalistische Mentalität, wenn nicht bestimmte wirtschaftliche Tugenden mit ihr einhergehen, die entscheidend zu einer vernunftgemäßen Gestaltung der Geschäfte beitragen. Tugenden wie Ehrbarkeit und Genauigkeit, die andere sind als die Loyalität, die Höhergestellte und Freunde verdienen.

Nichts weist darauf hin, daß bei Portugiesen und Spaniern die Liebe zu materiellen Dingen und das Streben nach dem Ansehen, das man mit ihnen erwirbt, weniger ausgeprägt wären als bei anderen Völkern. Im Italien der Renaissance, wo einige dieser bürgerlichen Tugenden der Neuzeit ihren Ursprung hatten, taten sich die von der iberischen Halbinsel gekommenen Katalanen, die, wie das Sprichwort sagt, »aus Steinen Brote machen«, durch Geldgier und Geiz hervor.[144]

Und der Autor des *Guzmán de Alfarache*, des berühmten, ab 1599 veröffentlichten Schelmenromans, konnte beklagen, daß Wechsel und Retourwechsel und verschiedene andere Tricks der Kaufleute längst nicht mehr ein Privileg der Genuesen waren, sondern bereits überall zum gewöhnlichen Rüstzeug gehörten, »vor allem in Spanien«, merkt er an, wo eine Vielzahl von Spekulationsgeschäften erlaubt war, die die Kirche als Wucher verdammte. Unter anderem Darlehen auf Gold

143 Ibid., S. 4.
144 Benedetto Croce, *La Spagna nella Vita Italiana durante la Rinascenza* (Bari 1941), S. 27.

und Silberschmuck innerhalb einer begrenzten Frist und insbesondere der sogenannte »trockene Wechsel«.[145]

Um zu zeigen, daß bei den iberischen Völkern wie überall während dieser Zeit die Zahl der Finanzinstitutionen zunahm, könnte man hinzufügen, daß bestimmte Kreditoperationen, die sich später auf andere Länder verbreiteten, auf den spanischen Märkten von Villalón, Rioseco und Medina del Campo ebenso wie in Genua verfeinert wurden. Oder man könnte auf den Beitrag verweisen, den portugiesische Kaufleute zur Zeit der großen Entdeckungen zur Ausarbeitung des Handelsrechts und insbesondere zu Fortschritten auf dem Gebiet der Seeschiffahrtsversicherungen geleistet haben. Portugal verdanken wir beispielsweise die erste juristische Abhandlung über die Versicherung: den *Tractatus perutilis et quotidianus de assecurationibus et sponsionibus Mercatorum* von Santerna (Pedro de Santarém), der 1554 veröffentlicht und während des 16. Jahrhunderts mehrfach wieder aufgelegt wurde.

Zudem sollte man sich an die keineswegs geringe, wohl aber in Vergessenheit geratene Rolle erinnern, die spanische Bankiers und Kaufleute – vornehmlich aus dem kastilischen Burgos und keineswegs nur Katalanen und Juden – in jenem Jahrhundert bis zum zweiten Staatsbankrott (1575) an der Börse von Antwerpen spielten. Vor allem von Curiel de la Torre und Fernandez de Espinoza, die im letzten Viertel des Jahrhunderts zu Reichtum gelangten, berichtet uns Ehrenberg, der Autor der Geschichte der Fugger, daß sie bei ihren Geschäften ihre Konkurrenten an Skrupellosigkeit weit übertrafen. »Sie waren wahre Wucherer«, ruft er aus, »und zwar im wahrsten Sinne des Wortes, nicht allein im kanonischen Sinne.« Sogar die Vertreter der Fugger in Antwerpen empörten sich ständig über die grenzenlose Gewinnsucht dieser Männer, und einer behauptete, daß der König mehr Tugend unter den Genuesen fand, die traditionell als große Spekulanten galten, als unter den spanischen Kaufleuten.[146]

145 Mateo Alemán, »Guzmán de Alfarache«, *La Novela Piceresca Española* (Madrid 1943), S. 168f.

146 Richard Ehrenberg, *Das Zeitalter der Fugger* (Jena 1896), I, S. 359 u. 360. – R. W. Tawney, op. cit., S. 80, sagt auch von den spanischen Kaufleuten, sie seien »a class not morbidly prone to conscientious scruples«, obwohl ihr Respekt vor der kirchlichen Autorität sie dazu ver-

Von den portugiesischen Adligen, die sich damals in Asien aufhielten, wissen wir, daß sie trotz ihres Hochmuts Fortunas Güter nicht verachteten, selbst dann nicht, wenn sie sich, um sie zu erlangen, bis zu einem gewissen Grade einiger Vorurteile entledigen mußten, die zu ihrer Klasse und Stellung gehörten. Es ist wieder Diogo do Couto, der uns von Adligen und sogar Vizekönigen seiner Zeit berichtet, die nicht zögerten, »die Waffen abzulegen und Handel zu treiben«, also vom Hauptmann zum Kaufmann wurden, »die ihr Amt vernachlässigten und sich nicht mehr um die Armada und alles andere kümmerten, nur um ihren Appetit zu stillen«, oder die es wenig scherte, »Indien in die Waagschale zu werfen, nur um ihrer Leidenschaft zu frönen«. »Und ich weiß nicht«, läßt er seinen Soldaten sagen, »ob diese Seuche von diesem Königreich auf jenen Staat überging, denn alle kommen dorthin und sagen nur noch, du bist soviel wert, wie du besitzt.«[147]

Selbst die Freigebigkeit, eine der Haupttugenden des alten Adels, fiel in Mißkredit, zumindest zeigte sich dies im Verhalten einiger dekadenter Edelleute – wenn es zutrifft, daß sie sich erst damals zurückzogen, um hinter verschlossener Tür schweigend zu essen und nicht mehr mit den Armen zu teilen, und die es nicht als Ehre und Größe, sondern als Erniedrigung empfanden, sie zu kleiden und zu unterstützen. Sie glichen darin dem geizigen Sohn des adligen Vaters in der Erzählung aus *Corte na Aldeia* (Hofstaat im Dorf), der die Unmengen von Gold, die er in wenigen Jahren angehäuft hatte, so eifrig bewachte, »wie jene es tun, die es mit Gier und Mühe erworben haben«.[148]

Spanier und Portugiesen unterscheiden sich nicht durch eine maß-

anlaßte, Beichtväter nach Paris zu schicken, damit diese die Theologen der Universität hinsichtlich der Vereinbarkeit bestimmter Spekulationen mit dem kanonischen Recht konsultierten. Die Wucherpraktiken waren bereits auf den alten spanischen Märkten an der Tagesordnung, obwohl sie zur Zeit von Karl V. und seiner Nachfolger Formen annahmen, die »sie in anderen Ländern schwerlich hatten«, bemerkt ein zeitgenössischer Historiker. Franz Lindner, »Das spanische Marktkunde- und Börsenwesen«, *Ibero-Amerikanisches Archiv*, III (Berlin 1929), S. 18.

147 Diogo do Couto, op. cit., S. 105, 192 und 212.

148 Francisco Rodrigues Lobo, *Corte na Aldeia* (Lissabon 1945 [1. Ausgabe 1619]), S. 136ff.

vollere Liebe zum Reichtum von jenen anderen Völkern, unter denen die sogenannte kapitalistische Mentalität, diese typisch bürgerliche Schöpfung, zur Blüte gelangte. Auch ist es nicht ihre mangelnde Mildtätigkeit, eine Sünde, die die Moralisten des Mittelalters für eine der finstersten Spielarten des Geizes hielten. Was sie vor allem von ihnen unterscheidet, ist die Unfähigkeit, die man angeboren nennen könnte, irgendeine Art von unpersönlicher und mechanischer Ordnung über Beziehungen organischer und gemeinschaftlicher Natur zu stellen, wie jene, auf die sich Verwandtschaft, Nachbarschaft und Freundschaft gründen.

4. S. 135, Fn. 116 – Natur und Kunst

In seiner berühmten Predigt des Sonntags Sexagesimä, die er 1655 in der königlichen Kapelle in Lissabon hielt, erinnerte Padre Antônio Vieira daran, daß Predigen in allem dem Säen gleiche, »denn Säen ist eine Kunst, die natürlicher ist als die Kunst; es möge fallen, wohin es fällt«.[149] Eine Vorstellung, die ihre Wurzeln wohl im alten portugiesischen Naturalismus hat. Den Vergleich von Predigen und Säen könnte Vieira direkt aus der Heiligen Schrift genommen und dann seiner Argumentation entsprechend ausgearbeitet haben. Dasselbe kann man jedoch nicht von seinem Bild des gestirnten Himmels sagen, das gängigen Konzeptionen der Zeit entspricht, und dies nicht nur in Portugal.

Wie H. von Stein bemerkt, haben die Menschen des 17. und 18. Jahrhunderts, wenn sie das Wort Natur hörten, sogleich an das Firmament gedacht; im 19. Jahrhundert dachten sie an eine Landschaft. In diesem Zusammenhang könnte ein, soweit bekannt ist, noch nicht angestellter Vergleich zwischen der Textstelle bei Vieira und einer bestimmten Stelle im Werk eines anderen Schülers des Ignatius von Loyola, Baltasar Graciáns, erhellend sein, die möglicherweise eine der Quellen Vieiras ist. Im ersten Teil (*Crisi* II) des *Criticón*, der vier Jahre vor der erwähnten Sexagesimäpredigt publiziert wurde, fragt Andrenio, verwundert über die Verteilung der Sterne am Himmel:

149 P. Antônio Vieira, *Sermões*, 1. Teil (Lissabon 1679), Bl. 41.

»›Porque, ya que el soberano Artífice hermoseó tanto esta artesonada bóveda del mundo con tanto florón y estrellas, por que no las dispuso, decia yo, con orden y concierto, de modo que entretejieron vistosos lazos y formaron primorosos labores?‹

›Ya te entiendo, acudió Critilo, quisiera tu que estuvieron dispuestas en forma, ya de un artificioso recamado, ya de un precioso joyel, repartidas con arte y correspondencia.‹

›Si, sí, eso mismo. Porque a más de que campearan otro tanto y fuera un espectáculo muy agradable a la vista, brillantísimo artificio, destruia con eso del todo el divino hacedor aquel necio escrúpulo de haberse hecho acaso y declaraba de todo punto su divina Providencia.‹«

(»›Wo doch der hocherhabene Künstler jenes getäfelte Weltgewölbe so herrlich ausgeschmückt hat mit gar manchem Kleinod und Gestirn, warum, sagte ich, hat er dann nicht auch die Sterne in Ordnung und Übereinstimmung dergestalt, bald wie ein prächtiger Garten, bald wie ein kostbares Geschmeide angeordnet, kunstgerecht aufeinander abgestimmt verteilt.‹

›Ja, ja, genau so ist es! Denn abgesehen davon, daß sie dann ebenso hervorgetreten wären und daß es ein höchst wohltuender Anblick und ein hellstrahlendes Kunstwerk gewesen wäre, hätte damit auch der göttliche Schöpfer ganz und gar jene törichten Bedenken, es könne zufällig entstanden sein, zerstört und seine göttliche Vorsehung vollkommen bekundet.‹«)[150]

Selbstverständlich hat Critilo das letzte Wort, für den die göttliche Weisheit, als sie die Sterne schuf und verteilte, es auf eine andere, wichtigere Übereinstimmung abgesehen hatte, »auf die ihrer Bewegung nämlich und auf die Milderung ihrer Einflüsse«.

150 Baltasar Gracián, »Criticón«, *Obras completas* (Madrid 1944), S. 435.

Anmerkungen der Übersetzerin

Übersiedlung des portugiesischen Hofes: 1807 besetzen von General Junot befehligte und von Spanien unterstützte Truppen Napoleons Portugal. Daraufhin siedelt die königliche Familie mit ungefähr 10000 Leuten nach Rio de Janeiro über. 1815 wird dann Brasilien zum Königreich erklärt. Nach der Rückkehr König Joãos VI. nach Portugal beruft sein Sohn Pedro einen Rat von Provinzialabgeordneten und wenig später auch eine gesetzgebende Versammlung ein: Am 7. September 1822 erklärt er Brasilien für unabhängig und proklamiert sich selbst zum Kaiser.
»Verwaltung« der Heiden: Seit der Entdeckung Brasiliens gab es Streitigkeiten zwischen Siedlern und Jesuiten wegen der Versklavung der Indios. Die Jesuiten waren gegen eine Versklavung und wollten die Indios in Dörfern zusammenziehen, wo sie unter ihrer geistlichen Gerichtsbarkeit leben und im Glauben unterwiesen werden sollten. Im Amazonasgebiet gab es anfangs keine afrikanischen Sklaven, und daher unternahmen die Siedler Beutezüge ins Landesinnere, um Indios zu fangen. Als von Portugal aus Gesetze erlassen werden sollten, die die Freiheit der Indios festschrieben, gab es 1652 eine Erhebung der Siedler in Maranhão, die auch auf die Provinz Pará übergriff. Padre Antônio Vieira trat für die Indios ein und mußte das Land verlassen. 1663 wurde ein Gesetz verabschiedet, das die Jurisdiktion von Geistlichen in weltlichen Angelegenheiten aufhob und den Jesuiten das Exklusivrecht in kirchlichen Fragen absprach.
Krieg der Emboabas: (Emboaba – gestiefelte Hühner, Spitzname, den die Bewohner der Capitania von São Paulo den Portugiesen aus dem Mutterland und anderen Ausländern gaben, weil sie Stiefel trugen, die den Beinen einer bestimmten Vogelart ähnelten). Krieg der Emboabas wurde der 1707 und 1709 ausgetragene bürgerkriegsähnliche Kampf zwischen den Nachfahren der Bandeirantes und Portugiesen und anderen Ausländern genannt, die die Provinz Minas Gerais besiedeln wollten.
Pedro Taques de Almeida Pais Leme (1714?-1777): Historiker und Genealoge. Seine Werke sind wertvolle Quellen für die Geschichte der Kolonialzeit Brasiliens und insbesondere São Paulos. Siehe insbesondere: »História da Capitania de São Vicente, desde a sua fundação por Martim Afonso de Sousa« (1772).

Palmares: Bereits Anfang des 17. Jahrhunderts und vor allem während des holländisch-portugiesischen Krieges bildeten geflohene Sklaven im Landesinneren von Pernambuco, in Palmares, einem etwa 30 Meilen von der Küste entfernten Waldgebiet, »Quilombos« genannte Gemeinschaften. Nachdem Pernambuco von den Portugiesen wiedererobert worden war, wurden die Quilombos von ihnen immer wieder erfolglos angegriffen. 1691 zog der Bandeirante Domingos Jorge Velho gegen den größten Quilombo, die sogenannte »Republik von Palmares«, am Hang der Serra do Gitante, deren Oberhaupt Zumbi war. Nachdem der erste Angriff fehlgeschlagen war, griff er darauf den Quilombo mit einem Heer von 7000 Mann an und belagerte ihn fast drei Jahre lang. Am Ende bezwang Domingos Jorge den Quilombo, und Zumbi und einige seiner Gefolgsleute begingen Selbstmord, da sie lieber sterben als in Unfreiheit leben wollten.
Bartolomeu Bueno da Silva: Paulistaner Bandeirante des 17. Jahrhunderts (Vater von Amadeu Bueno, siehe Anmerkung), nahm an einer großen Goldsucher-»bandeira« ins Landesinnere von Gioiás teil. Sein Spitzname soll einer heute allerdings stark in Zweifel gezogenen Legende zufolge daher rühren, daß er die Indios, die sich weigerten, Auskunft über Goldvorkommen zu geben, zu erschrecken versuchte, indem er Branntwein in einem Glas anzündete und drohte, die Wälder niederzubrennen und die Flüsse auszutrocknen. Die Indios nannten ihn daraufhin »Anhanguera«, was soviel wie »großer (oder alter) Teufel« bedeutet.

V
Der herzliche Mensch

Der Staat ist keineswegs ein erweiterter Familienkreis und noch weniger ein Zusammenschluß bestimmter Gruppen, bestimmter Einzelinteressen – wofür die Familie das beste Beispiel ist. Familienkreis und Staat unterscheiden sich nicht graduell voneinander, denn es besteht zwischen ihnen kein Zusammenhang; vielleicht sollte man gar von einem Gegensatz sprechen. Daß Staat und Familie als wesensgleiche Formen angesehen werden, ist eine romantische Vorstellung, die ihre glühendsten Anhänger im 19. Jahrhundert hatte. Den Verfechtern dieser Doktrin zufolge gehen der Staat und seine Institutionen in gerader Linie und aufgrund einfacher Evolution aus der Familie hervor. Die Wahrheit sieht ganz anders aus: Staat und Familie gehören ihrem Wesen nach zwei verschiedenen Ordnungen an. Allein dadurch, daß die häusliche und familiäre Ordnung gebrochen wird, entsteht der Staat, wird das einfache Individuum vor dem Gesetz des Gemeinwesens, der *civitas*, zum Bürger, Steuerzahler, Wähler, wird wählbar, militärdienstpflichtig und haftbar. Hierin liegt ein Triumph des Allgemeinen über das Individuelle, des Intellektuellen über das Materielle, des Abstrakten über das Körperliche, und es handelt sich keineswegs um eine allmähliche Läuterung, eine Vergeistigung der natürlichsten und ursprünglichsten Formen in einer Prozession der Hypostasen, um es mit den Worten der plotinischen Philosophie zu sagen. Die Ordnung der Familie in ihrer reinen Form wird durch etwas Transzendentes aufgehoben.

Niemand hat den Gegensatz und sogar die wesentliche Unvereinbarkeit zwischen den beiden Prinzipien eindringlicher dargestellt als Sophokles. Kreon verkörpert den abstrakten, unpersönlichen Begriff des Gemeinwesens im Kampf gegen die konkrete, greifbare Realität der Familie. Als Antigone der Stadt Theben den Gehorsam verweigert und ihren Bruder Polyneikes bestattet, zieht sie den Zorn König Kreons, ihres Onkels, auf sich, der nicht aus persönlichem Willen, sondern aufgrund des von ihm angenommenen Willens der Bürger, des Vaterlandes handelt:

Und wer gar höher als das eigne Vaterland die Angehörigen stellt, – nichtswürdig nenn ich den!

Der Konflikt zwischen Antigone und Kreon ist zeitlos und zeigt sich auch heute noch in seiner ganzen Schärfe. In allen Kulturen ist der Prozeß, durch den das Gesetz der Allgemeinheit das Private überwindet, von mehr oder weniger schweren und langwierigen Krisen begleitet, die die Struktur der Gesellschaft erschüttern können. Das Studium dieser Krisen ist eines der wesentlichen Themen der Sozialgeschichte. Wer beispielsweise die Arbeitsform der alten Handwerkerzünfte mit der »Lohnsklaverei« in den modernen Fabriken vergleicht, erhält damit einen wertvollen Aufschluß zur Beurteilung der sozialen Unruhe in unserer Zeit. In den alten Zünften bildeten der Meister und seine Lehrlinge und Tagelöhner eine Familie, deren Mitglieder sich einer natürlichen Hierarchie unterwarfen, jedoch dieselben Entbehrungen und Annehmlichkeiten teilten. Es war das moderne industrielle System, das die zwischen ihnen herrschende intime Atmosphäre unterdrückte und die Klassengegensätze verschärfte, indem es die Arbeitgeber innerhalb der Produktionsprozesse von den Arbeitnehmern trennte und deren Funktionen immer mehr differenzierte. Diese neue Form der Arbeitsorganisation erleichterte zudem dem Kapitalisten die Ausbeutung seiner Angestellten für den Gegenwert niedrigster Löhne.

Für den modernen Arbeitgeber – betont ein nordamerikanischer Soziologe – wird der Arbeitnehmer zu einer einfachen Nummer: Die menschliche Beziehung gibt es nicht mehr. Die Produktion in großem Ausmaß, die Organisation der großen Massen der Arbeiter und komplizierte Mechanismen zur Erlangung kolossaler Gewinne haben offenbar zugenommen und die Trennung der produzierenden Klassen verschärft, was auf seiten der Unternehmer zwangsläufig dazu geführt hat, daß sie sich für das Leben derer, die manuelle Arbeit leisten, nicht verantwortlich fühlen. Vergleicht man das Produktionssystem, das zu den Zeiten herrschte, da der Meister und seine Lehrlinge oder Gesellen in ein und demselben Raum arbeiteten und dieselben Werkzeuge benutzten, mit der gewöhnlichen Organisation der Arbeit in einem modernen Unternehmen, so wird deutlich, daß im ersten Falle die Beziehungen zwischen Arbeitnehmern und Arbeitgebern persönlich und direkt waren, daß es keine zwischengeschalteten Autoritäten gab. Im zweiten Fall steht zwischen dem Arbeiter und dem eigentlichen Besitzer – dem Aktionär – eine ganze Hierarchie von Angestellten und Autoritäten, die vom Werksleiter, vom Generalbevollmächtigten, vom Vorstandsvorsitzenden des Unternehmens und vom Aufsichtsrat verkörpert werden. Da kann es leicht geschehen, daß die Verantwortung für Arbeitsunfälle, unangemessene Löhne und unhygienische Zustände auf dem Weg vom untersten bis zum obersten Punkt dieser Skala auf der Strecke bleibt.[151]

Die Krise, die den hier gezeigten Übergang zur industriellen Arbeit begleitet hat, kann eine nur blasse Vorstellung von den Widerständen gegen die Abschaffung der alten Familienord-

151 F. Stuart Chapin, *Cultural Change* (New York 1928), S. 261.

nung zugunsten einer anderen Ordnung vermitteln, in der die Bande des Gefühls und des Blutes allmählich von auf abstrakten Prinzipien beruhenden Institutionen und sozialen Beziehungen ersetzt wurden. Auch heute gibt es hier und dort, selbst in den Großstädten, noch einige dieser »zurückgebliebenen« Familien, die, auf sich selbst konzentriert, dem alten Ideal gehorchen, das verlangte, die Kinder allein für den häuslichen Kreis zu erziehen. Doch auch diese Familien verschwinden allmählich angesichts der gebieterischen Forderungen der neuen Lebensbedingungen. Einigen Pädagogen und Psychologen unserer Tage zufolge sollte die Erziehung in der Familie allein eine Art Vorbereitung auf das Leben in der Gesellschaft, außerhalb der Familie, sein. Und wenn wir die modernen Theorien eingehender betrachten, so werden wir sehen, daß sie immer mehr darauf hinauslaufen, das Individuum der häuslichen Gemeinschaft zu entziehen, es sozusagen von den familiären »Tugenden« zu befreien. Man kann durchaus behaupten, daß diese Trennung und diese Befreiung die wesentlichen und zwangsläufigen Voraussetzungen für eine Anpassung an das »praktische Leben« sind.

Hierin folgt die aktuelle wissenschaftliche Pädagogik genau dem Gegenteil dessen, was die alten Erziehungsmethoden rieten. Einer ihrer Adepten geht sogar so weit, zu behaupten, daß der Gehorsam beispielsweise, eines der Grundprinzipien der alten Erziehung, nur in dem Maße gefördert werden sollte, in dem er eine vernünftige Übernahme von Meinungen und Regeln erlaube, die das Kind als Aussagen von Erwachsenen erkennt, die Erfahrungen auf dem gesellschaftlichen Gebiet haben, in das es eintritt. »Das Kind«, fügt er hinzu, »muß insbesondere darauf vorbereitet werden, in jenen Punkten ungehorsam zu sein, in denen die Vorhersagen der Eltern fehlbar sind.« »Die Fälle von Kindern, die von ihren Eltern in der Auswahl ihrer Kleidung, ihres Spielzeugs, ihrer allgemeinen Interessen und Aktivitäten so sehr beherrscht werden, daß sie sowohl gesellschaftlich als auch individuell inkompetent sind, wenn nicht gar zu Psychopathen werden, sind zu häufig, als daß man sie übersehen könnte.« Und er mahnt: »Nicht nur die Eltern mit beschränktem Gedankengut, sondern gerade diejenigen, die außerordentlich scharfsinnig sind, sollten sich vor dieser falschen Haltung hüten, denn gerade diese wirklich intelligenten Eltern sind es, die dazu neigen, das Kind zu beherrschen. Die *guten* Mütter richten möglicherweise mehr Schaden an als die *schlechten*, versteht man diese beiden Wörter in ihrem landläufigen Sinn.«[152]

In der Tat ist die Bildung und Entwicklung der Gesellschaft gemäß heutigen Vorstellungen dort schwierig und muß gegen starke Beschränkungen kämpfen, wo der Gedanke der Familie – insbesondere der Familie patriarchalischen Typs – blüht und sich auf eine feste Grundlage stützt. Die Krise der Anpassung der Individuen an den Mechanismus der Gesellschaft ist daher aufgrund des entscheidenden Triumphs bestimmter *familienfeindlicher* Tugenden in unserer Zeit besonders spürbar; zu diesen Tugenden gehören zweifellos jene der Eigeninitiative und des Wettbewerbs unter den Bürgern.

Bei uns waren bereits während des Kaiserreiches die Beschränkungen deutlich geworden, die die zu engen und häufig sogar repressiven Familienbande dem späteren Leben eines Menschen auferlegen können. Es gab jedoch Möglichkeiten, diese Fehlentwicklungen zu korrigieren, die bestimmte von früh an im häuslichen Kreis entwickelte Verhaltensnormen häufig mit sich bringen. Und wenn die Hochschulen – besonders die juristische Fakultät, die 1827 in São Paulo

152 Knight Dunlap, *Civilized Life. The Principles and Applications of Social Psychology* (Baltimore 1935), S. 189.

und Olinda gegründet wurde – weitgehend dazu beigetragen haben, fähige Männer des öffentlichen Lebens hervorzubringen, so läßt sich ohne große Übertreibung sagen, daß sich dies vor allem *einer* Möglichkeit verdankt, die das Studium diesen aus ihrem provinziellen und ländlichen Umfeld losgerissenen jungen Menschen bot: der Möglichkeit, »für sich« zu leben, indem sie sich ganz allmählich aus den alten häuslichen Banden lösten. Dies ist mindestens ebenso folgenreich wie das Wissen, das ihnen an der Universität vermittelt wurde.

Die deutlich von partikularistischen Traditionen geprägte soziale Persönlichkeit des Studenten – Traditionen haben bekanntlich in den ersten vier oder fünf Lebensjahren des Kindes entscheidende Auswirkungen[153] – mußte sich in diesen Fällen zwangsläufig an neue Situationen und neue soziale Beziehungen anpassen. Und dies machte es notwendig, die in der Familie erworbenen Interessen, Aktivitäten, Werte, Gefühle, Haltungen und Glaubensinhalte einer manchmal radikalen Überprüfung zu unterziehen.

Weit fort von ihren Eltern, konnten viele junge Menschen – die »verschreckten Söhne«, von denen Capistrano de Abreu sprach – nur auf diese Weise ein Verantwortungsgefühl entwickeln, das ihnen bis dahin unbekannt war. Selbstverständlich reichten diese neuen Erfahrungen nicht immer aus, um in ihnen die häusliche Prägung auszulöschen, die in einem patriarchalischen Umfeld geschaffene Mentalität zu verändern, die so sehr im Gegensatz zu einer Gesellschaft freier und immer stärker die Gleichheit anstrebender Menschen stand. Daher konnte Joaquim Nabuco sagen, daß »es in unserer Politik und in unserer Gesellschaft (...) die Waisen,

153 Margaret Mead, Ruth Shoule Cavan, John Dollard and Eleanor Wembridge, »The Adolescent World. Culture and Personality«, *The American Journal of Sociology*, Juli 1936, S. 84ff.

die Verlassenen sind, die im Kampfe siegen, aufsteigen und regieren«.[154]

Die Kritik, die sich gegen die Tendenz einiger Staaten richtete, umfassende Kranken- und Rentenversicherungsapparate zu schaffen, stützte sich allein auf das Argument, diese würden dem individuellen Handeln einen zu geringen Raum lassen und jede Art von Wettbewerb verdammen. Diese Argumentation ist charakteristisch für eine Zeit, in der zum ersten Mal in der Geschichte der Wettbewerb zwischen den Bürgern mit allen seinen Konsequenzen zum positiven gesellschaftlichen Wert erklärt wird.

Wenn mit einer ähnlichen Argumentation die allzu einengende, fordernde Familie verurteilt wird, weil sie den Horizont des Kindes zu sehr auf das Haus beschränkt, wäre dem klar und deutlich entgegenzuhalten, daß erst heutzutage der häusliche Bereich häufig Versager, ja sogar Psychopathen hervorbringen kann. Früher herrschten eine größere Harmonie und eine größere Übereinstimmung zwischen den Tugenden, die in der sozialen Nische der Familie herausgebildet und verlangt wurden, und denen, die den gesellschaftlichen Wohlstand und die Ordnung unter den Bürgern sicherten. Die Zeiten liegen noch nicht weit zurück, in denen ein Dr. Johnson gegenüber seinem Biographen ein Loblied auf die körperliche Züchtigung in der Erziehung sang und

154 »Der Verlust der Mutter in der Kindheit«, sagt er weiter, »ist ein grundlegendes Ereignis im Leben, eines von denen, die den Menschen verändern, selbst wenn ihm die Erschütterung nicht bewußt ist. Von diesem Tag an war entschieden, daß Nabuco der starken Familie derer angehören würde, die es unter Mühen selbst zu etwas bringen, derjenigen, die es nicht erwarten können, die gemütliche Enge des Hauses zu verlassen und Schutz in der weiten Wüste der Welt zu suchen, im Gegensatz zu jenen, die in der Intimität mit der Mutter den vorherrschenden häuslichen Instinkt entwickeln. Herkules kümmerte es nicht, die Kinder als Waisen zurückzulassen, sagt uns Epiktet, denn er wußte, daß es in der Welt keine Waisen gibt.« – Joaquim Nabuco, op. cit., I, S. 5.

dazu riet, »zum Schrecken aller« den Rohrstock zu benutzen. Lieber griffe er zu diesem Mittel, als dem Schüler beispielsweise zu sagen: »Wenn du dies oder jenes tust, wirst du von deinem Bruder oder deiner Schwester verachtet werden.« Die Wirkung des Rohrstocks ist, wie er zu Boswell sagt, so lang wie er selbst, während mit dem Schüren von Wetteifer und dem Vergleich, wer der Bessere sei, die Grundlage für ein ständiges Übel gelegt wird: daß nämlich Geschwister sich gegenseitig hassen.

In Brasilien, wo seit Menschengedenken der primitive Typus der patriarchalischen Familie vorherrschte, sollte die Entwicklung der Städte – die sich nicht allein aus ihrem Wachstum, sondern auch aus der Zunahme von Verkehrsverbindungen ergab, die weite ländliche Bereiche in den Einflußbereich der Städte einbezogen – zu einem sozialen Ungleichgewicht führen, dessen Auswirkungen noch bis heute wirksam sind.

Es war nicht einfach für jene Träger von Verantwortung und Inhaber öffentlicher Ämter, die in einem solchen Ambiente großgeworden waren, den wesentlichen Unterschied zwischen privatem und öffentlichem Bereich zu begreifen. Daher ist für sie genau das charakteristisch, was den »Besitzstandsbeamten« vom reinen Bürokraten, wie ihn Max Weber definiert, trennt. Für den »Besitzstandsbeamten« ist die politische Amtsführung etwas, was seinem eigenen Interesse entspricht. Die Aufgaben, die Stellungen und Vorteile, die er aus ihr zieht, sind mit den persönlichen Rechten des Beamten verbunden und nicht mit objektiven Interessen, so wie es im echten bürokratischen Staat der Fall ist, in dem die Spezialisierung der Funktionen und das Bemühen vorherrschen, den Bürgern ihre Rechte zu garantieren.[155] Die Auswahl unter den Kandidaten für ein öffentliches Amt

155 Max Weber, op. cit., II, S. 795 ff.

wird hauptsächlich aufgrund des persönlichen Vertrauens getroffen, das diese verdienen, und sehr viel weniger aufgrund ihrer jeweiligen Fähigkeiten. Die unpersönliche Ordnung, die das Leben im bürokratischen Staat charakterisiert, fehlt hier. Das »Besitzstandsbeamtentum« kann bei einer fortschreitenden Aufteilung der Funktionen und mit der Rationalisierung bürokratische Züge erhalten. Doch seinem Wesen nach unterscheidet es sich um so mehr vom bürokratischen Beamtentum, je typischer beide ausgeprägt sind.

In Brasilien waren ein einzig und allein objektiven Interessen gewidmetes Verwaltungssystem und Beamtentum die Ausnahme. Man kann im Gegenteil im Verlauf unserer Geschichte beobachten, daß das persönliche Interesse vorherrschte, das sein angemessenes Ambiente in geschlossenen, einer überpersönlichen Organisation wenig zugänglichen Zirkeln fand. Von diesen Kreisen war in unserer Gesellschaft zweifellos die Familie der mächtigste und am deutlichsten sichtbare. Und zu den entscheidenden Auswirkungen der unangefochtenen, alles aufsaugenden Vorherrschaft der Familie – der Sphäre schlechthin für die sogenannten »Primärkontakte«, die Bluts- und Herzensbande – gehört, daß die im häuslichen Leben geschaffenen Beziehungen bei uns unausweichlich zum Vorbild jeder Art sozialer Gliederung wurden. Dies gilt selbst dort, wo demokratische, auf neutralen, abstrakten Prinzipien basierende Institutionen vorgeben, die Gesellschaft auf antipartikularistische Normen zu gründen.

Der Schriftsteller Ribeiro Couto war der Meinung – und er fand damit einen treffenden Ausdruck –, daß Brasiliens Beitrag zur Zivilisation die Herzlichkeit sein wird: Wir werden der Welt den »herzlichen Menschen« geben.[156] Freundlich-

156 Es muß gesagt werden, daß mit dem Ausdruck »Herzlichkeit« hier ab-

keit und Natürlichkeit im Umgang, Gastfreundschaft, Großzügigkeit – Tugenden, die von Ausländern, die uns besuchen, gepriesen werden – sind tatsächlich typische Merkmale des brasilianischen Charakters. Zumindest in dem Maße, in dem der Einfluß der überlieferten Verhaltensmuster des Zusammenlebens, die aus dem ländlichen, patriarchalischen Bereich herrühren, noch aktiv und fruchtbar ist. Es wäre ein Irrtum, anzunehmen, daß diese Tugenden »gutes Benehmen« oder Höflichkeit bedeuten. Sie sind vor allem echter Ausdruck eines außerordentlich reichen, überbordenden Gefühlsfundus. In der Höflichkeit liegt etwas Gezwungenes – sie kann sich in Befehlen und Sentenzen äußern. Bei den Japanern, wo die Höflichkeit bekanntermaßen die alltäglichsten Aspekte des gesellschaftlichen Zusammenlebens bestimmt, ist sie häufig von frommer Anbetung nicht mehr zu

sichtlich ethische Beurteilungen und apologetische Intentionen ausgeschlossen werden. Auch soll hinzugefügt werden, daß diese Herzlichkeit, der jede Art von Formalismus und gesellschaftlichen Konventionen fremd ist, durchaus nicht nur positive Gefühle wie das des Einverständnisses umfaßt. Die Feindschaft kann ebenso »herzlich« sein wie die Freundschaft, denn beide wachsen im Herzen, kommen also beide aus dem Bereich des Intimen, Familiären, Privaten. Sie gehören in der Tat – um auf einen sakrosankten Terminus der modernen Soziologie zurückzugreifen – zum Bereich der »Primärgruppen«, deren Einheit demjenigen zufolge, der diesen Begriff geprägt hat, »nicht allein Harmonie und Liebe ist«. Die Freundschaft wird, sobald sie den Bereich der privaten, intimen Gefühle verläßt, allenfalls zu Wohlwollen, obwohl dieses unpräzise Wort weitere Bedeutungen des Begriffes zuläßt. Ebenso wie man die Feindschaft, wenn sie öffentlich oder politisch wird und nicht mehr »herzlich« ist, präziser formuliert, »Gegnerschaft« nennt. Die Unterscheidung zwischen Feindschaft und Gegnerschaft hat Carl Schmitt klar formuliert, indem er auf das Lateinische zurückgreift: »Hostis is est cum quo publice bellum habemus (...) in quo ab *inimico* differt, qui est is, quocum habemus privata odia [Gegner ist der, mit dem wir einen öffentlichen Krieg führen (...) er unterscheidet sich vom *Feind* darin, daß jener der ist, mit dem uns privater Haß verbindet ...] Carl Schmitt, *Der Begriff des Politischen* (Hamburg o. J. [1933]), S. 11, Anmerkung.

unterscheiden. Es wurde schon darauf hingewiesen, daß die äußeren Formen der Götterverehrung in den shintoistischen Zeremonien nicht wesentlich von den gesellschaftlichen Verhaltensformen abweichen, mit denen Ehrerbietung gezeigt werden soll.

Keinem Volk liegt die Vorstellung eines vom Ritual bestimmten Lebens ferner als dem brasilianischen. Unsere gewohnte Form des gesellschaftlichen Zusammenlebens ist im Grunde geradezu das Gegenteil von Höflichkeit. Deren Schein kann trügen. Das liegt daran, daß die Höflichkeit eine Art willentlicher Nachahmung eines beim »herzlichen Menschen« spontanen Verhaltens ist: Sie ist zur Formel geronnene lebendige Natürlichkeit. Zudem ist die Höflichkeit in gewisser Weise eine Schutzhaltung gegenüber der Gesellschaft. Sie bleibt an der Oberfläche und kann notfalls auch als Abwehrwaffe eingesetzt werden. Sie entspricht einer Verkleidung, die jedem ermöglicht, die Unversehrtheit der eigenen Sensibilität und Gefühle zu wahren.

Eine derartige Normierung der äußerlichen Formen von Herzlichkeit, deren Ausdruck nicht echt sein muß, ist ein entscheidender Triumph des Geistes über das Leben. Mit dieser Maske versehen, kann das Individuum der Gesellschaft gegenüber seine Überlegenheit bewahren. Und in der Tat impliziert Höflichkeit die stets überlegene Ausstrahlung des Individuums.

Für den »herzlichen Menschen« ist das Leben in der Gesellschaft in gewisser Weise eine wahre Erlösung vom Entsetzen darüber, daß er mit sich selbst leben, sich in allen Lebenslagen auf sich allein stützen muß. Seine Art, anderen spontan Begeisterung, Freude und Freundschaft zu zeigen, beschränkt das Individuum immer mehr auf einen Randbereich der Gesellschaft, den der Brasilianer – als guter Amerikaner – letztlich gerade für den wichtigsten hält. Diese Art ist vor allem ein »Auf-den-anderen-hin-Leben«.

Nichts drückt die Abneigung gegen gesellschaftliche Rituale, die häufig eine stark homogene, ausgeglichene Persönlichkeit verlangen, besser aus als die Schwierigkeit, in der sich im allgemeinen die Brasilianer sehen, wenn sie über einen längeren Zeitraum hinweg einem Vorgesetzten ständig ihre Reverenz erweisen müssen. Unser Temperament duldet Reverenzformeln durchaus bereitwillig, doch eigentlich nur so lange, wie sie die Möglichkeit eines eher familiären Umganges nicht verhindern. Während andere Völker Respektsbezeugung als normal empfinden, ist hier der Wunsch nach Intimität stärker. Und dies ist um so mehr eine typisch brasilianische Eigenheit, als die Portugiesen, die uns in vieler Hinsicht so nah sind, so sehr an Titeln und Ehrenbezeugungen hängen.

Im Bereich der Sprache spiegelt dieses Wesen sich beispielsweise in unserer Neigung zu Diminutiven wider. Die an die Worte angehängte Endung »inho« dient uns dazu, mit den Personen und Gegenständen vertrauter zu werden und sie gleichzeitig hervorzuheben. Es ist der Weg, sie den Gefühlen zugänglicher zu machen und sie dem Herzen näherzubringen. Wir wissen, daß Portugiesen häufig über unsere übermäßige Liebe zu Diminutiven spotten, die sie ebenso lächerlich finden wie wir die weinerliche, bittere lusitanische Kleinlichkeit.[157] Eine Untersuchung unserer Syntax

157 Die gleiche Liebe zu Diminutiven wurde von Völkerkundlern, Grammatikern und Dialektologen in Ländern spanischer Sprache, insbesondere in Hispanoamerika und sogar in einigen Regionen Spaniens bemerkt (Andalusien, Salamanca, Aragón). Amado Alonso merkt zu Recht an, daß die Fülle von ähnlichen Zeugnissen aus den verschiedensten geographischen Bereichen den Versuch zum Scheitern verurteilt, den übertriebenen Gebrauch von Diminutiven als eine Besonderheit einer jeder dieser Regionen zu deuten. Bleibt also einzuräumen, daß dieser übermäßige Gebrauch eine Eigenheit der regionalen Sprache im Gegensatz zur allgemeinen Landessprache ist. Und da der Gegensatz auf dem Lande größer ist als in der Stadt, könnte das Diminutiv vor allem eine Eigenheit der ländlichen Sprache sein. »Die Fülle dieser

würde zweifellos in dieser Hinsicht wertvolle Erkenntnisse bringen.

Die Neigung, im gesellschaftlichen Umgang miteinander auf den Familiennamen zu verzichten, gehört sicherlich auch hierzu. Es wird in der Regel der Taufname benutzt. Diese Neigung, die bei den Portugiesen einer Tradition entspringt, deren Wurzeln weit in die Vergangenheit zurückreichen – bekanntermaßen haben Familiennamen erst im christlichen Europa des Mittelalters im 12. Jahrhundert eine vorherrschende Rolle zu spielen begonnen –, hat sich merkwürdigerweise bei uns noch verstärkt. Vielleicht ist es plausibel, diese Tatsache mit dem Phänomen in Verbindung zu bringen, daß der Gebrauch des Vornamens dazu beiträgt, die psychologischen Barrieren abzubauen, die aus dem Vorhandensein verschiedener, voneinander unabhängiger Familien her-

Formen«, sagt Alonso, »weist auf einen kulturellen Charakter hin, nämlich auf eine in der Gesellschaft geschaffene Verhaltensweise im Gespräch, den freundschaftlichen Tonfall dessen, der spricht, und seine Bitte um ein freundliches Verhalten. Das ländliche und dialektale Umfeld, die dieses Sozialverhalten geschaffen haben und kultivieren, schätzen die disziplinierteren Formen der interpersonellen Beziehungen in den Städten und in den gebildeten Schichten nicht, weil sie ihnen konventioneller, weniger aufrichtig und weniger expressiv als die eigenen vorkommen.« Cf. Amado Alonso, »Noción, Emoción, Ación y Fantasía en los Diminutivos« in: *Volkstum und Kultur der Romanen*, VIII, 1. (Hamburg 1935), Seite 117f. – In Brasilien, wo diese Eigenheit sogar in den von der fortschreitenden Verstädterung betroffenen Bereichen fortbesteht, kann dies auf Erinnerung an im ländlichen Bereich gebildete Formen des menschlichen Zusammenlebens hinweisen und auf ihr Überleben neben vielen anderen Formen, die die kosmopolitische Lebensart unserer Tage noch nicht auslöschen konnte. Man kann sagen, daß es sich ganz deutlich um ein Charakteristikum der »herzlichen« Haltung handelt, der die Regeln der nicht zufällig »civilidade« (Höflichkeit und Urbanität) heißenden Verhaltensnorm gleichgültig sind, wenn sie nicht gar in Gegensatz zu ihr stehen. Der Versuch einer Studie zum Einfluß ähnlicher psychologischer Ursachen auf unsere Syntax findet sich bei João Ribeiro, *Língua Nacional* (São Paulo 1933), S. 11.

rühren. Dies entspricht der angeborenen Haltung menschlicher Gruppen, die zwar eine Disziplin der Sympathie willig akzeptieren, doch die vom abstrakten Verstand auferlegte, nicht auf die Gemeinsamkeit des Blutes, des Ortes oder des Geistes – um hier die Terminologie von Tönnies zu benutzen – gegründete Disziplin ablehnen.[158]

Daß das brasilianische Leben keine Form des Zusammenlebens kennt, die nicht von einer ihrem Wesen nach emotionalen Ethik bestimmt wird, ist ein Aspekt, den wenige Ausländer ohne weiteres begreifen können. Diese Umgangsform ist für uns so typisch, daß sie selbst in den Tätigkeiten zu finden ist, die normalerweise vom Wettbewerb leben. Ein Kaufmann aus Philadelphia hat einmal André Siegfried gegenüber seine Verwunderung darüber geäußert, daß man, wie er festgestellt hatte, in Brasilien ebenso wie in Argentinien sich jemanden zum Freund machen muß, um ihn als Kunden zu erobern.[159]

Auch unser so typischer Katholizismus, der erlaubt, mit den Heiligen einen geradezu respektlosen Umgang zu pflegen, der wahrhaft frommen Seelen seltsam vorkommen mag, entstammt den gleichen Beweggründen. Die Popularität, die bei uns etwa die heilige Theresia von Lisieux – Santa Teresinha – hat, beruht in großem Maße auf dem vertraulichen Charakter, den ihre Verehrung annehmen kann, eine liebevolle, beinahe brüderliche Verehrung, die den Abstand aufhebt und zu der formelle Feierlichkeit schlecht paßt. Das gleiche ist mit unserem Jesuskind geschehen, dem Spielgefährten der Kinder, der weniger an den Jesus der kanonischen Evangelien als an bestimmte Apokryphen denken läßt, vor allem die verschiedenen Fassungen der Kindheitsevangelien. Wer am Fest des Bom Jesus de Pirapora in São Paulo

158 Das heißt die Kategorien der: 1) Verwandtschaft; 2) Nachbarschaft; 3) Freundschaft.

159 André Siegfried, *Amérique Latine* (Paris 1934), S. 148.

teilgenommen hat, kennt die Geschichte von Christus, der vom Altar herabsteigt, um mit dem Volk Samba zu tanzen.

Diese Art der Verehrung, die ihre Vorläufer auf der iberischen Halbinsel hatte, gab es auch im Europa des Mittelalters, und zwar zeitgleich mit dem Verfall der überindividuellen höfischen Religion, in der der allgemeine Wille sich im Bau großartiger gotischer Monumente manifestierte. Nach dieser Periode entwickelte sich – wie ein Historiker behauptet – ein menschlicheres, naiveres religiöses Gefühl. Jedes Haus möchte seine eigene Kapelle haben, in der die Bewohner vor dem Schutzheiligen niederknien. Christus, die Muttergottes und die Heiligen erscheinen nicht mehr wie privilegierte, jedes menschlichen Gefühls bare Wesen. Alle, Adel wie Pöbel, möchten ein innigeres Verhältnis zu diesen geheiligten Geschöpfen haben, und selbst Gott ist ein naher Freund der Familie, des Hauses – das Gegenteil des »höfischen« Gottes, dem der Ritter auf Knien huldigt wie einem Lehnsherrn.[160]

Diese Haltung ist eine Verlagerung des Schreckens vor der Distanz – der zumindest bis heute eine der Haupteigenschaften des brasilianischen Geistes ist – in den religiösen Bereich. Es sei noch einmal darauf hingewiesen, daß unser Verhalten das absolute Gegenteil des japanischen ist, wo das Ritual in den Bereich des Sozialverhaltens eingedrungen ist, um diesem mehr Strenge zu verleihen. In Brasilien verliert im Gegenteil das Ritual an Strenge und wird menschlicher.

Diese Abneigung gegen Ritualisiertes verträgt sich schlecht mit wahrhaft tiefer, bewußter Religiosität. Newman gab in einer seiner anglikanischen Predigten seiner »festen Überzeugung« Ausdruck, daß es der englischen Nation zum Nutzen gereichen würde, wenn seine Religion abergläubischer

160 Alfred von Martin, »Kultursoziologie des Mittelalters«, in: *Handwörterbuch der Soziologie* (Stuttgart 1931), S. 383.

wäre, »more bigoted«, wenn sie Volkstümlichem gegenüber aufgeschlossener wäre, Phantasie und Herzen direkter anspräche. In Brasilien war es im Gegenteil unsere Gottesverehrung, die weder Verpflichtung noch Strenge kennt, intim und familiär ist und die man vielleicht nicht ganz angemessen »demokratisch« nennen könnte, eine Verehrung, die den Gläubigen jeder Anstrengung, jeden Eifers, jeden Selbstzwangs enthob und unser religiöses Gefühl von Grund auf korrumpierte. Es spricht für sich, daß im Kaiserreich die berühmte Kirchenfrage – ein grimmiger Kampf, der lange Zeit hindurch das Land erschütterte – hauptsächlich deshalb entbrannt war, weil Vital de Oliveira darauf bestand, seinen »Übereifer« nicht aufzugeben. Und daran ist besonders bemerkenswert, daß zu denjenigen, die den Bischof von Olinda wegen seiner Unerbittlichkeit anklagten, die ihnen unverzeihlich und verbrecherisch erschien, nicht wenige Katholiken zählten oder zumindest solche, die sich selbst für Katholiken hielten.

Von einer oberflächlichen Religiosität, die dem tieferen Sinn der Zeremonien weniger Aufmerksamkeit widmet als ihrer Farbigkeit und ihrem äußeren Pomp, die geradezu sinnlich ist in ihrer Liebe zum Konkreten und ihrem Unverständnis für alles Spirituelle, die nachgiebig ist und daher stets zu Kompromissen bereit, würde gewiß niemand verlangen, sie möge sich dazu aufschwingen, eine starke soziale Moral zu erzeugen. Einer Religiosität, die sich verlor, sich in einer formlosen Welt auflöste und deswegen nicht die Kraft hatte, der Welt ihre eigene Ordnung aufzuzwingen. Aus diesem Grunde würden politische Strukturen nur außerhalb einer Religion möglich sein, die nur an die Gefühle und Sinne appellierte und fast niemals an den Verstand und den Willen. Es verwundert daher nicht, daß unsere Republik von den Positivisten oder Agnostikern geschaffen wurde und unsere Unabhängigkeit das Werk der Freimaurer ist.

Diesen wandte sich unser erster Kaiser derart offen zu, daß es sogar Fürst Metternich wegen des gefährlichen Beispiels beunruhigte, das diese Haltung bedeutete.

Die mangelnde Frömmigkeit der Brasilianer und sogar der Brasilianerinnen ist etwas, was allen ausländischen Reisenden seit den Zeiten von Pater Fernão Cardim ins Auge stach, der von den Frauen Pernambucos im 15. Jahrhundert sagte, sie seien »sehr vornehm, jedoch nicht sehr fromm und gehen weder zur Messe noch zu den Predigten, noch zur Beichte usw.«[161] Auguste de Saint-Hilaire, der die Stadt São Paulo 1822 während der Karwoche besuchte, erzählt uns, wie ihn die mangelnde Aufmerksamkeit der Gläubigen während der Gottesdienste schmerzte. »Niemand ist vom Geist der Feierlichkeit erfüllt«, bemerkt er. »Die vornehmeren Männer nehmen an ihnen nur aus Gewohnheit teil, und das Volk erscheint wie zu einem Fest. Bei der Messe am Gründonnerstag erhielten die meisten die Kommunion aus der Hand des Bischofs. Sie schauten nach rechts und nach links, unterhielten sich vor diesem feierlichen Augenblick und nahmen ihr Gespräch gleich danach wieder auf.« »Die Straßen«, fügt er hinzu, »waren voller Menschen, die von einer Kirche zur anderen wanderten, jedoch nur, um sie zu sehen, ohne irgendein Anzeichen von Inbrunst.«[162]

Man konnte in der Tat von einer Frömmigkeit wie dieser, die ständig scharfe Würze verlangte und die, um die Seele zu erreichen, erst einmal Augen und Ohren berühren mußte, wenig erwarten. »Wer inmitten von Lärm und Gewirr, zwischen Frohsinn und Gepränge all dieser *glanzvollen, pompösen, prächtigen* Zelebrationen den Raum – ich sage schon gar nicht mehr: den Anreiz – für einen spirituelleren Got-

161 Fernão Cardim, *Tratados da Terra e Gente do Brasil* (Rio de Janeiro 1925), S. 334.

162 Auguste de Saint-Hilaire, *Voyage au Rio Grande do Sul* (Orléans 1887), S. 587.

tesdienst sucht«, bemerkt Pastor Kidder, »der muß über außergewöhnliche Inbrunst verfügen.«[163] Ein anderer Reisender aus der Mitte des vergangenen Jahrhunderts hegt tiefen Zweifel hinsichtlich der Möglichkeit, eines Tages in Brasilien strengere Formen des Gottesdienstes einzuführen. Selbst die Protestanten würden hier sogleich degenerieren, entrüstet er sich. Und sagt weiter: »Das Klima ist für die Strenge der nordischen Sekten nicht förderlich. Der schmucklose Methodismus oder der Puritanismus werden in den Tropen niemals gedeihen.«[164]

Der hohe Rang der Werte des Herzens und der konkreten, sinnlichen Formen der Religion, die im Katholizismus des Tridentinischen Konzils angesichts der Offensive des Protestantismus ein Erfordernis der spirituellen *Reconquista* und der Glaubenspropaganda zu sein schienen, fielen bei uns auf fruchtbaren Boden und entsprachen anderen typischen Aspekten unseres Sozialverhaltens. Unsere Abneigung gegen Rituale ist bis zu einem gewissen Grade mit diesem »trägen und irgendwie melancholischen Land« zu erklären, von dem die ersten europäischen Beobachter sprachen, denn im Grunde genommen brauchen wir keine Rituale. Normalerweise ist unsere Reaktion auf die Umgebung, in der wir leben, nicht defensiv. Das Innenleben des Brasilianers hat weder genügend Zusammenhalt, noch ist es ausreichend diszipliniert, als daß es seine ganze Persönlichkeit umfassen und beherrschen könnte, indem es sie bewußt in das gesellschaftliche Ganze integriert. Ihm steht es frei, sich dem gesamten Repertoire von Ideen, Gesten und Formen hinzugeben, denen er auf seinem Wege begegnet und die er häufig ohne größere Schwierigkeiten assimiliert.

163 Rev. Daniel Kidder, *Sketches of Residence and Travels in Brazil*, I (London 1845), S. 157.

164 Thomas Ewbank, *Life in Brazil or A Journal of a Visit to the Land of the Cocoa and the Palm* (New York 1856), S. 239.

VI
Neue Zeiten

Die natürliche Begabung für den gesellschaftlichen Umgang hat freilich mit kollektiver Disziplin wenig zu tun. Daher widerstrebt es uns, ein überindividuelles Organisationsprinzip zu akzeptieren; daher ist die Religionsausübung bei uns übertrieben menschlich und irdisch und daher weist unser Normalverhalten häufig eine besondere Liebe zu den Werten der Persönlichkeit auf, die durch den Kreis der Familie geformt werden. Hier behauptet sich jedes Individuum gegenüber den anderen. Dabei ist ihm das allgemeine Gesetz gleichgültig, wenn es seinen emotionalen Neigungen widerspricht, und es achtet allein auf das, was es von den anderen, vom Rest der Welt, unterscheidet.

Daher setzten wir uns nur selten mit Leib und Seele für etwas ein, das außerhalb unserer selbst liegt. Und wenn wir es ausnahmsweise doch tun, dann nur in ungeordnetem, unkontrolliertem Rückzug, niemals aus freien Stücken. Wir sind bekanntermaßen jeder langwierigen, monotonen Arbeit abhold – das gilt sowohl für das kreative als auch für das reproduktive Schaffen –, bei der sich das Subjekt freiwillig einer Welt unterwirft, die sich von ihm unterscheidet: Die individualistische Persönlichkeit erträgt nur schwer, von einem fordernden, disziplinierenden System gesteuert zu werden. Unter Brasilianern, die sich für intellektuell halten, kommt es häufig vor, daß sie ihre geistige Nahrung ohne Schwierigkeiten gleichzeitig aus den unterschiedlichsten Theorien beziehen und im selben Atemzug die gegensätzlichsten Meinungen vertreten. Es reicht, daß derartige Theorien und Meinungen sich der Phantasie durch ihr prächtiges Kleid aufdrängen: schöne Worte oder verführerische Argumente.

Der möglicherweise vorhandene Widerspruch zwischen beiden erscheint ihnen so wenig schockierend, daß einige von ihnen beunruhigt und ernsthaft empört wären, wenn wir ihre Fähigkeit, beide mit der gleichen Begeisterung zu akzeptieren, als nicht legitim empfänden. Es ist nicht einmal übertrieben zu behaupten, daß all unsere talentierten Männer ein wenig zu dieser Art gehören.

In der Arbeit suchen wir nur unsere eigene Befriedigung, ihr Zweck liegt in uns selbst und nicht im Werk: ein *finis operantis*, nicht ein *finis operis.* Berufliche Tätigkeiten sind hier, ganz anders als bei anderen Völkern, wo sogar die Worte für diese Tätigkeiten einen beinahe religiösen Klang haben, im Leben der Individuen nur nebensächlich.[165]

165 Die Begriffe *Beruf* oder *calling* wurden von Max Weber scharfsinnig in seiner bekannten Untersuchung über die protestantische Ethik und den Geist des Kapitalismus analysiert. Gewisse Tendenzen, gegen die der große Soziologe nicht ganz immun ist, nämlich die, bei der Erklärung bestimmter Phänomene die Bedeutung der rein moralischen oder intellektuellen Einflüsse zu Lasten anderer, möglicherweise entscheidenderer Faktoren herauszustreichen, kann man nur mit Vorbehalt aufnehmen. In diesem Falle wäre es die Bedeutung des Einflusses, die der »protestantische Geist« auf die Herausbildung der kapitalistischen Mentalität zum Nachteil ökonomischer Bewegungen hat, deren Auswirkungen insbesondere in den nordischen Ländern spürbar sind, in denen sich der Protestantismus, vor allem der Calvinimus, durchsetzte. Daraus ergeben sich einige der Einschränkungen, die die Historiker Brentano und Tawney der zentralen These des oben erwähnten Essays entgegenhalten. Diese Einschränkungen nehmen jedoch der Behauptung nicht die Gültigkeit, daß die protestantischen Völker eine Ethik der Arbeit haben, die in einzigartiger Weise im Gegensatz zu der Ethik der überwiegend katholischen Völker steht. Bei letzteren fehlt, wie Weber anmerkt, den Wörtern, die eine professionelle Tätigkeit ausdrücken, der religiöse Charakter, den die entsprechenden Wörter ausnahmslos in allen Sprachen germanischen Ursprungs haben. So wird in den portugiesischen Bibelübersetzungen auf das farblose Wort »Werk« zurückgegriffen, wo es in den protestantischen »calling« oder »Beruf« heißt. Nur in den Fällen, wo ausdrücklich der Gedanke der Berufung zur ewigen Rettung gemeint ist, wie beispielsweise im Ersten Korintherbrief, VII, 20, steht in den portugie-

Selbst heute widmen sich in Brasilien Ärzte, Rechtsanwälte, Ingenieure, Journalisten, Lehrer und Beamte nicht ausschließlich ihrem erlernten Beruf. Wir sehen immer wieder bestätigt, was Burmeister in den Anfängen Brasiliens als freier Nation beobachtete: »Niemand sucht hier dem natürlichen Lauf seiner einmal begonnenen Karriere zu folgen, sondern ein jeder wünscht sich sehnlichst, hohe Ämter und gutbezahlte Posten sprungweise zu erreichen: Und nicht selten gelingt es ihnen.« »Der Unterleutnant im Heer«, sagt er, »steigt sprungweise zum Major und Hauptmann der Miliz auf und erwägt dann, mit diesem Dienstgrad ins Heer zu-

sischen Fassungen des Wort *vocação*, das semantisch das Äquivalent von Beruf und Berufung im ursprünglichen Sinne ist. Was, wie Tawney auf bewundernswerte Weise ausführt, im Falle des Protestantismus diese puritanische Moral widerspiegelt, für die Arbeit nicht einfach nur von der Natur auferlegt oder eine Strafe Gottes ist, sondern eher eine Art asketischer Disziplin, die »strenger [ist] als jene der Bettelorden – eine von Gott auferlegte Disziplin, die wir einhalten müssen, nicht einsam, sondern in der getreuen pünktlichen Ausübung der weltlichen Pflichten«. »Es handelt sich nicht allein um ökonomische Mittel, die aufgegeben werden können, sobald die physischen Forderungen erfüllt sind. Es handelt sich um einen spirituellen Zweck, denn nur in ihm kann die Seele gesund bleiben, einen Zweck, der wie eine moralische Pflicht erfüllt werden muß, selbst wenn er keine materielle Notwendigkeit mehr ist.« Der wahre Christ muß sich auf seine Geschäfte konzentrieren und den Müßiggang meiden, weil diejenigen, die ihre Zeit verschwenden, ihre Seele mißachten. Er muß das Tun der Kontemplation vorziehen, die eine Art Nachsichtigkeit mit sich selbst ist. Der Reiche hat nicht mehr Vorwände, die Arbeit niederzulegen, als der Arme, obwohl er seinen Reichtum zu einer für die Gemeinschaft nützlichen Tätigkeit einsetzen muß. Die Gier ist gefährlich für die Seele; noch gefährlicher indes ist die Faulheit. Der Luxus, die Zurschaustellung von Pracht und die ungezügelte Lust haben keinen Platz im Verhalten eines Christen. Sogar sich übertrieben den Freunden und Verwandten zu widmen sollte vermieden werden, da nichts den Platz einnehmen darf, den man der Liebe zu Gott weihen sollte. »Kurz, das christliche Leben muß geordnet und organisiert sein: das Ergebnis eines eisernen Willens und einer kühlen Intelligenz sein.« – S. Max Weber, *Die Protestantische Ethik und der Geist des Kapitalismus* (Tübingen 1934), S. 63 ff. S. a. R. H. Tawney, op. cit., S. 242 f.

rückzukehren. Der Beamte bemüht sich um eine Stelle als Ingenieur, und der begabteste Militäringenieur gibt seine Karriere auf, um den Posten eines Steuereintreibers beim Zoll zu bekleiden. Der Marineoffizier möchte die Uniform eines Korporals tragen. Fünf oder sechs Ämter auf einmal innehaben und keines ausüben, das kommt keineswegs selten vor.«

Unsere Hochschulen verleihen jährlich Hunderten von jungen Juristen ihr Abschlußdiplom. Sie werden im praktischen Leben nur ausnahmsweise das anwenden, was sie während ihres Studiums gelernt haben. Die allgemeine Neigung zu freien Berufen – im vorigen Kapitel wurde bereits versucht, sie als mit unserer kolonial und landwirtschaftlich bestimmten Bildung im Bunde stehend zu deuten – hängt mit dem jähen Wechsel aus dem ländlichen Bereich in das urbane Leben zusammen. Das Phänomen betrifft jedoch keineswegs nur uns, wie einige Publizisten glauben machen wollen. Kein Land war wohl beispielsweise derart von der »Juristenplage« befallen wie die Vereinigten Staaten in den auf den Unabhängigkeitskrieg folgenden Jahren: Die Bedeutung, die die *graduates* in Neu-England trotz der Abneigung des Puritanismus gegen die Rechtsgelehrten hatten, die die einfachen menschlichen Gesetze über das Gesetz des Herrgotts stellen wollten, ist bekannt.[166] Und denen, die uns tadeln,

166 Möglicherweise ist die Behauptung Max Webers übertrieben, daß es in nur wenigen Ländern derartig viele *graduates* gab wie in Neu-England in den ersten Jahren seines Bestehens. Zumindest wenn dieser Begriff all jene Hochschulabgänger umfassen soll, die für andere Berufe als den kirchlichen ausgebildet worden waren. In bezug auf das Amt des Rechtsanwalts und Richters weiß man sicher, daß in Neu-England, wie auch in allen anderen britischen Kolonien Nordamerikas, von den Anfängen bis zur Mitte des 18. Jahrhunderts diese von Laien ausgeübt wurden. S. James Truslow Adams, *Provincial Society* (New York 1943), S. 14. – Das politische Prestige der Anwälte begann sich erst um 1754, und zwar gegen den starken Widerstand konservativer Kreise, zu formieren und erreicht in der Zeit direkt vor der Revolution

weil wir ein Land der Rechtsanwälte sind, in dem in der Regel nur Bürger mit einem Jurastudium in hohe Stellungen und politische Ämter aufsteigen, könnte man entgegenhalten, daß wir auch in diesem Punkt keine Ausnahme bilden: Die Mitglieder der Convention of Philadelphia, der verfassunggebenden Versammlung, waren in ihrer Mehrheit Rechtsanwälte.[167] Noch heute setzen sich die Parlamente der Bundesstaaten und der Kongreß der Vereinigten Staaten zur Hälfte aus Anwälten zusammen, und unter den Präsidenten der USA gab es ebenso viele Juristen wie Militärs, und nur zwei waren weder das eine noch das andere, nämlich Harding und Hoover. Genauso wie bei uns. Die Kritik daran ist dort genauso häufig wie hier, und es wurde bereits auf den deutlichen Gegensatz zu Großbritannien hingiewesen, wo es in den einhundert Jahren zwischen Perceval und Asquith nicht einen einzigen Premierminister gegeben hat, der Rechtsanwalt gewesen wäre.[168]

Nur sollte nicht vergessen werden, daß zwar zum hohen Ansehen der freien Berufe in Brasilien weitgehend ökonomische und soziale Faktoren beigetragen haben, die für alle amerikanischen Länder typisch sind, die freien Berufe jedoch bereits im Mutterland dieses Prestige genossen haben. In fast allen Epochen der portugiesischen Geschichte war

seinen Höhepunkt. S. J. T. Adams, ibid., S. 313ff., und vor allem Evarts Houtell Greene, *The Revolutionary Generation* (New York 1943), S. 80ff.

167 Charles A. Beard, der diese Tatsache in seinem heute bereits als Klassiker angesehenen Werk über die wirtschaftliche Deutung der Verfassung der Vereinigten Staaten betont, merkt gleichzeitig an, daß keines der Mitglieder der verfassunggebenden Versammlung von seinen persönlichen wirtschaftlichen Interessen her die landwirtschaftlichen Kleinbetriebe oder das Handwerk vertrat. – Charles A. Beard, op. cit., S. 189.

168 Zechariah Chafee, Jr., »The Law«, in *Civilization in the United States. An inquiry by Thirty Americans* (New York 1922), S. 53.

bei der Bewerbung um ein hohes öffentliches Amt das Diplom eines Bakkalaureus fast genausoviel wert wie ein Empfehlungsschreiben. Wenn man dem Glauben schenkt, was die *Arte de Furtar* (Die Kunst des Stehlens)* sagt, so gelang es im 17. Jahrhundert in Coimbra jedes Jahr mehr als einhundert Studenten, akademische Würden zu erlangen, um in öffentliche Ämter zu kommen, ohne je in Coimbra gewesen zu sein.

Jedenfalls wird in diesem schlechten Brauch der Vorherrschaft von Juristen in öffentlichen und politischen Ämtern ebenfalls unsere Neigung deutlich sichtbar, die individuelle Persönlichkeit als eigenen, über Zufälligkeiten erhabenen Wert über alles zu stellen. Die Würde und Bedeutung, die ein Doktortitel verleiht, erlauben dem Individuum, mit diskretem Anstand durchs Leben zu gehen, und können es bisweilen der Notwendigkeit einer Jagd auf materielle Güter entheben, die Unterwerfung und Erniedrigung der Persönlichkeit bedeutet. Wenn auch unsere gesellschaftlichen Gegebenheiten nicht mehr zulassen, daß diese privilegierte Stellung von Juristen unverändert fortbesteht, und das Ansehen des Bakkalaureus heutzutage vor allem ein Überbleibsel jener materiellen Lebensformen ist, die sich schon lange nicht mehr voll und ganz verwirklichen lassen, so denkt die Mehrheit bei uns zweifellos nicht anders darüber als unsere Großeltern. Es muß an dieser Stelle noch einmal hervorgehoben werden, daß der Ursprung der Faszination freier Berufe eng mit unserem beinahe ausschließlichen Festhalten an Werten der Persönlichkeit verbunden ist. Daher rührt auch die Tatsache, daß diese Faszination in materiellen Lebenszusammenhängen überleben konnte, die ihr eigentlich abträglich sind. Dies ist auch der Grund für die Sehnsucht nach endgültigen, Sicherheit und Stabilität verleihenden Lebensbedingungen, die zugleich nur ein Minimum an persönlichem Einsatz und an Unterwerfung der Persönlichkeit verlangen, wie dies häufig bei bestimmten öffentlichen Ämtern der Fall ist.

Die Liebe zu festen Formen und allgemeinen Gesetzen, die die komplexe und schwierige Realität im Bereich unserer Wünsche eingrenzen, gehört zu den konstantesten, signifikantesten Aspekten des brasilianischen Charakters. Diese intellektuellen Konstruktionen bilden für die Vorstellungskraft einen Ruhepol. Sie sind mit dem Takt in der Musik vergleichbar, der den Körper des Tänzers zu regelmäßiger Bewegung einlädt. Das Prestige des geschriebenen Wortes, des lapidaren Satzes und des unflexiblen Denkens haben unsere geistige Bildung nachhaltig bestimmt. Ebenso das Grauen vor dem Unbestimmten, Zögernden und Fließenden, das Mitarbeit und Anstrengung fordert und daher die Persönlichkeit in eine gewisse Abhängigkeit oder sogar Entsagung zwingt. In allem, was uns von beharrlicher, ermüdender geistiger Arbeit entbindet, in klaren, scharfsinnigen, endgültigen Ideen, die eine Art Erschlaffung der Intelligenz begünstigen, scheint für uns die wahre Essenz der Bildung zu liegen.

Diese Ruhe, die die unwiderstehlichen, gebieterischen Definitionen des Systems von Comte* dem Geist gewähren, kann die Erklärung für den Erfolg des Positivismus bei uns und in anderen, uns verwandten Ländern wie Chile und Mexiko sein. Für seine Anhänger leiten sich Größe und Bedeutung dieses Systems von dessen Fähigkeit ab, dem Fließenden und der Veränderlichkeit des Lebens etwas entgegenzusetzen. Die Gewißheit, mit der jene Männer an den endgültigen Sieg der neuen Ideen glaubten, ist wahrlich erhebend. Die Welt würde sie letztlich *unwiderruflich* übernehmen; allein weil sie rational waren und ihre Vollkommenheit nicht in Zweifel gezogen werden konnte, würden sie sich zwangsläufig bei allen gutwilligen, vernünftigen Menschen durchsetzen. Nichts würde den unvermeidlichen Einfluß einer neuen Spiritualität aufhalten und noch viel weniger aufheben können, nach der die menschlichen Bedürfnisse insgesamt verlangten. Der wissenschaftliche und intellektuelle Hausrat, den der Meister der Menschheit vermacht hatte, würde ausreichen, jederzeit und überall ähnlichen Bedürfnissen zu entsprechen. Und unsere Geschichte, unsere Tradition wurden gemäß diesen unverbrüchlichen Prinzipien wieder neu erschaffen.

Gewiß, bei ihren politischen Konstruktionen stellten sich die Positivisten naiv vor, unseren »vorherigen Zustand« zu respektieren, unsere eigene Art, unsere besondere Vergangenheit. Und so wurde beispielsweise in einem »Homero des Jahres 102« datierten Dokument, das heißt, als unsere Republik gerade zwei Monate alt war, vorgeschlagen, das Land in zwei Arten von Staaten aufzuteilen, »die systematisch konföderierten westlichen Staaten Brasiliens, die aus einer Verschmelzung des europäischen mit dem afrikanischen und eingeborenen amerikanischen Element entstanden sind«, und die »empirisch konföderierten amerikanischen Staaten Brasiliens, die aus über das ganze Gebiet der Republik verteilten fetischistischen Horden gebildet werden; ihre Föderation wird sich einerseits auf die Erhaltung der freundschaftlichen Beziehungen, die heute als eine Pflicht unter den vornehmen und sympathischen Nationen anerkannt sind, beschränken; andererseits darauf, ihnen den Schutz der Bundesregierung gegen jede Art von Gewalt zu gewährleisten«.[169]

Sollte der Grund für dieses Vertrauen in die wunderbare Macht der Ideen in einem geheimen Grauen vor unserer Realität liegen? In Brasilien waren die Positivisten paradoxerwei-

169 Miguel Lemos u. R. Teixeira Mendes, *Bases de uma Constituição Política Ditatorial Federativa para a República Brasileira* (Rio de Janeiro 1934)

se stets Negierende. Sie waren – so kann man sagen – nicht positiv, zumindest nicht in einer der Bedeutungen, die Auguste Comte diesem Wort in seinem *Discours sur l'ésprit positif* gegeben hatte. Sie lebten betäubt von einem beharrlichen Glauben an die Wahrheit positivistischer Prinzipien und der Gewißheit, daß die Zukunft sie und ihre Zeitgenossen nach ihrem individuellen und kollektiven Handeln gemäß diesen Prinzipien beurteilen würde. Diese Überzeugung schirmte sie in der Stille ihrer Studierzimmer vor dem Rest des Landes ab, denn sie lasen alle sehr viel. Und dieser Rest würde am Ende zwangsläufig – das Adverb kommt in ihren Schriften am häufigsten vor – zu ihnen kommen, ihre Lehren annehmen, ihre Wahrheiten begrüßen. Zu einem bestimmten Zeitpunkt waren sie die Aristokratie des brasilianischen Denkens, unsere »Intelligenzija«. Sie waren die bevorzugten Ratgeber einiger Regierender und spielten eine ähnliche Rolle wie die berühmten *científicos*, die Wissenschaftler, mit denen sich der Diktator Porfírio Diaz* gern umgab.

Doch ihr vor allem negierender Geist verstellte ihnen die Sicht auf die Möglichkeit, unseren öffentlichen Angelegenheiten einen konstruktiven *positiven* Sinn einzuhauchen. Die Tugenden, die sie zur Schau stellten – Redlichkeit, Ehrlichkeit, persönliche Uneigennützigkeit –, waren keine Kräfte, mit denen sie gegen Politiker kämpften, die ihrerseits aktiver und skrupelloser waren. Von Benjamim Constant Botelho de Magalhães, dem viele den ehrenvollen Titel »Gründer unserer Republik« geben, weiß man, daß er nie zur Wahl ging, bis auf ein einziges Mal im letzten Jahr der Monarchie. Und dies allein, *weil er einem Freund der Familie dienlich sein wollte*, dem Ratsherrn Andrade Pinto, der für das Senatorenamt kandidierte. Politik widere ihn an, pflegte er zu sagen.[170] Und einer seiner engsten Freunde berichtet über seine

170 R. Teixeira Mendes, *Benjamim Constant, Esboço de uma apreciação*

Haltung am Vorabend der Einsetzung des neuen Regimes, daß er selbstverständlich zu jener Zeit nicht einmal Zeitung las, so groß war seine Aversion gegen die Politik. Und der Freund fährt fort: »Ihm war es gleichgültig, ob Pedro oder Martinho regierten, Liberale oder Konservative. Seiner Meinung nach taugten alle nichts. Und ich wunderte mich manchmal über diese Gleichgültigkeit und sein Desinteresse an unseren politischen Angelegenheiten, die im allgemeinen das Lieblingsthema eines jeden einigermaßen gebildeten Brasilianers sind. Ich versuchte, diese merkwürdige Tatsache damit zu erklären, daß ich mir sagte, er sei ein zu überlegener Geist, um sich mit diesen nichtigen Angelegenheiten zu beschäftigen, auch habe er keine Zeit dafür, denn es blieb ihm nur wenig für seine ernsthaften Mathematikstudien, denen er sich stets mit Hingabe und Leidenschaft widmete.«[171]

Doch die Positivisten waren nur die typischsten Vertreter eines Menschenschlages, der in unserem Land gedieh, kaum daß es sich seiner selbst bewußt wurde. Von allen Formen, der Realität zu entfliehen, erschien uns in unserem schwierigen politischen und sozialen Erwachsenwerden der magische Glaube an die Macht der Ideen die würdigste zu sein. Aus fremden Ländern importierten wir ein komplexes, fertiges System von Regeln, ohne zu wissen, ob es sich an die Bedingungen des brasilianischen Lebens anpassen lassen und welche Veränderungen es darin zwangsläufig hervorrufen würde. In Wahrheit ist die unpersönliche Ideologie des demokratischen Liberalismus bei uns nie recht heimisch geworden: Wir haben diese Prinzipien nur so weit angenommen, wie sie einfach nur mit der Negation einer unbequemen Autorität zusammenfielen, unser instinktives Grauen vor

sintética da vida e da obra do Fundador da República Brasileira, I (Rio de Janeiro 1913), S. 88.

171 R. Teixeira Mendes, ibid., I, S. 87f.

Hierarchien bestätigten und uns erlaubten, mit den Regierenden einen familiären Umgang zu pflegen. Die Demokratie war in Brasilien stets ein klägliches Mißverständnis. Eine ländliche, halbfeudale Aristokratie hat sie importiert und versuchte, wo immer es möglich war, sie an ihre Rechte und Privilegien anzupassen, an ebendie Privilegien, die in der Alten Welt das Ziel des Kampfes der Bourgeoisie gegen die Aristokraten waren. Und so konnten die Vertreter des Positivismus Schlagworte übernehmen, die ihnen zeitgemäß erschienen und in Reden gefeiert wurden, und sie, zumindest als Fassade oder äußeres Dekor, den auf der Tradition beruhenden Gegebenheiten überstülpen.

Es ist merkwürdig zu sehen, wie scheinbare Reformbewegungen in Brasilien ihren Anfang fast immer von oben nach unten nahmen: Sie waren intellektuell inspiriert und daher, könnte man sagen, immer etwas sentimental. Unsere Unabhängigkeit, die liberalen Errungenschaften, die wir im Laufe unserer politischen Entwicklung erreicht haben, kamen beinahe überraschend. Die große Masse des Volkes nahm sie verdrossen und feindselig auf. Sie entsprangen keiner eigenen geistigen und emotionalen Prädisposition, keiner klar definierten, besonderen, zu voller Reife gelangten Lebensauffassung. Die Vorkämpfer der neuen Ideen vergaßen häufig, daß Lebensformen nicht immer Ausdruck der freien persönlichen Willensentscheidung sind, daß man sie nicht durch ein Gesetz »schafft« oder »abschafft«. Der berühmte Brief von Aristides Lobo über den 15. November* ist ein Dokument, das deutlich zeigt, wie überraschend die Verwirklichung des republikanischen Gedankens trotz der Propaganda, trotz der Popularität, den er bei den jungen Leuten an den Hochschulen hatte, für uns kam. »Nunmehr«, sagte der berühmte Präzeptor des neuen Regimes, »ist die Farbe des Regimes einzig und allein militärisch und soll es auch sein. Dies ist ihnen zu verdanken, allein ihnen, denn Mitarbeit von seiten des zivilen Lagers hat es beinahe gar nicht gegeben. Das Volk hat stumm wie ein Tier, sprachlos, überrascht zugeschaut, ohne zu wissen, worum es ging.«

Das allmähliche Gären liberalen Gedankengutes, das der Ausrufung der Unabhängigkeit vorausging, war das Werk exaltierter Minderheiten. Ihre Auswirkung auf das Volk war zweifellos sehr viel geringer, als es uns die brasilianischen Geschichtsbücher glauben machen wollen. Saint-Hilaire, der in dieser Zeit seine Aufzeichnungen über eine Reise ins Landesinnere Brasiliens schrieb, bemerkt, daß in Rio die liberale Agitation vor dem 12. Januar von Europäern gemacht wurde und daß die Umwälzungen in den Provinzen von einigen reichen, mächtigen Familien ausgingen. »Die Masse des Volkes«, sagt er, »stand all dem gleichgültig gegenüber und schien wie der Esel aus der Fabel zu fragen: Muß ich denn mein ganzes Leben lang den Packsattel tragen?«[172]

Die alten kolonialen Normen wurden bei uns erstmals ernsthaft durch die Ereignisse bedroht, die der erzwungenen Auswanderung der königlichen Familie Portugals nach Brasilien im Jahre 1808 folgten. Der wachsende Kosmopolitismus einiger urbaner Zentren stellte für die Hegemonie der Großgrundbesitzer, die sich auf Tradition und Meinung stützte, keine akute Gefahr dar. Dennoch eröffnete er neue Horizonte und ließ neue Ambitionen aufkommen, die mit der Zeit die alten Freuden und die Muße des Landlebens stören sollten. Da ein anderer Lauf der Dinge – vor allem in der Zeit nach der Unabhängigkeit und während der Krisen der Regentschaft – mit seinen zwangsläufig daraus entstandenen neuen Erfordernissen viele unvorbereitet traf, fanden sie sich nicht gleich mit den Veränderungen ab. Von diesem Zeitpunkt an wird die Distanz zwischen einem »bewußten« Teil

172 A. de Saint-Hilaire, op. cit., S. 581.

des Volkes und der breiten Masse der Brasilianer immer deutlicher, eine Distanz, die sich später an allen Höhepunkten des nationalen Lebens zeigte. In den Büchern, in der Presse, in den Reden wird die Realität unweigerlich zur *harten, traurigen* Wirklichkeit. Der Übergang vom Zusammenleben mit den elementaren Kräften der Natur zu einem geregelteren, »abstrakteren« Leben in den Städten scheint unter den Brasilianern der damaligen Zeit eine unterschwellige, alles verschlingende Krise ausgelöst zu haben. Die Besten, die Sensibelsten machten sich daran, das Leben offen zu verachten, diesen »Kerker«, wie es damals hieß. Obwohl unsere Romantik Byron, Musset und Espronceda nachahmte und einen konventionellen ›Indianismus‹ schuf, den Chateaubriand und Cooper bereits in fast allen seinen Einzelheiten vorweggenommen hatten, oder die hochtrabenden Worte Hugos in die Verse der »Condoreira«* übertrug, war sie nur in bestimmten formalen Eigenheiten gekünstelt und unaufrichtig.

Wie überall ging es auch den brasilianischen Romantikern darum, die klassischen Konventionen über Bord zu werfen, alles das, was unsere tropische Natur zu einer armseligen, lächerlichen Karikatur arkadischer Landschaften machte. Mit ihrer Vorliebe für das Persönliche, Instinktive hätte diese Bewegung eine entscheidende Rolle spielen können – und bis zu einem gewissen Grade hat sie dies auch getan. Sie brauchte dazu nicht bis in die dunklen Tiefen der Existenz hinabzusteigen, es reichte ihr, spontan zu sein. Sie hat uns gewiß nichts Neues gebracht: Der Pessimismus, der Liebestod und sogar die tränenreiche Sentimentalität, die sie aufweist, sind typische Merkmale der Lyrik, die vom Mutterland zu uns gekommen war. Es gibt zu denken, daß sich diese weibliche, zerfließende, kraftlose Empfindsamkeit ausgerechnet in dem Augenblick ausbreitet, da wir, gerade als unabhängige Nation zum Leben erwacht, all unsere Energien hätten zusammenschließen sollen, um den verneinenden Anreizen Einhalt zu gebieten.

Die Aufrichtigkeit der typischen Romantiker sollte uns nicht dazu verleiten, in der Depressivität und Exaltiertheit dieser Literatur mehr als nur eine überflüssige Wucherung im brasilianischen Leben zu sehen. Indem sie die Schaffung der Welt außerhalb der Welt ermöglichte, brauchte die Literatur nicht lange, bis sie zu einer bequemen Ablenkung vom Grauen vor unserer alltäglichen Wirklichkeit wurde. Sie reagierte nicht, leistete keinen gesunden, fruchtbaren Widerstand, unternahm keinen Versuch, sie zu verändern oder zu beherrschen; sie vergaß sie einfach oder verabscheute sie nur und rief damit frühzeitige Enttäuschung oder Illusionen von Reife hervor. Machado de Assis* war die schönste Blüte dieser Treibhauspflanze.

Unser ganzes Denken in dieser Epoche weist die gleiche Zerbrechlichkeit, die gleiche innere Haltlosigkeit, die gleiche Gleichgültigkeit gegenüber dem gesellschaftlichen Ganzen auf; jedweder ästhetische Vorwand dient ihm als Inhalt. Für dieses Denken gilt, was Junqueira Freire in seiner Autobiographie über die Philosophie gesagt hat: »Sie war eine ebenso neue wie üppige Sprache, um dasselbe zu sagen. Nichts Wahres, nur Schönes, mehr Kunst als Wissenschaft; eher Kuppel denn Grundstein.«

Selbst wenn sie Gesetze verfaßten oder sich um Organisation und praktische Dinge kümmerten, waren unsere Denker im allgemeinen immer Männer des Wortes und der Bücher. Sie kamen nicht aus sich heraus, aus ihren Träumen, ihren Phantasien. Alles trug zu einer künstlichen, angelesenen Realität bei, in der unser wahres Leben erstickte. Als achtlose Statisten in der Welt, die wir bewohnten, wollten wir eine andere Welt schaffen, die unseren Wünschen und Träumereien gewogener war. Es war dies eine Art, sich nicht herabzuwürdigen, unsere Persönlichkeit nicht im Kontakt mit kleinlichen, verachtenswerten Dingen zu opfern. Wie Plotin, der sich seines eigenen Körpers schämte, sollten wir so am Ende die prosaischen Tatsachen vergessen, die das alltägliche Leben ausmachen, um uns edleren Dingen zu widmen: dem Wort, der Schrift, der Rhetorik, der Grammatik, dem formalen Recht.

Die byzantinische Liebe zu den Büchern erschien häufig ebenso der Beleg für Bildung und ein Indiz für geistige Überlegenheit zu sein wie der Doktorring oder das Diplom eines Bakkalaureus. Es sei darauf hingewiesen, wie wichtig der übertriebene Wert ist, den wir diesen konkreten Symbolen einräumen. Es scheint so, als wäre der Zugang zu den Gedanken für uns nicht ohne ein Mitspiel des Körperlichen, Fühlbaren möglich. Kaiser Pedro II., zu seiner Zeit der Prototyp unserer offiziellen Intelligenz, führte die Verehrung des Buches so weit, daß von ihm, nicht ganz gerechtfertigt, behauptet wurde, er betreibe sie eifriger als die Staatsgeschäfte. Der gelehrte Ramiz Galvão, ein Pfleger seines Angedenkens, liefert uns, ganz ohne Hintergedanken, hierzu ein amüsantes Zeugnis: »Der Kaiser sagte, seine Liebe zu den Büchern befriedige seine fünf Sinne, nämlich

visuell durch den äußeren Aufdruck, den Anblick, den das Buch bietet;

taktil beim Befühlen der glatten oder rauhen Seiten;

auditiv durch das sanfte Knistern der Seiten beim Blättern;

olfaktorisch durch den typischen Geruch des bedruckten Papieres oder des feinen Ledereinbands;

gustativ durch den intellektuellen oder sogar den physischen Geschmack des Buches beim leichten Befeuchten der Seitenecken beim Umlättern.«[173]

173 »Contribuições para a Biografia de D. Pedro II«, *Revista do Instituto Histórico e Geográfico Brasileiro*, Sonderband (Rio de Janeiro 1925), S. 119.

Dieser Kaiser, der einmal mit einem protestantischen Pastor verglichen wurde, der in einer katholischen Kirche Gottesdienst abhält[174], ist in Wahrheit keine außergewöhnliche Gestalt im Brasilien der zweiten Hälfte des 19. Jahrhunderts. In vielen seiner Züge ist er durchaus mit den Positivisten vergleichbar, von denen zuvor die Rede war und die ebenfalls große Freunde der bedruckten Seiten waren, aus denen sie lernten, die Realität ihrem Geschmack entsprechend willkürlich neu zu erschaffen. An dieser Haltung war nichts wirklich Ungewöhnliches: Pedro II. war ein Kind seiner Zeit und seines Landes. So sehr, daß er paradoxerweise ein Vorreiter jenes Wandels war, in dessen Folge der alte Adel der Kolonie, der Landadel – unsere Gutsherren –, dem neuen, überwiegend städtischen Adel Platz machte, dem Adel des Geistes und der Literatur.

Denn mit dem Niedergang der alten ländlichen Welt und ihrer berühmten Vertreter waren diese neuen Eliten, die Aristokratie des »Geistes«, natürlicherweise Anwärter auf den frei gewordenen Platz. Keine Gruppe war besser dazu gerüstet, im Rahmen des Möglichen den wesentlich aristokratischen Tenor unserer traditionellen Gesellschaft zu erhalten, als die Gruppe der gebildeten Leser französischer Bücher. Allein die Existenz von Fähigkeiten, die man im allgemeinen in einer Kindheit und Jugend erwirbt, in der es keine zwingenden materiellen Sorgen gibt, reichte schon aus, um ein Geschlecht von *beati possidentes* zu offenbaren.

Es gibt jedoch andere Züge, anhand deren unsere Intellektuellen ihre eindeutig konservative, herrschaftliche Mission verraten. Einer davon ist die Einbildung, die noch heutzutage unter exponierten Vertretern dieser Gruppe verbreitet ist, daß das wahre Talent spontan sei, angeboren wie der wahre

174 Gilberto Freyre, »A Propósito de Dom Pedro II«, *Perfil de Euclides e Outros Perfis* (Rio des Janeiro 1944), S 132.

Adel, denn die Mühen des eingehenden Studiums, das zum Wissen führen kann, haben aufgrund der Monotonie ständiger Wiederholung eher Ähnlichkeit mit den gemeinen Arbeiten, die den Menschen erniedrigen. Ein weiterer Zug ist die willentliche Entfremdung von der Welt ringsum, der transzendentale, nutzlose Charakter vieler ihrer typischsten Ausdrucksformen. An dieser Stelle sollte auch auf die häufig vorkommende, allerdings nicht immer manifeste Neigung verwiesen werden, im Wissen vornehmlich ein Werkzeug zu sehen, das denjenigen, der es besitzt, über die normalen Sterblichen stellt. Der Antrieb, Kenntnisse zu erwerben, war in diesem Fall weniger intellektuell als gesellschaftlich motiviert und zielte an erster Stelle darauf ab, jenen, die das Wissen kultivieren, höheres Ansehen und Würde zu verleihen. Daher rührt manchmal ein bestimmter Typus von betont formaler, äußerlicher Gelehrsamkeit, bei der seltene Worte, angeblich wissenschaftliche Adjektive und fremdsprachliche Zitate dazu dienen sollten, den Leser zu blenden wie eine Sammlung funkelnder Edelsteine.

Das hohe Ansehen, das bestimmte Theorien schon aufgrund ihrer fremden Namen genossen, scheint eng mit einer derartigen Haltung verbunden zu sein. Ebenso wie mit einer Konzeption der Welt, die versucht, alle Dinge zu vereinfachen und sie für Denkfaule zugänglich zu machen. Eine komplizierte Welt würde aufwendige, eingehende gedankliche Arbeit erfordern und demzufolge die Verführung durch Wort und Formeln ausschließen, die mit beinahe übernatürlichen Fähigkeiten versehen sind und mit einer einzigen Bewegung wie ein Zauberstab für alles eine Lösung finden.

Man kann sie schon nicht mehr zählen, diese Pädagogen des Wohlstandes, die an einigen Lösungen festhalten, die im besten Falle Teilwahrheiten enthalten, und diese dann zur zwingenden und einzigen Voraussetzung für jede Art von Fortschritt machen. Ein typisches Beispiel dafür ist, was mit dem Trugbild der Alphabetisierung des Volkes geschieht. Wieviel unnütze Rhetorik ist daran verschwendet worden, zu beweisen, daß all unsere Übel von einem Augenblick zum anderen geheilt würden, wenn es überall Grundschulen gäbe und alle das ABC beherrschten. Einige Vereinfacher behaupten sogar, daß »Brasilien in zwanzig Jahren alphabetisiert wäre und *auf diese Art und Weise* zur zweiten oder dritten Großmacht der Welt würde«, wenn wir es den Vereinigten Staaten nachtäten. »Stellen wir uns doch einmal vor«, sagte einer von ihnen, »die Regierungen der einundzwanzig Staaten Brasiliens hätten in der Vergangenheit eine gebildete Bevölkerung für die Gegenwart herangezogen, die die gleichen schulischen Voraussetzungen hätte, wie jeder Staat der Vereinigten Staaten von Nordamerika sie dank der Voraussicht der Amerikaner bereitstellt. In diesem Falle hätten wir in Brasilien einen ungeheuren Fortschritt in allen unseren Staaten. Sie wären alle von Eisenbahnlinien durchschnitten, die in Privatinitiative gebaut worden wären, alle Staaten wären übersät mit reichen Städten, voller üppiger Felder und von einer starken, kräftigen, gesunden Rasse bewohnt.«[175]

Es wäre schwierig, viele dieser Prediger des Fortschritts davon zu überzeugen, daß die allgemeine Alphabetisierung nicht zwangsläufig die Voraussetzung für den Typus einer technisch ausgerichteten kapitalistischen Kultur ist, die sie so sehr bewundern und deren vollendetstes Vorbild wir in Nordamerika finden. Und auch davon, daß die Vereinigten Staaten mit ihren sechs Millionen Analphabeten im Vergleich mit weniger »fortschrittlichen« Ländern schlecht dastehen. Eine nordamerikanische Kapazität auf dem Gebiet des Bildungswesens behauptete vor wenigen Jahren, daß es in einer einzigen Stadt von dreihunderttausend Seelen im Mittleren Westen (und zwar einer Stadt, die sich rühmt, kul-

175 Mario Pinto Serva, *Enigma Brasileiro* (São Paulo o.J.), S. 12 u. 57.

turelle Dinge hochzuschätzen, und sich sogar für ein zweites Boston hält) mehr Kinder gibt, die nicht zur Schule gehen und auch nicht dafür vorgesehen sind, als im ganzen Deutschen Reich.[176]

Dem wäre noch hinzuzufügen, daß unabhängig von einem solchen Kulturideal die einfache allgemeine Alphabetisierung möglicherweise keine Wohltat ohnegleichen ist. Wenn wesentliche Elemente der Bildung fehlen, die sie ergänzen, dann ist sie in bestimmten Fällen mit einer Feuerwaffe in der Hand eines Blinden vergleichbar.

Diese und andere Allheilmittel dienen, weisen sie auch einerseits auf einen Denkfehler bei ihren Verfechtern hin, andererseits dazu, eine unüberwindliche Enttäuschung angesichts unserer realen Bedingungen zu verschleiern. Was gesagt wird, unterscheidet sich in Lautstärke und Inhalt, doch der Sinn und der geheime Ursprung sind immer dieselben. Viele, die das Brasilien der Kaiserzeit deshalb kritisieren, weil es eine Art nationales, groteskes, abgeschmacktes *Bovary-Syndrom* verbreitet habe, vergessen dabei, daß das Übel mit der Zeit nicht nachgelassen hat; nachgelassen hat vielleicht allenfalls unsere Sensibilität für dessen Auswirkungen.

Als für die Idee der Republik geworben wurde, glaubte man in der Tat, mit der neuen politischen Organisationsform ein System einzuführen, das dem vermeintlichen Streben nach einer eigenen Nationalität mehr entsprach. Das Land würde endlich für sich leben, ohne, als letztes in Amerika, wunderliche, überholte politische Formen aufzuweisen. In Wahrheit jedoch war das, was die Propagandisten beseelte, ein negierender Ausgangspunkt: Brasilien mußte einen neuen Weg einschlagen, weil es »sich schämte«, sich seiner selbst,

176 A.J. Todd, *Theories of Social Progress* (New York 1934), S. 522ff.

seiner biologischen Realität schämte. Diejenigen, die für ein neues Leben kämpften, vertraten möglicherweise noch mehr als ihre Vorgänger die Vorstellung, daß das Land nicht aus seinen eigenen natürlichen Kräften heraus wachsen kann: Es muß sich von außen nach innen bilden, es muß den Beifall der *anderen* verdienen.

Es ist in diesem Zusammenhang durchaus nicht übertrieben zu behaupten, daß unsere Republik in vielerlei Hinsicht über das Kaiserreich sogar noch hinausging. In diesem wurde das Prinzip der mäßigenden Kraft – der Schlüssel jeder politischen Organisationsform und die Umsetzung der Vorstellung des *pouvoir neutre*, wie Benjamin Constant,* der Europäer, die wahre Stellung des Regierungschefs eines konstitutionellen Staates sah – schon bald durch die Unerfahrenheit des Volkes korrumpiert, auf der unsere bevormundende Monarchie basierte und die dort verständlich war, wo ein ländlich-patriarchalisches System vorherrschte. Die dem englischen Vorbild folgende politische Aufteilung in zwei Parteien, die weniger für Ideen als für Personen und Familien standen, befriedigte unser grundlegendes Bedürfnis nach Solidarität und Kampf. Schließlich hatte das Parlament innerhalb des Lebens der Nation eine Hauptaufgabe zu erfüllen, nämlich ein sichtbares Bild dieser Solidarität und dieses Kampfes zu vermitteln.

Anmerkungen der Übersetzerin

Arte de Furtar: Die Kunst des Stehlens. Anfangs Padre Antônio Vieira zugeschriebenes, Mitte des 17. Jahrhunderts erschienenes Werk, das ein lebendiges, kritisches Bild der Gesellschaft der damaligen Zeit vermittelt.

Auguste Comte (1798-1857): Französischer Philosoph, Begründer der

Positivismus genannten Weltanschauung und der Soziologie als Wissenschaft. Er prägte 1838 das Wort »Soziologie«. Sein »Discours sur l'ésprit positif« stammt aus dem Jahre 1844.
Porfírio Díaz (geboren 1830, gestorben 1915 im Exil in Paris): 1877-80 und 1884-1911 Präsident von Mexiko.
15. November 1890: Auf den Tag genau 65 Jahre nachdem der portugiesische König João VI. öffentlich erklärt hatte, daß er »Brasilien als unabhängiges, von den Königreichen Portugals und der Algarve getrenntes Kaiserreich anerkennt«, nimmt die verfassunggebende Versammlung ihre Arbeit auf.
Condoreira: Bezeichnung für eine Bewegung der brasilianischen Poesie zwischen 1850-70, die vor allem in Recife blühte. Der Name stammt von einem ihrer Lieblingssymbole, dem Kondor der Anden. Vorbilder der *Condoreira* waren Lammenais, Lamartine und Victor Hugo. Ihre wichtigsten Vertreter: Castro Alves, Tobias Barreto, Vitoriano Palhares, Castro Rabelo, Plínio de Lima, Elisário Pinto, Carlos Ferreira und Múcio Teixeira.
Joaquím Maria Machado de Assis (1839-1908): Brasilianischer Dichter, Schriftsteller und Verfasser von Kurzgeschichten. Autor der 1880 erschienenen *Posthumen Memoiren des Brás Cubas*, von *Quincas Borba* (1891) und *Dom Casmurro* (1899).
Benjamin Constant (1767-1830): Französischer Schriftsteller und Abgeordneter; Verfasser der einflußreichen Abhandlung »Über die Gewalt« (1814). Nach ihm nannte sich der brasilianische Dozent und Politiker Benjamim Constant (Botelho de Magalhães), Hauptinitiator von Brasiliens Proklamation zur Republik (1889).

VII
Unsere Revolution

Mit der Abschaffung der Sklaverei* endet zugleich die Vorherrschaft des Agrarbereiches. Das in der Folge errichtete politische System will in seiner Struktur der neuen Zusammensetzung der Gesellschaft entsprechen – und sie absichern. Das Ende der Sklaverei und das Ende der alten Gesellschaftsform sind, wie auch verschiedene andere Ereignisse, durch ein unsichtbares Band miteinander verbunden: durch wahrhaftige, allmählich sich vollziehende, tiefgreifende, jedoch unumstrittene, aufeinander abgestimmte Umwälzungen: durch die einzige wahre Revolution in der Geschichte unseres Landes. Gewiß, sie vollzieht sich ohne das Getöse einiger oberflächlicher Konvulsionen, die von Historikern in ihrem kleinlichen, leichtfertigen Eifer, die vor allem äußerlichen Veränderungen im Leben der Völker auf den Punkt zu bringen, häufig überzeichnet werden. Neben dieser Revolution nehmen sich die meisten Erschütterungen der republikanischen Epoche ebenso wie ihre Entsprechungen in Hispanoamerika wie einfache Abweichungen vom Wege des legalen politischen Lebens des Staates aus, die man mit jenen alten »Palastrevolutionen« vergleichen kann, die Kennern der europäischen Geschichte nur allzu vertraut sind.

Es wurde vielleicht durchaus zu Recht angemerkt, daß derartige Bewegungen im Grund den gleichen Sinn und Zweck haben wie die Wahlen des Präsidenten in den USA: Die Erschütterung, die diese in der Gesellschaft hervorrufen, soll nicht tiefgreifender sein als das Wahlergebnis. »Aller Wahrscheinlichkeit nach«, sagt ein nordamerikanischer Autor, »schaden diese Revolutionen den Geschäften nicht mehr als unsere Präsidentschaftswahlen in den Vereinigten Staaten, und sie sind zudem nicht einmal so teuer.«[177]

Die große brasilianische Revolution kann man nicht auf ein bestimmtes Datum festlegen. Sie ist vielmehr ein langwieriger, mindestens ein Dreivierteljahrhundert andauernder Prozeß. Ihre Höhepunkte gehören wie unterschiedliche Erhebungen ein und demselben Gebirgssystem an. Wenn in einem vorangegangenen Kapitel versucht wurde, mit dem Jahr 1888 den möglicherweise entscheidendsten Augenblick unserer nationalen Entwicklung festzuschreiben, dann deshalb, weil von diesem Datum an einige der traditionellen Hemmnisse gegen eine Veränderung des Status quo wegfielen und die Veränderung erst dann unausweichlich wurde. Allein in dieser Hinsicht stellt die Abschaffung der Sklaverei wirklich den sichtbaren Scheidepunkt zwischen zwei Zeitaltern dar.

Und in der Tat war erst von dem Augenblick an der Boden für ein neues System vorbereitet, dessen Schwerpunkt nicht mehr im ruralen Bereich, sondern in den urbanen Zentren liegen sollte. Die Bewegung, die während des Kaiserreichs nicht aufgehört hat, die Grundlagen unserer Gesellschaft umzustürzen, ist vermutlich längst nicht abgeschlossen, und wir befinden uns zweifellos in ihrer akuten Phase. Noch heute erleben wir – und ganz sicher werden wir ihn noch lange

177 Ein scharfsinniger Beobachter weist andererseits auf eine seiner Meinung nach mißbräuchliche Benutzung des Wortes »Revolution« hin, wenn es einem südamerikanischen General gelingt, an der Spitze seiner Truppen den Präsidenten zu stürzen, um sich darauf – für wie lange wohl? – selbst zum Präsidenten zu ernennen. Bei diesen Bewegungen, erklärt er, handelt es sich häufig um ständig und beharrlich wiederholte Teilabschnitte eines allgemeinen – wirklich revolutionären – Prozesses, nämlich des Prozesses der Transformation der Kolonialgebiete in aufgeklärte moderne Gesellschaften. – W. Mann, *Volk und Kultur Lateinamerikas* (Hamburg 1927), S. 123.

spüren – den letzten Widerhall eines langsamen Zusammenbruchs, dessen Ergebnis offenbar die Zerstörung der iberischen Wurzeln unserer Kultur ist; ein neuer Stil, den wir vielleicht deshalb verfänglicherweise als amerikanisch bezeichnen, weil seine Züge sich in unserer Hemisphäre schnell verschärfen. In Brasilien – und nicht nur in Brasilien – verschmelzen Iberismus und Agrarismus miteinander, selbst wenn wichtige Untersuchungen, darunter auch die von Oliveira Viana, das Gegenteil behaupten. Von dem Tag an, an dem die ländliche Welt feststellen mußte, daß sie auseinandergefallen war und schnell ein Opfer des unbarmherzigen Siegeszugs der Welt der Städte wurde, begann in beiden Bereichen der Niedergang der besonderen Einflüsse von Übersee, der Einfluß der Portugiesen zu schwinden.

Wenn unsere Kultur der Form nach noch weitgehend iberisch und lusitanisch bleibt, so muß dies hautpsächlich den Schwächen des »Amerikanismus« zugeschrieben werden, der sich bis heute überwiegend in einer Art Übersteigerung fremder Ausdrucksformen und von außen auferlegter, nicht im Land verankerter Entscheidungen zeigt. Innerlich gibt es den Amerikaner noch nicht. »Im Handeln des Amerikaners wird das Blut chemisch von den Nerven reduziert«, sagte einer der herausragendsten Dichter unserer Zeit.[178]

Der Niedergang der landwirtschaftlichen Produktionszentren wird an dieser Stelle ganz bewußt als entscheidender Faktor für das unmäßige Wachstum der Städte angesprochen. Die Städte, die einst eine Ergänzung der ruralen Welt waren, erklärten schließlich ihre Unabhängigkeit und ihre Vorrangstellung. Tatsächlich können wir zwei gleichzeitige, gegensätzliche Bewegungen feststellen, die sich durch unsere Geschichte ziehen: die Tendenz einer Erweiterung des Ak-

178 D.H. Lawrence, *Studies in Classic American Literature* (London 1924), S. 88.

tionsradius der urbanen Gemeinschaften und die Eindämmung des Einflusses der ruralen Zentren, die am Ende zu einfachen Versorgungsquellen, zu *Kolonien* der Städte wurden. Besondere Faktoren begünstigten die erste dieser beiden Bewegungen, und es besteht kein Zweifel daran, daß sie sich endgültig verstärkte, als der vormals souveräne Agrarismus seine Widerstandskraft verlor und es immer weniger Voraussetzungen für die Bildung einer mächtigen ruralen Aristokratie und nichturbaner, wirtschaftlich autonomer Organisationsformen bei uns gab.

Interessanterweise fiel das allmähliche Verschwinden dieser traditionellen Formen mit einem Rückgang der Bedeutung des Zuckerrohranbaus in der ersten Hälfte des vergangenen Jahrhunderts und seinem Ersatz durch den Kaffeeanbau zusammen. Daß es einerseits in Brasilien koloniale Produktionsformen gab, die durch die Bildung von Aristokratien eine hierarchische Schichtung der Gesellschaft begünstigten, und andererseits Produktionsformen, die eher eine größere Nivellierung hervorriefen, belegt H. Handelmann anhand der beiden Produkte – Zucker und Kaffee.

Vom Kaffeestrauch sagte dieser Historiker sogar, er sei im Vergleich zum Zuckerrohr oder dem Baumwollstrauch eine »demokratische Pflanze«. Für seinen Anbau – versicherte er – werde weder soviel Land noch soviel Kapital gebraucht wie für den Zuckerrohranbau. Mit der Verbreitung des Kaffeeanbaus seien die Parzellierung des Besitzes und die Verkleinerung der Latifundien einfacher durchzuführen, wobei all dies zum allgemeinen Wohlergehen beitrage.[179]

Diese Anfang des 19. Jahrhunderts geschriebene Bemerkung scheint eine Situation widerzuspiegeln, in der der Kaffeeanbau noch nicht die alles verschlingende Vorherrschaft

179 H. Handelmann, *História do Brasil* (Rio de Janeiro 1931), S. 361.

in unserer Agrarwirtschaft hatte. Tatsache ist, daß zumindest in der Provinz Rio de Janeiro und im allgemeinen im Vale do Paraíba die Kaffeeplantagen fast immer den traditionellen Vorbildern des Zuckerrohranbaus folgten, wobei beide Anbauformen jeweils eine autarke Einheit bildeten. Einrichtung und Betrieb derartiger Güter verlangten zwangsläufig viel Kapital, was nicht jeder aufbringen konnte. Und die Parzellierung wurde nie in umfangreicherem Maße vorgenommen, es sei denn, die Nutzung der ausgelaugten Böden brachte nur noch wenig Gewinn.[180]

Insbesondere im Westen der Provinz São Paulo – der Westen des Jahres 1840 und nicht 1940 – erhalten die Kaffeeplantagen ihren eigenen Charakter. Sie befreien sich von der Ausbeutungsform, deren Vorbild seit der Zeit der Kolonie das klassische Modell des Zuckerrohranbaus und der Zuckermühle war. Das Profil des Herrn der Zuckerrohrplantage alter Prägung verliert hier einige seiner charakteristischen Züge. Es löst sich vermehrt vom Landbesitz und der Tradition – von der ländlichen Routine. Das Landgut kann dem urbanen Einfluß immer weniger widerstehen, und viele Bauern ziehen endgültig in die Städte. Die häusliche Produktion verfällt rasch, und vielerorts nimmt der Anbau von Nahrungsmitteln ab, die einst den Landgütern eine gewisse Autonomie sicherten.

Dieses Phänomen muß man bis zu einem bestimmten Grad mit dem Mangel an Arbeitskräften in Zusammenhang bringen, da die Auswirkungen der Abschaffung des Sklavenhandels in die Zeit der größten Ausbreitung des Kaffeeanbaus fallen. Wir wissen, daß in der Provinz Rio de Janeiro um 1884 ein Sklave in der Regel gezwungen wurde, für 7000 Kaffeesträucher zu sorgen, während er vorher nur höchstens

180 Caio Prado Júnior, »Distribuição da Propriedade Fundiária no Estado de São Paulo«, in: *Geografia* I (São Paulo 1935), S 65.

4500 oder 5000 Sträucher zu bearbeiten hatte und ihm aus diesem Grunde Zeit blieb, sich um die Instandsetzung der Wege und um die Mais-, Bohnen-, Maniok-, Reis- und Süßkartoffelfelder zu kümmern. Und wie es in solchen Fällen häufig geschieht, wurde der Kaffee, der die meisten der verfügbaren Arbeitskräfte band, nicht nur zur bedeutendsten Quelle des Reichtums in seinen Anbaugebieten, sondern auch zu dessen einzig würdiger Quelle. Daher erklärt sich die verächtliche Bezeichnung *quitandeiros*, Hausierer, für die Bauern, die ebenjene Lebensmittel produzierten, selbst wenn sie damit äußerst gewinnbringende Geschäfte machten.[181]

Andererseits war die Aussicht auf unerhörten Reichtum, die der Anbau von Kaffee bereits in seinen Anfangszeiten versprach, schon ein entscheidender Grund dafür, daß die Plantagenbesitzer eine ständige Erweiterung ihrer Pflanzungen im Auge hatten und alles geringschätzten, was die Arbeitskräfte von ihrer Hauptaufgabe abhalten könnte. Das führte bereits im Jahre 1858 dazu, daß José Manuel da Fonseca im Senat des Kaiserreiches anmerkte: »Die Umwandlung von Zuckerrohr- in Kaffeeplantagen hat in São Paulo ebenfalls zur Verteuerung der Nahrungsmittel beigetragen. In diesem Hohen Hause gibt es einige ehrenwerte Senatoren, die Zuckerrohrplantagen besitzen; ich appelliere an sie als Zeugen. Wenn der Landwirt Zuckerrohr anpflanzt, kann er ebenfalls Bohnen anpflanzen, und er tut dies auch. Einige bauen sogar in größerer Entfernung Mais an, damit das Zuckerrohr nicht darunter leidet. Und vom Unkrautjäten profitiert alles: Dies war im Bezirk Campinas so, wie auch in anderen Regierungsbezirken, die die Hauptstadt und andere Orte mit Nahrungsmitteln versorgten. Inzwischen sind je-

181 C.F. Van Delden Laerne, *Rapport sur la Culture du Café en Amérique, Asie et Afrique* (Den Haag 1885), S. 254.

doch ganz Campinas und auch andere Bezirke mit Kaffeeplantagen übersät, und es ist nicht möglich, gleichzeitig Lebensmittel anzubauen. Es sei denn anfangs, wenn die Kaffeepflanzung noch neu ist. Doch wenn die Kaffeesträucher einmal gewachsen sind, kann man dort nichts anderes mehr anbauen, möglicherweise nie wieder, oder dann, wenn der Boden unendlich viele Jahre geruht hat.«[182]

Diese Umstände wie auch die Entwicklung der Transportmittel, vor allem der Eisenbahnen, deren Linien vorzugsweise in die Gebiete des Kaffeeanbaus führten, sollten die Abhängigkeit der ländlichen Gebiete von den Städten zugleich verstärken und erleichtern. Aufgrund der Vereinfachung der Produktion wurde die Notwendigkeit größer, auf die urbanen Zentren zurückzugreifen, die die Verteilung der Lebensmittel übernommen hatten, die einst am Orte selbst angebaut worden waren. Im Ergebnis war der Agrarbereich immer weniger ein Baronat, sondern er entwickelte sich in vielerlei Aspekten zu einem Zentrum industrieller Ausbeutung. Allenfalls in dieser Hinsicht kann man vom Kaffee als einer »demokratischen Pflanze« sprechen, um hier den Ausdruck Handelmanns zu benutzen. Der Typus des Plantagenbesitzers, der sich durch die Arbeit mit dieser Pflanze herausbildet, ist eher von der Stadt als vom Land geprägt. Er ist ein Mensch, für den das Landgut in erster Linie Einnahmequelle und nur hin und wieder der Ort ist, an dem er wohnt oder seine Freizeit verlebt. Die Techniken für eine optimale Produktion erbte man nicht mehr über die Tradition und das seit Generationen ununterbrochene Zusammenleben auf Grund und Boden, den man bebaute, sondern man lernte sie häufig in Schulen oder aus Büchern.

Es versteht sich von selbst, daß die Abschaffung der Skla-

182 *Anais do Senado*, IV (Rio de Janeiro 1858 – Sitzung vom 26. August), S. 253.

verei jenen Regionen nicht geschadet hat, in denen der Kaffeeanbau auf diese Weise der Einführung der Lohnarbeit bereits das Terrain bereitet hatte. Hier vollzog sich die Entwicklung zur Vorherrschaft der Stadt rasch, und mit ihr wurde der Weg für eine Umwälzung in großem Ausmaße geebnet. In den Staaten im Norden des Landes, wo der Preisverfall des Zuckers auf dem Weltmarkt bereits zu einer Situation geführt hatte, die der 13. Mai nur noch gesetzlich festschrieb, sollte es für diese Agrarkatastrophe keinen Ausgleich geben. Als ihr Besitz auseinanderfiel, blieb den Zukkerbaronen nichts anderes übrig, als sich mit den neuen Lebensbedingungen abzufinden. Ein Romanschriftsteller aus dem Nordosten, José Lins do Rêgo*, hat jene kritische Entwicklung aufgezeichnet, die dort ebenfalls die bis dahin aus Gewohnheit aufrechterhaltene alte patriarchalische Ordnung zerstörte. Strukturen, für die das Umfeld längst keine Entsprechung mehr bot, sondern die es vielmehr bereits endgültig abzulehnen begann. Das Verschwinden der alten Zukkermühle, die von der modernen Zuckerfabrik geschluckt wurde, das verfallende Ansehen des alten Agrarsystems und der Aufstieg eines neuen Typus von Unternehmern und von Unternehmen, die wie urbane Industriebetriebe konzipiert sind, zeigen die Richtung dieser Entwicklung.

Für die alten, durch die Abschaffung der Sklaverei und andere Faktoren entmachteten Großgrundbesitzer gab es in den neuen Institutionen keinen Platz. Die Republik, die keinerlei Patriarchat schuf, sondern nur eine Plutokratie, ignorierte sie vollständig. Daher rührt das melancholische Schweigen, zu der eine Kaste von Männern verdammt war, die während des Kaiserreiches die Institutionen leitete und beseelte und der Nation eine gewisse Harmonie gewährleistete, die es später niemals wieder geben sollte. Diese Verhältnisse waren nicht an die Monarchie gebunden, sondern an oligarchische Strukturen, die nun für immer verschwanden. Die ständig fortschreitende, allübergreifende Verstädterung, ein soziales Phänomen, das äußerlich die republikanischen Institutionen repräsentieren sollte, zerstörte das ländliche Fundament der Macht des abgewirtschafteten Regimes, ohne daß sie es durch etwas Neues ersetzen konnte.

Tragisch daran ist, daß der von der Monarchie gebildete gesellschaftliche Rahmen, obwohl er seine Daseinsberechtigung verlor, sein Ansehen weiterhin bewahrt hat und mit großer Kunstfertigkeit zu halten versucht. Wie verehrungswürdige Reliquien bewahrt der brasilianische Staat einige der äußeren Formen des traditionellen Systems, nachdem die Basis, auf die es sich gründete, längst verschwunden ist: eine Peripherie ohne Zentrum. Die Frühreife, die seltsame Raffinesse unseres Staatsmechanismus ist eine der Folgen dieser Verhältnisse.

Der Staat muß und darf bei uns nicht despotisch sein – der Despotismus paßt schlecht zu unserem sanften Gemüt –, doch er braucht gleichzeitig Macht und Anstand, Größe und Hilfsbereitschaft, wenn er kraftvoll sein und auch dieses Ansehen erringen will, das unsere iberischen Vorväter uns als die allerhöchste Tugend zu betrachten gelehrt haben. Nur so kann der Staat eine wahrhaft bemerkenswerte Kraft in allen Bereichen des nationalen Lebens entfalten. Bedingung ist, daß die einzelnen Teile seines Mechanismus mit einer gewissen Harmonie und einem gewissen feinen Anstand funktionieren. Das brasilianische Kaiserreich hat dies zum größten Teil erreicht. Der Nimbus, mit dem es unsere Zeitgenossen trotz allem noch heute umgeben sehen, rührt fast ausschließlich von der Tatsache her, daß es dieses Ideal ansatzweise verkörpert hat.

Das Bild unseres Landes, das wie ein Entwurf und eine Sehnsucht im kollektiven Bewußtsein der Brasilianer lebt, konnte sich bis heute nicht ganz vom Geist des Brasiliens der Kaiserzeit lösen. Die in diesem Ideal verkörperte Konzeption eines Staates gilt nicht allein für die Innenpolitik, sondern auch für unsere Vorstellung von außenpolitischem Handeln. Ob wir es nun zeigen oder nicht, wir sehen uns im Umgang mit den anderen Völkern der Welt vorzugsweise als überlegenen, gutmütigen Riesen. Bereits die Regierung unter Kaiser Pedro II. folgte im Rahmen ihrer Möglichkeiten dieser Vorstellung, und ihre Politik im Verhältnis zu den La-Plata-Ländern ging beharrlich in diese Richtung. Brasilien wollte allein durch die Größe des Bildes herrschen, das es von sich selbst geschaffen hatte, und griff auf den Krieg nur zurück, um sich Respekt zu verschaffen, nicht um zu erobern. Zwar zeigte sich Brasilien manchmal allzu kämpferisch, doch fehlte ihm militärischer Geist. Oliveira Lima, der diese Beobachtung gemacht hat, fügt ihr noch hinzu: »Kriege mit dem Ausland als Mittel der Politik wurden vom Lande stets als unangebracht und sogar verbrecherisch angesehen, und so war es auch mit dem Krieg gegen Paraguay*; die ›Freiwilligen‹, die an ihm teilnahmen, taten dies sehr selten *aus freiem Willen.*«[183]

Wir strebten nicht danach, als eroberndes Land zu Ansehen zu gelangen, und verabscheuten gewalttätige Lösungen. Wir wollten das sanfteste und wohlerzogenste Volk der Welt sein. Wir haben stets für die Prinzipien gekämpft, die als die moderatesten und rationalsten galten. Wir gehörten zu den ersten Nationen, die in ihren Gesetzen die Todesstrafe abschafften, nachdem sie lange schon nicht mehr vollstreckt worden war. Wir gestalteten unsere Verhaltensnormen im Umgang mit anderen Nationen den Regeln entsprechend, denen die gebildetsten Völker gehorchen oder zu gehorchen vorgeben. Und wir waren stolz auf die gute Gesellschaft, in

183 Oliveira Lima, *Aspectos da História e da Cultura do Brasil* (Lissabon 1923), S. 78.

der wir uns befanden. Dies sind sehr typische Züge unseres politischen Handelns, das sich eifrig darum bemüht, alle weniger harmonischen Ausdrucksformen unserer Gesellschaft zu besänftigen und jede nationale Spontaneität zu unterdrücken.

Das einzigartige Ungleichgewicht, das diese Anomalie zur Folge hat, ist offensichtlich und Beobachtern nicht entgangen. Ein berühmter Publizist hat vor etwa zwanzig Jahren das Paradoxe daran festgehalten: »Die Trennung von Politik und gesellschaftlichem Leben«, sagte er, »hat in unserer Heimat zum größtmöglichen Abstand zwischen beiden geführt. Durch ihre Entfremdung von der Wirklichkeit hat die Politik höchst absurde Züge angenommen. Inmitten unserer jungen Nation, in der alle gesellschaftlichen Gruppen sich anheischig machen, einen dauerhaften gesellschaftlichen Fortschritt zu unterstützen, bilden die Politiker eine künstliche, überflüssige, naive und allen Interessen fremde Klasse. Ihre besten Absichten, der Pomp, mit dem sie vorgehen, und die Begeisterung, die aus ihren Metaphern spricht, sind dabei nicht mehr als ein Vorwand, einen Posten zu erringen und zu behalten.«[184]

Unter diesen Voraussetzungen konnten unsere Reformer bis heute nur zwei Auswege finden, die gleichermaßen oberflächlich und trügerisch sind. Die Erfahrung hat hinlänglich gezeigt, daß es nicht reicht, die Inhaber öffentlicher Macht auszuwechseln. Dies ist ein unsicheres Heilmittel. Es sei denn, dem Wechsel gehen bestimmte komplexe und wirklich strukturelle gesellschaftliche Veränderungen voraus, die ihn bis zu einem gewissen Grade unumgänglich machen.

Ein anderes, nur scheinbar plausibleres Heilmittel besteht darin, die Ereignisse Systemen, Gesetzen oder erprobten

184 Alberto Torres, *O Problema Nacional Brasileiro. Introdução a um Programa da Organização Nacional* (Rio de Janeiro 1914), S. 88.

Regelungen zu unterwerfen, daran zu glauben, daß das geschriebene Wort allein aus sich heraus das Schicksal eines Volkes nachhaltig beeinflussen kann. Wir halten die Rigidität, die Undurchlässigkeit, die vollkommene Homogenität der Gesetzgebung für die einzige, die obligatorische Voraussetzung einer guten Gesellschaftsordnung. Ein anderes Mittel kennen wir nicht.

Wir übersehen, daß in Wahrheit nicht die geschriebenen, von Rechtsgelehrten gemachten Gesetze die Garanten für das Glück und für die Stabilität der Völker sind. Wir glauben im Gegenteil, daß allein schon gute Regelungen und das gehorsame Befolgen abstrakter Vorschriften zur Blüte einer politischen Bildung, zur Alphabetisierung, zur Übernahme zivilisierter Gebräuche und zu anderen vortrefflichen Verhältnissen führen müssen. Worin wir uns beispielsweise von den Engländern unterscheiden, die sich, da sie keine niedergeschriebene Verfassung haben, nach einem System ungeordneter und anachronistischer Gesetze richten und dennoch eine Fähigkeit zu spontaner Disziplin offenbaren, die bei anderen Völkern nicht ihresgleichen kennt.

Natürlich machen das geordnete Zusammenleben der Bürger und die Stabilität der Gesellschaft verpflichtende Vorschriften und wirksame Sanktionen notwendig. In möglicherweise glücklicheren Zeiten als den unseren hat die Befolgung solcher Vorschriften nichts von einer Pflichtübung. Alles wird sozusagen freiwillig und mühelos getan. Für den Menschen, den wir den primitiven Menschen nennen, scheint die Sicherheit des Kosmos vom geregelten Ablauf der Ereignisse abzuhängen. Eine Störung in dieser Regelmäßigkeit ist verhängnisvoll. Später führte diese Vorstellung von Stabilität dazu, daß mit der Hilfe vortrefflicher abstrakter Denkprozesse Normen geschaffen wurden. Der Rationalismus überschritt seine Grenzen nur dort, wo er seine Ideen zur Regel erhob, diese unwiederbringlich vom Leben trennte und mit ihnen ein logisches, homogenes, ahistorisches System schuf.

Diesem Irrtum erlagen auch die Politiker und Demagogen, die ständig auf Wahl- und andere Programme und Institutionen als einzige wirklich Ehrfurcht gebietende Realität verwiesen. Sie glauben daran, daß die Vollkommenheit der Völker und Regierungen direkt vom Wissen und vor allem von der Trefflichkeit der Gesetze abhängt.

Es war dieser teilweise von den Idealen der Französischen Revolution inspirierte Glaube, der die Geschichte der iberoamerikanischen Nationen seit deren Unabhängigkeit bestimmte. Als sie sich von der Bevormundung durch ihre europäischen Mutterländer befreiten, bemühten sie sich darum, als Grundlage für ihre Verfassungen die damals gängigen Prinzipien zu übernehmen. Die magischen Worte Freiheit, Gleichheit und Brüderlichkeit wurden so interpretiert, daß sie sich an unsere alten patriarchalischen, kolonialen Normen besser anpassen ließen. Und die Veränderungen, die sie bewirkten, waren eher äußerlich als substantiell. Dennoch haben wir, von diesem Schein getragen, oftmals versucht, einige dieser Prinzipien bis in ihre letzte radikale Konsequenz zu verfolgen. Daher verwundert es nicht, daß das auf die Spitze getriebene demokratische Gegenteil von Ichbezogenheit in einem südamerikanischen Land verwirklicht wurde.

Uruguay wollte während der Regierungszeit des Präsidenten Batlle y Ordóñez* zumindest theoretisch die logische Konsequenz des modernen demokratischen Ideals verwirklichen, das heißt, der Staatsmechanismus sollte soweit wie möglich von selbst funktionieren und die Zügellosigkeit schlechter Regierungen nur oberflächliche Auswirkungen darauf haben.

Das Gegenteil dieser demokratischen Loslösung von der Person, der »Caudillismus«, hat seinen Ursprung in den Prinzipien des Liberalismus. Er kann die negative Ausprägung der liberalen These sein, und sein Erfolg wird verständlich, wenn wir uns daran erinnern, daß die Geschichte keine Beispiele einer sozialen Bewegung kennt, die den Keim ihrer Negation nicht schon in sich getragen hätte – einer Negation, die sich notwendigerweise im selben Rahmen vollzieht. So gehört Rousseau, der Vater des Gesellschaftsvertrages, zur Familie von Hobbes*, der als erster den Staat als reale Person sah, den Leviathan. Die Negation des Liberalismus, die bei einem Rosas*, einem Melgarejo*, einem Porfírio Diaz noch unbewußt ist, setzt sich heute als Hauptbestandteil der Theorie des europäischen Faschismus durch. Er ist nichts anderes als eine Kritik am parlamentarischen Liberalismus, die sich selbst zu einem bejahenden politischen System erhebt. Die demokratische Überzeugung wird nur dann bei uns triumphieren, wenn der Gegensatz Liberalismus – Caudillismus überwunden ist.

Diesen Sieg wird es so lange nicht geben, wie die ichbezogenen und – auch wenn sie nicht als solche erscheinen – aristokratischen Grundlagen nicht beseitigt sind, auf denen unser gesellschaftliches Leben noch heute beruht. Wenn der revolutionäre Prozeß, den wir erleben und dessen wichtigste Etappen auf diesen Seiten angedeutet wurden, eine unmißverständliche Bedeutung hat, dann diese: die allmähliche, jedoch unwiderrufliche Beseitigung der archaischen Überreste, die wir als unabhängiges Land bis heute nicht ausrotten konnten. Genauer gesagt: Nur so werden wir am Ende die alte koloniale und patriarchalische Ordnung mit allen moralischen, sozialen und politischen Konsequenzen aufgehoben haben, die sie mit sich brachte und auch heute noch mit sich bringt.

Diese Revolution wird unter Umständen nicht in katastrophenartigen Konvulsionen sichtbar werden, die den vor langer Zeit etablierten Werten mit vorab formulierten Manifesten den Todestoß versetzen. Möglicherweise sind einige ihrer Höhepunkte bereits vorüber, ohne daß wir ihre transzendente Bedeutung unmittelbar ermessen können. So gesehen, leben wir zwischen zwei Welten: in einer Welt, die endgültig tot ist, und in einer anderen, die darum kämpft, geboren zu werden.

Vor siebzig Jahren kündigte ein nordamerikanischer Naturforscher mit wahrhaft intuitiver Voraussicht in Form eines Wunsches etwas an, was vielleicht schon Realität ist. Die Worte von Herbert Smith mögen manchmal zu sehr von dem für sein Jahrhundert so charakteristischen optimistischen Fortschrittsglauben gefärbt sein. Dennoch sind sie Aufforderung und nicht nur Träumerei und verdienen daher, überdacht zu werden. »Vielleicht«, sagte er, »braucht Südamerika eine Revolution. Keine horizontale Revolution, keinen einfachen Strudel politischer Kämpfe, die dazu dienen, einige Hunderte oder Tausende von glücklosen Menschen niederzuwerfen. Die Welt ist solcher Bewegungen überdrüssig. Das Ideal wäre eine gute, ehrliche Revolution, eine vertikale Revolution, die die Kräftigeren nach oben schwemmt und die Alten, Unfähigen für immer vernichtet.«

Wie soll sich nun diese Revolution vollziehen? »Ich hoffe«, antwortet Smith darauf, »daß sie dann, wenn sie kommt, gelassen ist und ihr Ende die Verschmelzung der oberen Schichten und nicht deren Vertreibung beinhaltet; Schichten, die trotz all ihrer Mängel und Fehler ehrenwerte Männer zu den Ihren zählt. Vergeßt nicht, daß die Brasilianer heute für die Fehler ihrer Eltern ebenso wie für ihre eigenen büßen. Die Gesellschaft in diesem Land war von ihren Wurzeln an nicht wohl geschaffen. Wenn die gebildeten Klassen heute vom Rest der Nation isoliert sind, so ist dies nicht ihre

Schuld, es ist ihr Unglück. Ich wage nicht zu behaupten, daß die Arbeiter und Händler als Klasse dem Adel und den Großkaufleuten überlegen sind. Die Wahrheit ist, daß sie unwissend, schmutzig und ungehobelt sind; jedem ausländischen Besucher wird dies auffallen. Doch die Arbeit verleiht ihnen einen guten Charakter, und die Armut schützt sie vor schlechten Angewohnheiten. Körperlich sind sie zweifellos den höheren Klassen überlegen, und sie wären es auch geistig, wenn sie die Gelegenheit dazu hätten.«

Unweigerlich fällt einem dazu ein, daß die Ereignisse der vergangenen Jahrzehnte in verschiedenen Ländern Lateinamerikas deutlich in diese Richtung gingen. Diese Bewegung, die in den Ländern mit klarer differenzierten Gesellschaftsschichten deutlicher ist – in Mexiko, wenn auch zögernd und mit Unterbrechungen, seit 1917; in Chile seit 1925[185] –, ist dennoch nicht rein situations- oder ortsgebunden, sondern entwickelt sich im Gegenteil mit der Folgerichtigkeit eines vorab aufgestellten Programms.[186]

Es mag durchaus sein, daß sich gegen die vollständige Verwirklichung der Revolution ein ständig wachsender Widerstand der Anhänger einer Vergangenheit rührt, die die zeitliche Entfernung bereits zur Idylle verklärt. Dieser Widerstand könnte sich, je nach dem Grad seiner Intensität,

185 In Chile ist die augenblickliche Verteilung von Konservativen und Radikalen vielleicht nichts als eine Notlösung. Es ist jedoch bedeutsam, daß die Reformen des Jahres 1925 zwei konkrete Ergebnisse hatten: die Auslöschung der Absolutheit beanspruchenden Herrschaft der Gutsbesitzer und der Verwaltungsoligarchie. – George McCutchen McBride, *Chile: Land and Society* (New York 1936), S. 214-231 u. pass.

186 Zweifellos haben die kürzlich in Brasilien und Argentinien von der Masse der Arbeiter gewonnenen Wahlen dieselbe Bedeutung, obwohl ihre Polemik zum großen Teil von rückwärtsgerichteten Kräften ausgenutzt und genährt wurde, die den alten Caudillismo der La-Plata-Länder repräsentieren. Kräfte, die sich dank des Ansporns und der Möglichkeiten, die ihnen die totalitären Modelle aus Europa liefern, ihrerseits ohne größere Hemmnisse offenbaren.

in gewissen sentimentalen oder mystischen Gefühlsergüssen äußern, die sich auf den literarischen Bereich oder nur wenige andere beschränken. Es ist allerdings auch möglich, daß dieser Widerstand sich im gesellschaftlichen Bereich formiert, was womöglich die Hoffnung auf eine tiefgreifende Veränderung einschränken und gar aufs Spiel setzen könnte.

Eine derartige Reaktion mag durch eine bestimmte, von den besonderen Bedingungen unserer geschichtlichen Entwicklung geschaffene Mentalität kräftig unterstützt werden, die auch der von der Rechtswissenschaft geprägte Geist unserer Politiker in der Zeit Pedros II. und der ersten Republik nicht hat verändern können: Sie hielt sich höchstens aus den Ereignissen heraus und reizte durch den Widerspruch noch die Kräfte, die sie neutralisieren wollte. Unsere Mentalität fordert von jedem System – ob liberal oder nicht –, daß hinter dem Staatsgebäude Menschen aus Fleisch und Blut stehen. Verfassungen, die geschrieben wurden, um nicht eingehalten zu werden, Gesetze, die nur bestehen, um gebrochen zu werden, und alles dies nur zum Nutzen von Personen und Oligarchien, sind ein gängiges Phänomen in der südamerikanischen Geschichte. Die Politiker mögen von sich glauben, sie interessierten sich mehr für Prinzipien als für Menschen. Doch dies ist vergebens: Ihre eigene Handlungsweise widerlegt zu offenkundig ihre Ansprüche.

»Nichts ähnelt einem Konservativen so sehr wie ein Liberaler an der Macht«: Der berühmte Ausspruch von Holanda Cavalcânti spiegelt die allen bekannte Wahrheit in bezug auf die grundlegende Ähnlichkeit der beiden großen Parteien zur Zeit der Monarchie wider. Tatsächlich unterschieden sie sich durch nichts außer ihrem Etikett, das nur den Wert einer Kampfstandarte hatte. Es wäre nicht verwunderlich, wenn in Brasilien Ähnliches wie am Rio de la Plata geschehen würde, wo ein Rosas auf die »unitarischen Wilden«

schimpfte und zugleich selbst gegen den Föderalismus arbeitete, indem er versuchte, die Provinzen der Befehlsgewalt und den Interessen der Zollbehörde von Buenos Aires zu unterwerfen. Sein Schlagwort war »Föderation«, und es hatte während seiner Zeit eine enorme Resonanz im Volk. Andere bedienten sich des noch angeseheneren Schlagwortes »Freiheit«, in dessen Namen sie wahrhaft diktatorische und despotische Machtstrukturen festigten. Niemand hat diese Haltung offener ausgesprochen als jener venezuelanische Caudillo, der vor dem Parlament erklärte: »Da ja eine jede Revolution ihre Fahne braucht und die *Convención de Valencia* ihre Verfassung nicht föderal nennen wollte, haben wir diesen Gedanken vorgeschlagen. Denn sonst, meine Herren, hätten die anderen ›Föderation‹ gesagt und wir ›Zentralismus‹.«[187]

In dem so offensichtlichen Primat der privaten Vorteile gegenüber den kollektiven Interessen zeigt sich deutlich die Vorherrschaft des Gefühls über den Verstand. So gern man dies auch andersherum sehen möchte, die wahre Solidarität kann sich nur auf einen beschränkten Kreis und unsere eingestandene oder uneingestandene Vorliebe für Personen und konkrete Interessen stützen. In den Theorien oder selbst in den wirtschaftlichen Interessen, auf die sich eine große Partei stützen muß, findet sie nicht genug substantielle Nahrung. Daher ist das Fehlen wirklicher Parteien bei uns nicht, wie manche naiv glauben, *Ursache* unserer Unfähigkeit, uns einer echten demokratischen Regierungsform anzupassen, sondern vielmehr ein *Symptom* dieser Unfähigkeit. Diese Verwechslung geschieht leicht und kommt häufig vor. Die Simon-Commission* über die Verfassung Indiens im Jahre 1927 sah beispielsweise in der Tatsache, daß sich in Indien

187 Lisandro Alvarado, »Los Delitos Políticos en la Historia de Venezuela«, *Revista Nacional de Cultura 18* (Caracas, Mai 1940), S. 4.

keine regulären Parteien gründeten, eines der Hindernisse für eine Demokratisierung des Landes.

Wie unser scheinbares Festhalten an Formalismen allein das Fehlen von Spontaneität verrät, so zeigt auch unser Vertrauen in die Trefflichkeit der theoretischen Formeln in Wahrheit nur, daß wir ein wenig spekulatives Volk sind. Wir können für eine hehre Idee Kampagnen organisieren, Fraktionen bilden, Aufstände anzetteln, wenn dies notwendig ist. Jedem ist jedoch klar, daß der scheinbare Triumph eines Prinzips in Brasilien – wie auch in den anderen Ländern Lateinamerikas – nie mehr als der Triumph einer Form von Persönlichkeitskult über die andere ist.

Es ist nicht zu leugnen, daß der Persönlichkeitskult in unserem politischen Leben in vielen Fällen eine positive Kraft ist und an seiner Seite die Schlagworte der liberalen Demokratie wie nicht in der Realität verwurzeltes reines Schmuckwerk und Wortgeklingel erscheinen.

Dies erklärt, weshalb bei uns und ganz allgemein in Lateinamerika, wo immer es dem Persönlichkeitskult – oder der Oligarchie, die seine Verlängerung in Zeit und Raum ist – gelang, die liberalen Widerstände zu zerstören, auf diese Weise eine scheinbare politische Stabilität gewährleistet werden konnte, die anders nicht möglich wäre. Für die Chilenen gelten die drei Jahrzehnte des von Diego Portales* begründeten Regimes, das das Land mit einer deutlich oligarchisch geprägten Machtstruktur der Gefahr der Anarchie entriß, noch heute als die glücklichsten ihrer Geschichte. Und noch heute erklärt sich die größere Stabilität der kleinen Republik Costa Rica inmitten ihrer händelsüchtigen Schwestern in Mittelamerika weitgehend aus den gleichen Gründen. Daß es diese Verhältnisse gibt, die in Wahrheit eine Ausnahme darstellen, läßt vergessen, daß die Willkürregime in den Händen verantwortungsloser, »von der Vorsehung gesandter« Führer im besten Falle eine grobe Täuschung darstellen und keine Alternative zur Anarchie. Die Vorstellung, daß eine Art immaterielle, unpersönliche Wesenheit über den Menschen schwebt und ihre Geschicke lenkt, ist für die Völker Lateinamerikas schwer verständlich.

Wir bilden uns oft ein, daß wir die demokratischen und liberalen Prinzipien ehren, während wir in Wahrheit für den einen oder anderen Persönlichkeitskult kämpfen. Der undurchschaubare politische Mechanismus und die Wahlen sorgen unentwegt dafür, uns diese Tatsache zu verbergen. Doch wenn die den Persönlichkeitskult begünstigenden Gesetze von einer respektablen Tradition geschützt oder nicht in Zweifel gezogen werden, dann zeigt er sich unverhüllt. Es ist zur Genüge bekannt, daß zur Zeit unserer Monarchie die Zeitungen und das Volk die vom Volk gewählten Abgeordneten schärfer kritisierten als den Senat, dessen Mitglieder vom Kaiser ernannt wurden.

Dennoch ist es nicht richtig, sich unwiderruflich auf unsere vollkommene Inkompatibilität mit den demokratischen Idealen festzulegen. Es fällt nicht schwer, Bereiche herauszustreichen, in denen diese Ideen und bestimmte Phänomene übereinstimmen, die sich aus unserer nationalen Eigenheit ergeben. Drei Faktoren können hier angeführt werden, die ganz besonders günstige Auswirkungen haben:

1. der Abscheu, den die amerikanischen Völker als Nachkommen der Kolonisatoren und der eingeborenen Bevölkerung gegen jede Art von rationaler Hierarchie empfinden, gegen jede Gesellschaftsform, die zu einem ernsthaften Hindernis für die Autonomie des Individuums wird;

2. die Unmöglichkeit, bestimmten neuen Einflüssen (zum Beispiel dem Primat des urbanen Lebens, dem Kosmopolitismus) einen wirksamen Widerstand entgegenzusetzen, die zumindest in letzter Zeit natürliche Verbündete der demokratisch-liberalen Ideen waren;

3. schwach ausgebildete Vorurteile in bezug auf Rasse und Hautfarbe.

Zudem wurden die Ideen der Französischen Revolution von einer Gesinnung getragen, die dem Temperament der Brasilianer nicht fremd ist. Die Vorstellung des angeborenen »Gut-Seins« läßt sich vorzüglich mit der bereits untersuchten »Herzlichkeit« vereinbaren. Die These hingegen, daß die Menschheit von Natur aus schlecht sei und daß ein Kampf aller gegen alle herrsche, kann uns nur äußerst unsympathisch und unangenehm sein. Die Ideale der Französischen Revolution hingegen würden unserem »herzlichen Menschen« eine Möglichkeit bieten, seine Gefühle und die dogmatischen Konstruktionen der liberalen Demokratie miteinander zu verbinden.

Wenn wir nun nicht weiter bei der äußeren Gestaltung des nationalen Lebens verweilen, sondern vor allem in die darunter liegenden Formen eindringen, bleibt uns nur noch einzugestehen, daß die Haltungen, denen wir uns anzunähern versuchen, nur eines gemeinsam haben: diese Koinzidenz. In der Tat ist der Gedanke, daß der Mensch an sich gut sei, innerhalb des Liberalismus nur ein Argument. Es wäre illusorisch anzunehmen, daß eine derartige Überzeugung auf einer besonderen Sympathie für das Menschengeschlecht beruht, betrachtet man es nun insgesamt oder anhand der einzelnen Individuen. Es handelt sich um eine vom Wesen her neutrale Theorie, die bar jeden Gefühls ist und sich leicht in Formeln fassen läßt.

Am schwersten wiegt, daß die Koinzidenz zwischen den Idealen des Liberalismus und dem Sozialverhalten, das als traditionelle Besonderheit unseres Volkes zu definieren versucht wurde, im Grunde eher scheinbar als real ist. Der liberal-demokratische Gedanke läßt sich in dem berühmten Satz von Bentham zusammenfassen: »Das größte Glück der größten Zahl.« Daß dieser Gedanke in direktem Gegensatz zu jeder Form menschlichen Zusammenlebens steht, das auf Herzenswerten beruht, ist leicht einzusehen. Es besteht hier eine Einseitigkeit, die zum juristischen, neutralen Standpunkt in Widerspruch gerät, auf dem der Liberalismus beruht. Das demokratische Wohlwollen ist hier der Höflichkeit vergleichbar. Sie entsteht aus einem Sozialverhalten, dessen Ziel es ist, sich am Gleichgewicht zwischen den Egoismen zu orientieren. Das humanitäre Ideal, das der Liberalismus im besten Falle predigt, ist paradoxerweise unpersönlich. Es stützt sich auf die Vorstellung, daß die Größe der Liebe zwangsläufig der Anzahl der Menschen, die geliebt werden, entspricht, und stellt somit die Quantität über die Qualität.

Selbstverständlich kann menschliche Liebe, die außerhalb ihres eingegrenzten Kreises erstickt und stirbt, nicht irgendeiner menschlichen Organisationsform als Bindemittel dienen, die in einem größeren Maßstab verstanden wird. Mit einfacher Herzlichkeit werden keine guten Prinzipien geschaffen. Damit soziale Kristallisation sich vollziehen kann, ist ein solides normatives Element vonnöten, das der Seele des Volkes von Natur aus innewohnt oder ihr sogar von der Tyrannei eingepflanzt wurde. Die These, daß tyrannische Lösungen nichts Dauerhaftes schaffen, ist nur eine der vielen Illusionen der liberalen Mythologie, die die Geschichte bei weitem nicht bestätigt. Gewiß kann die Tatsache, daß es solche Illusionen gibt, nicht an sich ein Argument gegen den Liberalismus und dagegen sein, daß es andere Mittel als die Tyrannei gibt, eine Gesellschaft und eine Nation zu schaffen und zu stabilisieren.

Es kommt darauf an, die Macht bestimmter politischer Prinzipien und Formeln innerhalb der Grenzen zu sehen, die sie tatsächlich hat. So ehrlich wie die Vorreiter unserer Unabhängigkeit und unserer Republik, die 1817 die Lage der schwarzen Sklaven in keiner Weise zu verändern wünschten, war man nie wieder im Laufe unserer Geschichte. Die

Politiker, die nach ihnen kamen, waren vorsichtiger und wollten den wunden Punkt einer Organisationsform nicht berühren, deren Vollkommenheit und innere Folgerichtigkeit sie anstrebten, wenn auch nur auf dem Papier. Sie zweifelten keinen Augenblick daran, daß die gesunde Politik ein Kind der Moral und des Verstandes ist. Und daher zogen sie es vor, die häßliche, verstörende Realität zu vergessen und sich in eine ideale Welt zu flüchten, aus der ihnen die Doktrinäre ihrer Zeit zuwinkten. Ihnen wuchsen Flügel, damit sie das widerliche Schauspiel, das ihnen das Land bot, nicht sehen mußten.

Es kommt häufig vor, daß diejenigen, die in der Politik realistisch oder nur opportunistisch handeln, zugleich vorgeben, sich nach moralischen Kriterien zu richten: Einige von ihnen würden aufrichtig empört sein, wenn wir ihnen sagten, daß ein moralisch empfehlenswertes Handeln in der Praxis wirkungslos oder sogar schädlich sein kann. Es herrscht kein Mangel an Beispielen von Diktatoren, die vollkommen willkürlich handelten und dennoch glaubten, demokratisch verfahren zu sein.

Diese Haltung unterscheidet sich kaum von der der »aufgeklärten Caudillos« des modernen Europas. Es ist durchaus möglich, daß der Faschismus italienischen Typus trotz seiner Verherrlichung der Gewalt bei uns Erfolg hat. Heute entdekken die Parteigänger des Faschismus bereits sein großes Verdienst, das darin liegt, eine geistige Reform ermöglicht zu haben, die einen ganzen Katalog moralischer Werte umfaßt. Von einem gewissen Standpunkt aus gesehen, waren ihre Anstrengungen ein energischer Versuch, dem Weg, den die Gesellschaft ging, eine andere Richtung zu geben, um sie vor dem vermeintlichen Keim der Auflösung zu retten. Das System, das der Faschismus einführte, um die gewaltsam auferlegte Struktur zu stützen, gibt vor, sich aus den Hauptelementen der Ideologien zusammenzusetzen, die er in vielerlei

Hinsicht ablehnt. Darauf sind die Schöpfer des Regimes besonders stolz. Dieses System verleiht ihnen scheinbar die Würde eines positiven Triumphs über den Liberalismus und auch über die revolutionären Absichten der Linken.

Doch wer spürte nicht, daß die Reform der »aufgeklärten Caudillos« ihrem Wesen nach nur eine subtile Gegenreform ist? Wer zweifelt daran, daß hinter ihren ausdrücklichen Motiven die manchmal durchaus eingestandene Absicht weiterbesteht, den materiellen Forderungen, die ihnen tatsächlich als Grundlage dienen, einen Sinn und einen Überbau zu geben? Es bedarf nicht allzu ausgeprägten Scharfsinns, um zu begreifen, daß sie einen Großteil ihrer Energie aus diesem Vorwand schöpfen. Und zudem ist das, was sich vor allem in ihrer Notfallphilosophie ausdrückt, eine disziplinierte Negation.

Es fällt nicht schwer, sich vorzustellen, wie ein faschistisches Brasilien aussehen würde. Schon jetzt können wir spüren, daß es im beginnenden brasilianischen Mussolinismus kaum noch Aggressivität gibt. In der Lehre unserer »Integralisten«*, die sonst fast unverändert die gleiche ist, die wir in den italienischen Handbüchern finden, fehlt jene abstoßende, überspannte, beinahe apokalyptische Grausamkeit, die ihre Vorbilder in Italien und Deutschland auszeichnet. Deren hochmütige Energie ist hier zu einem armseligen Gejammer neurasthenischer Intellektueller geworden. Mit ihnen geschah etwas Ähnliches wie mit dem Kommunismus, der bei uns gerade diejenigen anzieht, die am wenigsten geeignet erscheinen, die Prinzipien der Dritten Internationalen zu verwirklichen. Alles, was sie am Marxismus fasziniert, diese Zwangsvorstellung einer unvermeidlich idealen Zukunft, die Rebellion gegen die bürgerliche Moral, die kapitalistische Ausbeutung und den Imperialismus, paßt eher zur »anarchistischen Mentalität« unserer Art des Kommunismus als zu der starren Disziplin, die Moskau von seinen Parteigenossen verlangt.[188] Im Falle des Faschismus kam für die brasilianische Variante erschwerend hinzu, daß er als eine lediglich konservative Theorie durchgehen konnte, die darauf abzielte, das in Zweifel gezogene Ansehen der gesellschaftlichen, moralischen und religiösen Institutionen zu stärken, und auf diese Weise darauf hinauslief, den Mächtigen nicht zu schaden, wenn nicht gar deren Werkzeug zu sein. Dies alles läßt hoffen, daß der »Integralismus« immer mehr zu einer anpassungsfähigen Doktrin wird, die einem oppositionellen Handeln abschwört, das kaum Nachgiebigkeit erlaubt, und Anhängerin der Ordnung ist, das heißt der verfassungsmäßigen Macht. Den »Integralismus« kümmert es nicht, auf theoretischer Ebene vollkommen unbedeutend zu sein, auch wenn er es nicht zugibt. Was er wirklich will – und manchmal verwirrend lautstark –, ist die Anerkennung, das *nihil obstat* der zivilen Autorität. Er bekennt sich hierin zur mächtigen brasilianischen Tradition, die niemals echte Oppositionsparteien zuließ, die Interessen oder Ideologien vertreten.

Wenn schon auf politischer und sozialer Ebene die Prinzipien des Liberalismus etwas Unnützes, Teures und Überflüssiges waren, dann werden wir unserer Wirklichkeit auch nicht durch die Erfahrung mit anderen sinnreichen Gedankengebäuden begegnen. Wir können versuchen, unsere Unordnung anhand weiser, erprobter Schemata zu überwinden, doch es wird dabei immer eine Welt des inneren Seins übrigbleiben, unberührt und ungebeugt durch menschliche

188 Diese Worte, die im Jahre 1934 geschrieben und erstmals veröffentlicht wurden, scheinen der gegenwärtigen Wirklichkeit nicht mehr zu entsprechen. Offen bleibt, ob der vornehmlich sentimentale Charakter, mit dem ungezählte unserer Kommunisten heute einem Chef folgen, »der niemals irrt«, nicht sehr viel eher ein Grund für eine derartige Haltungsänderung ist als die bewußte, reflektierte Befolgung der marxistischen Prinzipien.

Erfindungen. Diese Welt ignorieren heißt, unserem spontanen Rhythmus, dem Gesetz von Ebbe und Flut, um eines mechanischen Takts und einer falschen Harmonie willen zu entsagen. Der Staat, ein Geschöpf des Geistes, widersetzt sich der natürlichen Ordnung. Doch es ist ebenfalls wahr, daß dieser Gegensatz kontrapunktisch gelöst werden muß, damit die Gesellschaft in sich kohärent ist. Um ein vollkommenes Ganzes aus so gegensätzlichen Teilen zu schaffen, gibt es nur ein einziges inneres Ordnungsprinzip, und das liegt jenseits aller Berechenbarkeit. Der Geist ist keine normative Kraft, es sei denn dort, wo er dem gesellschaftlichen Leben dienen kann und ihm entspricht. Die Strukturen der Autorität in einer Gesellschaft müssen ein mit ihr gleichzeitig erzeugter, mit ihr untrennbar verbundener Rahmen sein: Sie erwachsen unaufhörlich aus den besonderen Erfordernissen des gesellschaftlichen Lebens und niemals aus der willkürlichen Entscheidung für etwas. Es gibt jedoch einen perfiden, anmaßenden Dämon, der ständig darum bemüht ist, uns diese einfachen Wahrheiten zu verschleiern. Er bringt die Menschen dazu, sich anders zu sehen, als sie sind, und stets neue Vorlieben und Abneigungen zu entwickeln. Und gut sind diese nur selten.

Anmerkungen der Übersetzerin

Abschaffung der Sklaverei: Am 13. 5. 1888 wurde mit der »Lei Aurea«, dem »Goldenen Gesetz«, die Sklaverei endgültig abgeschafft. Am 24. 2. 1891 trat die neue Verfassung in Kraft, die in Brasilien ein von den Vereinigten Staaten inspiriertes präsidiales und föderales System einführte. Der erste Präsident hieß Deodoro da Fonseca.
José Lins do Rêgo Cavalcanti (1901-1957): Beschreibt in seinem fünf Bände umfassenden, von 1932-36 publizierten »Zuckerrohrzyklus«

den Zusammenstoß des alten Feudalsystems mit den neuen Formen der Industrialisierung. Als sein Meisterwerk wird der Roman »Fogo Morto« (»Totes Feuer«) von 1943 angesehen, dessen Handlung ebenfalls im Milieu der Plantagen angesiedelt ist.

Der Krieg gegen Paraguay fand 1865-70 statt.

José Batlle y Ordóñez (1856-1929): Von 1903-07 und 1911-15 Präsident von Uruguay.

Thomas Hobbes (1588-1679): Englischer Philosoph, lieferte mit seiner Staatstheorie, derzufolge der Staat eine reale Überperson ist, der allmächtige »Leviathan«, eine theoretische Rechtfertigung für den Absolutismus.

Juan Manuel de Rosas (1793-1877): Von 1835 bis 1852 diktatorisch regierender Gouverneur der Provinz Buenos Aires.

Mariano Melgarejo (1818-1871): Bolivianischer General. Erhob sich nach einem Staatsstreich gegen General Acha 1865 zum Diktator. Er wurde 1871 ermordet.

Simon-Commission: Nach ihrem Vorsitzenden, dem britischen Liberalen Sir John Simon, benannte »Indian Statutory Commission«, die 1927 eingesetzt wurde, um die Arbeit der späteren »Dyarchy« vorzubereiten, der 1935 durch den »Government of India Act« von Briten und Indern gemeinsam gebildeten Regierung.

Diego Portales (1793-1837): War als Mitglied des Kabinetts oder auch als einfacher Bürger sieben Jahre lang (1830-37) virtueller Diktator Chiles. Er wurde zwar zu Lebzeiten vom Volk gehaßt, später jedoch als Symbol für die Einheit Chiles angesehen.

Integralisten: Die »Acção Integralista Brasileira« war eine faschistische Bewegung, die 1932 von Plínio Salgado als politische Partei organisiert wurde. Die Integralisten faßten Fuß in den Streitkräften und zählten einige Dutzend Intellektuelle zu ihren Mitgliedern. Die stark antisemitische AIB hatte Kontakt zur NSDAP in Deutschland. Nach einem »Operetten-Putsch« im Jahre 1938 wurde die Partei verboten.

Nachwort
Das Brasilien Sérgio Buarque de Holandas

Zwei Essays aus den 1930er Jahren haben die brasilianische Nation intellektuell neu erfunden und maßgeblich das Bild und Selbstbild beeinflußt, das sie bis heute prägt. Es handelt sich zum einen um *Casa Grande e Senzala* (*Herrenhaus & Sklavenhütte*) von 1933[1], worin Gilberto Freyre das ethnische Dilemma Brasiliens auflöst – zumindest auf einer diskursiven Ebene. Entgegen den herrschenden rassistischen Vorstellungen seiner Zeit zeigt Freyre, daß die ethnische Durchmischung keineswegs eine Schwäche, sondern die Größe Brasiliens bedeute und gerade die »Mestizisierung« (mestiçagem) nationale Identität konstituiere.

Das zweite Werk ist der vorliegende Essay, *Die Wurzeln Brasiliens*.[2] Als das Buch 1936 in der damaligen Hauptstadt Rio de Janeiro erschien, war Brasilien seit über hundert Jahren unabhängig. Die Sklaverei war 1888 abgeschafft worden und das Land seit 1889 formell eine Republik und gerade erst im Begriff, sich von der Herrschaft der Agraroligarchen zu emanzipieren. Mit seinem Essay beabsichtigte Sérgio Buarque de Holanda, ein von den Agrarbaronen befreites Land mit zu gestalten, den Weg zu weisen, den die ehemalige portugiesische Kolonie nehmen sollte, um zu einer modernen und demokratischen Nation zu werden.[3] Das Buch ist aller-

1 Freyre, Gilberto: Casa Grande e Senzala. Formação da familia brasileira sob o regime de economia patriarchal. São Paulo: Schmidt, 2. Aufl., 1936, zuerst 1933. Deutsche Übersetzung: Herrenhaus und Sklavenhütte: ein Bild der brasilianischen Gesellschaft. Köln: Kiepenheuer & Witsch, 1965.

2 Holanda, Sérgio B. de: Raízes do Brasil. Rio de Janeiro: José Olympio, 1936. Die erste deutsche Ausgabe ist bei Suhrkamp 1995 erschienen.

3 Insofern beschreibt die Metapher der Wurzeln weniger die Suche nach einer Herkunft, sondern vielmehr die mögliche Verbindung zwischen

dings kein bloß normatives Projekt, es ist analytisch. Um seine Visionen zu artikulieren, tauchte Buarque de Holanda tief in die brasilianische Geschichte ein und entwickelte dabei eine soziohistorische Diagnose, die weit über den damaligen Forschungsstand hinausging. Und dieses Charakteristikums wegen ist das Buch ein »Klassiker von Geburt an«[4] gewesen. Der Essay gibt nämlich prägnante Antworten auf die analytischen und politischen Herausforderungen seiner Zeit und erfaßt dabei das spezifisch brasilianische Spannungsverhältnis zwischen Kontinuität und Wandel in der *longue dureé*. Die bislang knapp dreißig auf portugiesisch erschienenen Auflagen wurden vom Autor sukzessive ergänzt und verbessert. Übersetzt wurde das Buch ins Spanische, Italienische, Französische, Japanische, Deutsche, 2012 ist es auch ins Englische übertragen worden. Die entsprechende Sekundärliteratur füllt eine ganze Bibliothek, die Kommentatoren führen bis heute teils heftige Diskussionen über die richtige Interpretation der einzelnen Buchkapitel. Und seit 2004 liegt sogar eine filmische Variante des Essays vor, der preisgekrönte Regisseur Nélson Pereira dos Santos hat damit eine Hommage an Buarque de Holanda schaffen wollen.

Es gibt keine einfache Antwort auf die Frage, warum ein

Vergangenheit und Zukunft. Es geht also nicht um »roots«, sondern um »routes«, wenn ich hier Debatten aus anderen Zusammenhängen paraphrasieren darf. Vgl. Gilroy, Paul (1995): Roots and Routes: Black Identity as an Outernational Project«. In: Harris, Herbert/Blue, Howard/Griffith, Ezra (Hg.): Racial and Ethnic Identity: Psychological Development and Creative Expression, London/New York: Routledge, S. 15-30.

4 Der Ausdruck »clássico de nascença«, ein Klassiker von Geburt an, stammt vom Literaturkritiker Antônio Cândido, enger Freund Buarque de Holandas und wichtigster Kommentator von dessen Werk. Cândido, Antônio: O significado de Raízes do Brasil, S. xii. In: Holanda, Sérgio B. de: Raízes do Brasil. Rio de Janeiro, José Olympo Editora, 1979, 13. Auflage, S. xi-xxii. Dieses sowie alle anderen Zitate aus dem Portugiesischen und aus dem Englischen wurden vom Autor dieses Nachworts sinngemäß ins Deutsche übersetzt.

Buch, das bald achtzig Jahre alt wird, sich seine »freshness«[5] bewahrt hat und seine Leser so mitzureißen versteht, wie nur wenige Sachbücher es vermögen. Buarque de Holandas Biographie, seine umfassende Gelehrsamkeit und die literarische Kraft seines Schreibens haben gewiß dazu beigetragen. Faszination gewinnt dieses Buch jedoch auch aus seinem Anliegen selbst. Es handelt sich nämlich um nichts Geringeres als den Versuch, das koloniale Erbe zu überwinden.

In den 1930er Jahren war Brasilien bereits seit mehreren Jahrhunderten unauflöslich in die »verwobene Moderne«[6] integriert. Mit der Kolonialzeit hatten das Gold, der Zucker, die Baumwolle und viele andere Produkte, die die aus Afrika verschleppten und versklavten Menschen aus den Minen und Plantagen Brasiliens zutage brachten, das Europa des Industriekapitalismus und der Aufklärung mitermöglicht. Auch aus einer ideengeschichtlichen Perspektive können einerseits Aufklärung und zum anderen Kolonialismus und Sklaverei nicht isoliert voneinander verstanden werden, da die koloniale Wahrnehmung der außereuropäischen Welt den Menschenbegriff der europäischen Aufklärung zweifelsfrei prägte.[7] Für das Brasilien Buarque de Holandas hatten Kolo-

5 Monteiro, Pedro Meira: Why Read Roots of Brazil Today?, S. x. In: Holanda, Sérgio B. de, Roots of Brazil. Notre Dame: Univ. of Notre Dame Press, 2012, S. ix-xix.

6 Randeria, Shalini: Verwobene Moderne: Zivilgesellschaft, Kastenbindungen und nicht staatliches Familienrecht im (post)kolonialen Indien, in: Brunkhorst, Hauke/Costa, Sérgio (Hg.): Jenseits von Zentrum und Peripherie: Zur Verfassung der fragmentierten Wertgesellschaft, München/Mering: Rainer Hampp Verlag, S. 169-196. Siehe auch: Conrad, Sebastian/Randeria, Shalini: Einleitung. Geteilte Geschichten – Europa in einer postkolonialen Welt, in: Conrad, Sebastian/Randeria, Shalini (Hg.): Jenseits des Eurozentrismus: Postkoloniale Perspektiven in den Geschichts- und Kulturwissenschaften, Frankfurt/Main: Campus Verlag, S. 9-49.

7 Siehe Stam, Robert/Shohat, Ella: Race in Translation. Culture Wars around the Postcolonial Atlantic. New York/London: New York Univ. Press., 2012, S. 17ff. Die »antinomies of the enlightment«, von denen

nialismus und Sklaverei allerdings ein anderes Erbe hinterlassen: Vier Jahrhunderte nach Ankunft der Portugiesen hatte das Land zu Beginn des 20. Jahrhunderts nicht viel mehr als eine marode Wirtschaft, despotische Eliten und eine grundsätzlich autoritäre Gesellschaft vorzuweisen. *Die Wurzeln Brasiliens* sind deshalb auch eine Art Befreiungsmanifest, mit dem der damals 34 Jahre alte Autor zu demonstrieren beabsichtigte, daß Brasilien nicht nur die Schattenseiten, sondern ebenfalls die Errungenschaften der Moderne zu implementieren vermag.

Sein begriffliches Instrumentarium, seine Analyse Brasiliens entwickelte Buarque de Holanda zum großen Teil in Berlin, wo er von 1929 bis 1930 lebte und dort den Anfang des Endes der Weimarer Republik mitverfolgen konnte.[8] Zu dieser Zeit befaßte er sich intensiv mit den deutschen Geschichts- und Sozialwissenschaften, und er war ein unablässiger Beobachter des Alltagslebens in Berlin, Hamburg und Leipzig. Und während seiner »deutschen Wanderjahre« [9] hat der Autor neben seinen zentralen theoretischen Referenzen

Stam und Shohat sprechen, findet man selbst bei Gelehrten wie Immanuel Kant. Er verteidigte die universelle Gleichheit, aber zugleich schrieb er den Nicht-Europäern eine angeborene Minderwertigkeit zu: »In den heißen Ländern reift der Mensch in allen Stücken früher, erreicht aber nicht die Vollkommenheit der temperierten Zonen. Die Menschheit ist in ihrer größten Vollkommenheit in der Race der Weißen. Die gelben Indianer haben schon ein geringes Talent. Die Neger sind weit tiefer und am tiefsten steht ein Theil der amerikanischen Völkerschaften.« (Kant, Immanuel: »Physische Geographie«, S. 17. In Henscheid, Eckhard/Kant, Immanuel: Der Neger (Negerl), Zürich: Haffmans, S. 7-27, 1988 [zuerst 1802]).

8 Vgl. Cândido, Antônio: Introdução, S. 119, in Barbosa, Francisco de A. (Hg.): Raízes de Sérgio Buarque de Holanda. Rio de Janeiro: Rocco, 1989, S. 119-129.

9 Buarque de Holanda pflegte das Wort »Wanderjahre« stets auf deutsch zu verwenden. Siehe u.a. Holanda, Sérgio B. de: Tentativas de Mitologia. São Paulo: Perspectiva, 1979, S. 29.

auch eine Vorstellung davon gewonnen, wie eine moderne Gesellschaft aussehen könnte.

Die beeindruckende Karriere dieses modernen Klassikers kann hier nicht ausführlich dargestellt werden. Ich beschränke mich deshalb darauf, gewisse biographische und politische Zusammenhänge zu rekonstruieren, um die Thesen Buarque de Holandas entsprechend fundierter deuten zu können. Ich gehe dabei in vier Schritten vor. Zunächst rekonstruiere ich kursorisch die Biographie des Autors, insbesondere bis zum Erscheinen des Buches, denn im Falle Buarque de Holandas sind Biographie und Bibliographie, Leben und Werk eng verzahnt. Anschließend gehe ich auf die innenpolitischen Verhältnisse Brasiliens ein und verorte das Werk in den ideologischen und intellektuellen Debatten der damaligen Zeit. Drittens setze ich mich mit einigen zentralen Thesen des Essays auseinander, um den Lesern Wegmarken für eigene Lektüren zu liefern. Und schließlich versuche ich, in einer Art Fazit, *Die Wurzeln Brasiliens* aus heutiger Perspektive zu betrachten. Hier geht es um die mögliche Aktualität des Buches.

Der Autor

Sérgio Buarque de Holanda wurde in eine paulistanische Mittelschichtsfamilie geboren. Er besuchte die besten Schulen der Stadt, genoß eine breite, humanistische Bildung und lernte nebenher Französisch, Englisch und Deutsch. Die dynamische Atmosphäre der damaligen Einwandererstadt prägte ihn tief. Anfang des 20. Jahrhunderts begann nämlich der Aufstieg São Paulos zur Industriemacht und späteren Weltmetropole. In den Finanzsektor der Stadt und von dort in die aufkommende Industrie floß das durch den Kaffeeexport akkumulierte Kapital. Die aufblühende Stadt zog dabei massiv Migranten an: Im Jahr 1920 lebten in São Paulo

579.000 Menschen, 35,7 % davon Einwanderer unter anderem aus Portugal, Japan, Spanien und Italien, in geringerer Zahl auch aus Deutschland und dem Nahen Osten.[10]

In den Straßen São Paulos verschärften sich die Spannungen zwischen der Agraroligarchie, die fortgesetzt die ökonomische und politische Macht innehatte, und den aufstrebenden urbanen Milieus. Einerseits verunsicherte der soziale Umbruch die Einwohner der Stadt, wie der Stadthistoriker Nicolau Sevcenko es plastisch darstellt:

> »Diese Stadt sproß plötzlich und unerklärlich aus dem Boden wie ein kolossaler Pilz nach dem Regen, sie war selbst für ihre Bewohner ein Rätsel. Perplex versuchten sie, die Stadt so gut wie möglich zu verstehen. Gleichzeitig kämpften sie dagegen an, von ihr verschlungen zu werden.«[11]

Andererseits förderte diese lebhafte Gemengelage intellektuelle und ästhetische Kreativität. Um 1920 bildete sich in São Paulo die wirkmächtige *Modernismo*-Bewegung, jene avantgardistische Strömung, die der brasilianischen Kunst und Belletristik ein grundlegend anderes Selbstverständnis verlieh und ein ganzes Repertoire neuer Ausdrucksformen erschloß. Die Verteidigung einer eigenen brasilianischen Kunstsprache, die Europa nicht einfach imitierte, interessierte Buarque de Holanda entsprechend schon um 1920, als der damals Achtzehnjährige erste Beiträge in der Zeitung *Correio Paulistano* publizierte. Mit 19 Jahren gehörte er zum inneren Kreis der *Modernismo*-Bewegung, und er kam da-

10 Véras, Maura Pardini Bicudo: DiverCidade: territórios estrangeiros como topografia da alteridade em São Paulo. São Paulo: EDUC, S. 58 ff.

11 Sevcenko, Nicolau: Orfeu extático na metrópole: São Paulo, sociedade e cultura nos frementes anos 20. São Paulo: Companhia das Letras, 1992, S. 32.

durch in Kontakt mit Schlüsselfiguren des brasilianischen Kunst- und Kulturlebens, wie Mário und Oswald de Andrade. Diese intellektuelle Sozialisierung unter den *Modernistas* wirkte nachhaltig auf seine Arbeit, wie er selbst erkannte:

> »Modernismus hieß vor allem, mit dem Formalismus der älteren Traditionen zu brechen. In ihren Studien über Folklore richteten die Modernistas ihre Aufmerksamkeit auf das brasilianische Hinterland – weg von den europäisierten Städten. Indem sie die Schwarzen zum Subjekt ihrer Kunst machten, erklärten sie, daß nicht nur die weißen Menschen Brasilianer waren. Dieses Anliegen nahm ich in meine historischen und anderweitigen Arbeiten auf. *Die Wurzeln Brasiliens* waren ein Versuch, etwas Neues zu schaffen, mit der patriotischen Glorifizierung vergangener Helden aufzubrechen, und der Versuch, kritisch zu sein.«[12]

Im Jahre 1921 zog Buarque de Holanda mit der Familie nach Rio de Janeiro um. Dort studierte er Jura und war weiter als Journalist, Publizist, Literaturkritiker und Herausgeber tätig. Er nahm an den intellektuellen Diskussionen in der Hauptstadt teil und pflegte engen Kontakt zu den lokalen Kulturszenen, zu deren Protagonisten der Dichter Manuel Bandeira und der Maler Di Cavalcanti gehörten.[13]

Im Jahr 1929 wurde Buarque de Holanda von der Zeitung *O Jornal* als Auslandskorrespondent nach Berlin entsandt. Er sollte über Deutschland, Polen und die Sowjetunion be-

12 Holanda, Sérgio B. de/Graham, Richard: An Interview with Sergio Buarque de Holanda, S. 13. In: Hispanic-American Historical Review, 62 (1), 1982, S. 3-17.

13 Siehe Guimarães, Eduardo H. L.: A modernidade reconta as tradições paulistanas, S. 42. In: Monteiro, Pedro M./Eugênio, João K. (Hg.): Sérgio Buarque de Holanda. Perspectivas. Rio de Janeiro/Campinas: EDUERJ/Ed. Unicamp, S. 37-62.

richten, wobei er für die Einreise in die Sowjetunion trotz intensiver Bemühungen nie ein Visum bekam. Die Bedeutung der »deutschen Wanderjahre« für die Person und den Autor können kaum überschätzt werden. Als Gasthörer besuchte Buarque de Holanda die Vorlesungen des Historikers Friedrich Meinecke an der Universität Berlin, er las die Arbeiten von Ernst Kantorowicz und Leopold von Ranke, Carl Schmitt, Georg Simmel, Ferdinand Tönnies, Werner Sombart und Max Weber. Einen folgenreichen Eindruck haben indes auch die »mystische Philosophie und der Irrationalismus« und die Berliner Bohème hinterlassen: »In bester Erinnerung behalte ich die weltliche, bohemehafte Euphorie in jenen letzten Tagen der Weimarer Republik.«[14]

Buarque de Holanda besuchte Konzerte und Veranstaltungen, er schrieb für das Magazin *Duco* – die brasilianische Rundschau der Deutsch-Brasilianischen Handelskammer – und übersetzte deutsche Filme ins Portugiesische, beispielsweise die UFA-Produktion *Der Blaue Engel* mit Marlene Dietrich.

In dieser Zeit begegnete Buarque de Holanda auch verschiedenen prominenten Figuren der intellektuellen und künstlerischen Szene Deutschlands. Er freundete sich mit dem Schriftsteller Theodor Däubler an, und er frequentierte den George-Kreis[15]. Im Dezember 1929 traf er den frisch gekrönten Literaturnobelpreisträger Thomas Mann für ein Interview im Hotel Adlon. Der Schriftsteller erzählte Buarque de Holanda von seiner brasilianischen Mutter, die »auf einer Kaffee- oder Zuckerfarm geboren ist« und davon, daß »sein wenig deutsches Temperament« auf diese Herkunft zurückzuführen sei.[16]

14 Holanda, Sérgio/ Graham, Richard: An Interview ... 1982, S. 5.
15 Holanda, Sérgio B. de: Corpo e Alma do Brasil. Interview, S. 7. In: Revista Novos Estudos CEBRAP, No. 69, S. 3-14.
16 Holanda, Sérgio B. de: Thomas Mann e o Brasil, S. 201 f., in: Holanda,

In Berlin wurde Buarque de Holanda zum erstenmal Vater: Aus einer Beziehung mit der Münchnerin Anne Margerite Ernst ist Sérgio Georg Ernst geboren. Der Kontakt mit Mutter und Sohn brach allerdings mit seiner Rückkehr nach Brasilien ab.

Politisch waren die Berliner Jahre besonders anregend. Buarque de Holanda berichtete aufmerksam über den Machtkampf zwischen Stalinisten und Trotzkisten in der Sowjetunion und interviewte Akteure aus beiden Lagern. Die innenpolitischen Entwicklungen in Deutschland verfolgte er ebenfalls aufmerksam: Er berichtete besorgt über die Agitationen der Nationalsozialisten, die schließlich zum Wahlerfolg der NDSAP bei den Reichstagwahlen im September 1930 führten, bei denen die Nazi-Partei fast 20 % der Stimmen erhielt.

Die Begabung, Milieus und Alltagsleben akkurat zu beobachten und zu analysieren, die Buarque de Holandas Arbeit als Historiker und Zeitchronist maßgeblich kennzeichnet, wurde in den deutschen Jahren geschärft. Alles mögliche, worauf er stieß, war ihm aufschlußreiches Material – die Kontaktanzeigen in der Sonntagsausgabe des *Lokal Anzeigers* etwa. Sein Befremden über diese öffentliche Suche nach einem Ausweg aus der eigenen Einsamkeit konnte er nicht verbergen. In alledem sah er eine Trennung zwischen Sexualität und Moralität »und sogar eine fortschreitende Zerstörung der emotionalen Dimension des Liebeslebens«[17]. Auch die in Brasilien und Deutschland je unterschiedlich kodierten Geschlechterverhältnisse beschäftigten ihn. In Ham-

Sérgio B. de: Raízes de Sérgo Buarque de Holanda. Rio de Janeiro: Rocco, 1989 (zuerst 1930), S. 199-211.

17 Holanda, Sérgio B. de: Berlim, Agosto, S. 136. In: Holanda, Sérgio B. de: Raízes de Sérgo Buarque de Holanda. Rio de Janeiro: Rocco, 1989 (zuerst 1929), S. 134-142.

burg beobachtete Buarque de Holanda die flanierenden Paare und stellte fest:

> »Selbst außerhalb der ausschweifenden Cafés von St. Pauli sieht man selten einen Mann, der sonntags in Hamburg straffrei ohne seine ›Partnerin‹ läuft. Die Frau hat in Deutschland, in allen Bereichen, die gleichen Rechte, die gleichen Privilegien, die gleichen Versuchungen und sogar die gleichen Gefälligkeiten wie die Männer erobert. Jene ›Verbrechen, die sich nur mit Blut reinwaschen lassen‹ in den romanischen Ländern Europas und in Lateinamerika [*países latinos* im Orginal], werden hier als verzeihbare Unannehmlichkeiten akzeptiert, und alles steht zum besten in der besten aller Welten«.[18]

Als Buarque de Holanda Anfang 1931 nach Rio de Janeiro zurückkehrte, war er »ausgebildet«. Er arbeitete zwar weiter als Journalist und Publizist, »war aber doch schon von dem Wunsch getrieben, Historiker zu werden«[19]. Jedenfalls hatte er ein umfangreiches Manuskript zu einer »Theorie Amerikas« im Gepäck. Das komplette Manuskript wurde nie veröffentlicht, zwei Kapitel von *Die Wurzeln Brasiliens* basieren jedoch auf diesem Material.

1936 bekam Buarque de Holanda eine Assistentenstelle an der Universität Rio de Janeiro, ein Jahr später wurde er dort schließlich Professor für die Geschichte Amerikas. Neben seiner universitären Tätigkeit leitete Buarque de Holanda die Forschungsabteilung der Nationalbibliothek. Nachdem die Universität Rio de Janeiro im Rahmen der politischen

18 Holanda, Sérgio B. de: Através da Alemanha, S. 130. In: Holanda, Sérgio B. de: Raízes de Sérgo Buarque de Holanda. Rio de Janeiro: Rocco, 1989 (zuerst 1929), S. 130-133.

19 Iglésias, Francisco: História e Literatura. São Paulo: Perspectiva, 2009, S. 132.

Repression unter Getúlio Vargas 1939 geschlossen worden war, fing er auch im Instituto Nacional do Livro, dem Nationalen Buchinstitut, zu arbeiten an. Seine Tätigkeiten als Publizist und Literaturkritiker setzte er während dieser Zeit fort.

1936 heiratete Buarque de Holanda Maria Amélia Alvim, mit der er bis zu seinem Tod im Jahr 1982 zusammenblieb. Aus der Ehe sind sieben Kinder hervorgegangen – darunter die Sängerinnen und Liedermacherinnen Ana, Cristina und Heloísa (Miúcha) sowie Francisco, alias Chico Buarque de Holanda, Schriftsteller und bis heute Musikidol Brasiliens.

1946 übersiedelte die Familie zurück nach São Paulo, Buarque de Holanda wurde dort Direktor des Museu Paulista. Er lehrte außerdem an der Escola Paulista de Sociologia e Política, der Paulistischen Schule für Soziologie und Politik. Im Jahr 1957 wurde er nach der Vorlage der mächtigen Schrift *Visão do Paraíso* (»Vision des Paradieses«) schließlich »Professor für brasilianische Zivilisation« an der Universität São Paulo. Dort gründete er 1962 das multidisziplinäre Institut für Brasilienstudien, das einen herausragenden Beitrag zur Institutionalisierung und Professionalisierung der Brasilien-Forschung leistete. 1969 verließ er die Universität São Paulo und ging in den Vorruhestand – aus Protest gegen die Militärdiktatur, die die Entlassung einiger Kolleginnen und Kollegen betrieben hatte.

Darüber hinaus blieb Buarque de Holanda auf vielseitige Weise aktiv. Er übersetzte, schrieb journalistische Beiträge, koordinierte die Herausgabe einer großen Buchreihe zur Geschichte der »brasilianischen Zivilisation« weiter und veröffentlichte zahlreiche geschichtswissenschaftliche Aufsätze und Essays. Als Gastdozent lehrte oder sprach er an verschiedenen Universitäten im Ausland, darunter an der New York State University, Yale University, Columbia University und Harvard University.[20] Kurz vor seinem Tod wirkte er als Gründungsmitglied bei der Entstehung der Arbeiterpartei »Partido dos Trabalhadores« mit, jener Partei, die für eine breite politische Teilhabe eintrat und die damit – zumindest diskursiv – das von Buarque de Holanda in *Die Wurzeln Brasiliens* skizzierte Programm einlöste. Buarque de Holanda hinterließ ein monumentales historiographisches Werk, ohne das eine professionelle Geschichtsschreibung in Brasilien so nicht denkbar wäre.[21]

Der Kontext

Als *Die Wurzeln Brasiliens* 1936 bei José Olympio in Rio de Janeiro erschienen, hatte das Land noch keine 40 Millionen Einwohner. Fast 60 % der Brasilianer waren Analphabeten – im Nordosten sogar über 70 % der Menschen. Brasilien war eine arme Agrargesellschaft, in der ca. 70 % der Bevölkerung in ländlichen Gebieten und dort meistens in prekären Verhältnissen lebten. Die durchschnittliche Lebenserwartung betrug 42 Jahre.[22] Das Bruttoinlandsprodukt pro Kopf betrug 1.100 Dollar – gerade mal ein Viertel des argentinischen Vergleichswertes und weniger als das, was in den meisten übrigen lateinamerikanischen Ländern, einschließlich Kolumbien und Peru, erwirtschaftet wurde.[23]

20 Dias, Maria O. L. S.: Sérgio Buarque de Holanda: Historiador, S. 8. In: Dias, Maria O. L. S. (Hg.): Sérgio Buarque de Holanda. São Paulo, S. 7-60.

21 Für einen kommentierten Überblick über die Werke Holandas und ihre Bedeutung für die brasilianische Historiographie siehe: Dias, Maria O. L. S., ebd.

22 Nach Instituto Brasileiro de Geografia e Estatística: Tendências demográficas. Uma análise da população com base nos Censos Demográficos de 1940 e 2000. Rio de Janeiro: IBGE, 2007, Daten von 1940.

23 Vgl. Maddison Agnus: Brazilian Economic Performance since 1500: A comparative View, S. 9. In: ⟨http://www.ggdc.net/maddison/ARTICLES/Brazil_500.pdf⟩, 2000, Daten von 1929.

Politisch stellen die 1920er und 1930er Jahre eine Zäsur in der brasilianischen Geschichte dar. Bis Ende der 1920er Jahre, also vierzig Jahre nach der Proklamation der Republik, bestimmten Dispute zwischen den verschiedenen Agraroligarchien das politische Geschehen. Allerdings vollzogen sich unterdessen schon einschneidende Veränderungen: Die städtische Mittelschicht und auch die Arbeiterschaft begannen, sich zu organisieren und öffentlich zu protestieren. 1922 wurde die Kommunistische Partei Brasiliens gegründet. Zu dieser Zeit formierte sich auch die *Tenentismo*-Bewegung – wörtlich: »Bewegung der Leutnante« –, die ein wichtiger Katalysator der gesellschaftlichen Unzufriedenheit mit den etablierten Oligarchien wurde. Die aus der Tenentismo-Bewegung hervorgegangenen Einzelrebellionen in Rio de Janeiro (1922), in São Paulo (1924), in Manaus (1924) sowie die Coluna Prestes, die von Luis Carlos Prestes zwischen 1925 und 1927 geführten Züge durch Brasilien, scheiterten zwar militärisch, sie ebneten indes den Weg für die Machtwechsel im Jahr 1930.

In den unterschiedlichen Regionen des Landes instrumentalisierten derweil lokale Kaziken den Staat für die Durchsetzung ihrer eigenen Interessen, auf Bundesebene wechselten sich die Agrareliten aus dem Staat São Paulo, der in der Kaffeeproduktion führend war, und aus dem Staat Minas Gerais, der die Milchwirtschaft dominierte, an der Machtspitze ab. Die »Milchkaffee-Allianz«, wie sie in der brasilianischen Historiographie heißen sollte, brach noch vor den Präsidentschaftswahlen im März 1930 zusammen, als die Weltwirtschaftskrise Brasilien und insbesondere die Kaffeeökonomie schwer in Mitleidenschaft zog. Die beiden mächtigen und bevölkerungsstärksten Staaten konnten sich auf keine gemeinsame Kandidatur einigen. São Paulo stellte einen eigenen Kandidaten, Júlio Prestes, auf; Minas Gerais unterstützte Getúlio Vargas aus dem Bundesstaat Rio Grande do Sul. Prestes entschied die Wahlen knapp für sich. Ein »Staatsstreich«[24], der als die »Revolution von 1930« in die brasilianische Geschichte einging, verhinderte, daß der gewählte Präsident sein Amt antrat, und führte schließlich dazu, daß Getúlio Vargas zum Chef einer provisorischen Regierung wurde. Das Übergangsmandat dauerte bis 1934 an. 1933 wurde eine Versammlung gewählt, die 1934 eine neue Verfassung verabschiedete und die anschließend per indirekte Wahl Vargas ein vierjähriges Präsidentschaftsmandat übertrug.

Ende 1937 benutze Vargas die vermeintliche Planung eines kommunistischen Aufstandes als Vorwand, mit Hilfe des Militärs zu putschen. Er suspendierte die bevorstehenden Präsidentschaftswahlen und setzte eine neue Verfassung in Kraft, die ihn mit faktisch diktatorischen Machtbefugnissen ausstattete. Bis 1945 dauerte der selbstproklamierte »Neue Staat«, der *Estado Novo*, mit dem Diktator Vargas an der Spitze.[25]

24 Siehe Rinke, Stefan/Schulze, Frederik: Kleine Geschichte Brasiliens. München: C. H. Beck, 2013, S. 134. Buarque de Holanda verfolgte diese Ereignisse von Berlin aus und verzeichnete dabei ein großes deutsches Interesse an den Unruhen in Brasilien. Sogar in »mehreren Kinos des Kurfürstendamms« wurden die Vorkommnisse zwischen den Vorstellungen gemeldet. Er zeigte sich allerdings darüber irritiert, daß die deutschen Medien sie als »Putsch« bezeichneten, da es sich um »keinen Machtmißbrauch«, sondern um die »Reetablierung des normalen Zustands« handle. Siehe Holanda, Sérgio B. de: Como repercutiram na imprensa alemã os últimos acontecimentos do Brasil, S. 282. In: Holanda, Sérgio B. de: Raízes de Sérgo Buarque de Holanda. Rio de Janeiro: Rocco, 1989 (zuerst 1930), S. 282-287. Als der 1930 an die Macht gesetzte Präsident Getúlio Vargas sich selbst eine diktatorische Machtfülle zuschrieb, distanzierte SBH sich von ihm. Vgl.: Holanda, Sérgio B. de/ Graham, Richard: An Interview …, S. 7.

25 Trotz der ideologischen Identifikation mit dem Faschismus bemühte sich die Diktatur Vargas zunächst um eine neutrale Position im Zweiten Weltkrieg. Aufgrund der innen- und außenpolitischen Umstände wurde die »Neutralität« 1942 aufgegeben, als Brasilien für die Alliierten in den Krieg zog.

Vargas verkörperte wie kein anderer Politiker vor und nach ihm das nationalpopulistische Herrschaftsmuster in Brasilien: Als sogenannter Vater der Armen versuchte er, die Interessen der neuen urbanen Schichten aufzugreifen. Er profilierte sich durch seine Politik der importsubstituierenden Industrialisierung als Modernisierer des Landes. Unter seiner Führung wurden die sozialen und Arbeitsrechte erheblich erweitert, zugleich aber gängelte er die Gewerkschaften und ließ jedwede oppositionelle Regung niederschlagen.[26]

Nach dem Debakel dieses »Neuen Staates« herrschte in den folgenden zwanzig Jahren eine gewisse demokratische Stabilität, die auf einer neuen, durchaus fortschrittlichen Verfassung aus dem Jahr 1946 fußte. Das Modell, Industrialisierung durch Importsubstitution und Staatsinvestitionen zu forcieren, wurde fortgeführt, und auch die Urbanisierung lief auf Hochtouren. Im März 1964 putschten die Militärs: Sie führten die Modernisierungspolitik weiter und regierten mit diktatorischen Befugnissen bis 1985, als eine Zivilregierung nach indirekten Wahlen die Macht übernahm. Die politischen Erfolge der Demokratisierung werden jedoch von der Schuldenkrise, von ökonomischer Stagnation und einer astronomisch hohen Inflationsrate überschattet. Es folgte eine Phase der »Strukturanpassung« und der strengen Sparpolitik, die erst Ende der 1990er Jahre gelockert wurde.

Die sozialen und politischen Transformationen, die sich in den 1920er und 1930er Jahren in Brasilien vollzogen, fanden deutlichen Widerhall auch in den intensiven intellektuellen

26 Nach seiner ersten Regierungszeit von insgesamt fünfzehn Jahren wurde Getúlio Vargas nochmals 1950 direkt gewählt. Die Amtszeit als demokratischer Präsident endete 1954 mit seinem Suizid – siehe Costa, Sérgio: Das politische System Brasiliens, S. 16ff., in: Stüwe, K./ Rinke, Stefan (Hg.). Die politischen Systeme in Nord- und Lateinamerika. Eine Einführung. Wiesbaden: VS, S. 114-136, 2008.

Auseinandersetzungen über die Geschichte und Zukunft des Landes. Dies läßt sich anhand der Essayistik jener Zeit rekonstruieren, die die Nationen- und Staatsbildung Brasiliens deutet und gleichzeitig das Projekt der weiteren Entwicklung von Staat und Gesellschaft fortschreibt. Diese Arbeiten versuchen nämlich, die durch Kolonialismus und Sklaverei geprägte Geschichte in eine kohärente Erzählung über die Konstruktion der Moderne einzuordnen. Entsprechend umfassend ist die Fülle von Themen, die dabei verhandelt werden. Denn es geht schließlich darum zu erklären, wie, ausgehend von den gegebenen Bedingungen, ökonomischer Fortschritt, sozialer Zusammenhalt, moderne Institutionen und ein plausibles nationales Selbstbild geschaffen werden können. Dabei wird die ganze Breite des politischen und ideologischen Spektrums abgebildet, von faschistischen Vorstellungen bis hin zur Apologie einer Revolution nach marxistisch-leninistischem Muster.[27]

Das ist der größere Zusammenhang, in dem man *Die Wurzeln Brasiliens* verorten und sehen muß. Zur näheren Einordnung der Position des Buches und seines Autors sollten mindestens drei weitere Bücher und ihre jeweiligen Programme erwähnt werden, zumal sich Buarque de Holanda seinerseits gelegentlich explizit, meist aber gewissermaßen stillschwei-

27 Die essayistische Produktion der 1930er Jahre eröffnete die Phase der »nationalen Bildungsliteratur« (literatura de formação), die bis in die 1980er Jahre reicht. Dieser Bildungsliteratur kommt eine doppelte Aufgabe zu: Sie reflektiert die Diskussionen über das moderne *nation building* und dient gleichzeitig der Konsolidierung der sozial- und kulturwissenschaftlichen Disziplinen, die anhand dieser Essays ihre eigene institutionelle Geschichte mitschreiben. Nachdem einerseits die Institutionalisierung und Spezialisierung der Wissenschaftsdisziplinen vollzogen wurden und die globalen Rahmenbedingungen keinen politischen und Reflexionsraum für nationale Entwicklungsprojekte zuließen, wird die nationale »Bildung« als Forschungsfeld aufgegeben. Vgl. Nobre, Marcos: Depois da »formação«. Cultura e política da nova modernização. In: Piaui, Nr. 34, 2012.

gend von ihnen distanziert. Es handelt sich um Francisco José de Oliveira Viannas *Evolution des brasilianischen Volkes*[28], das bereits erwähnte *Herrenhaus & Sklavenhütte* von Gilberto Freyre, und Caio Prado Júniors *Politische Evolution Brasiliens*.

Evolution des brasilianischen Volkes ist zwar bereits 1923 erschienen, aber hier insofern relevant, als Oliveira Vianna in den 1930er Jahren eine wichtige Referenz für die Integralismus-Bewegung, die brasilianische Variante des Faschismus, blieb. Diese Position verwirft Sérgio Buarque de Holanda jedenfalls entschieden. Oliveira Vianna wurde Berater des nationalpopulistischen Präsidenten Vargas und begeisterte unter anderem auch den nationalsozialistischen Wissenschaftler Heinrich Krieger, der während des Zweiten Weltkrieges nach Brasilien reiste, um sich in der »brasilianischen Rassenfrage« kundig zu machen.[29] *Herrenhaus & Sklavenhütte* erschien 1933. Nicht ganz so vehement wie er Oliveira Viannas Werk ablehnte, widersprach Buarque de Holanda sowohl Freyres Interpretation Brasiliens als auch dessen Projekt einer Nation.[30] Schließlich steht Caio Prado Júniors *Politische Evolution Brasiliens* von 1933[31] hier stellvertretend für die marxistische Variante, die Buarque de Holanda ebenfalls ablehnte.

Die »Evolution«, die sich Oliveira Vianna für das brasi-

28 Oliveira Vianna, Francisco José: Evolução do Povo Brasileiro. São Paulo: Monteiro, 1923

29 Krieger, Heinrich: Die Rassenfrage in Brasilien, S. 20ff. In: Archiv für Rassen- und Gesellschaftsbiologie, Bd. 34, H. 1, S. 9-56.

30 Die erste brasilianische Auflage von *Die Wurzeln Brasiliens* eröffnete im Verlag José Olimpyo die Reihe *Documentos Brasileiros*, die von Gilberto Freyre herausgegeben wurde. Hier formuliert Holanda seine Einwände gegen die Romantisierung der Kolonialzeit in der Arbeit Freyres noch nicht explizit.

31 Prado Júnior, Caio: Evolução Política do Brasil e outros ensaios. São Paulo: Brasiliense, 1957, zuerst 1933.

lianische Volk vorstellte, basiert auf Rassentheorien. Vianna glaubte, daß sich in der brasilianischen Gesellschaft soziale Positionen und »eugenisches Kapital« positiv korrelieren. Der Begriff »eugenisches Kapital« übernahm Vianna von dem französischen Anthropologen Georges Vacher de Lapouge, um das angeblich genetisch bedingte Entwicklungspotential der unterschiedlichen »Rassen« zu beschreiben. Danach würden weiße Menschen, die nach seiner Meinung großes »eugenisches Kapital« aufweisen, eine höhere Stellung in der Gesellschaft einnehmen als »Schwarze« und »Mischlinge«, da diese über wenig oder gar kein »eugenisches Kapital« verfügten. Deshalb war Vianna überzeugt, daß die Aussichten Brasiliens, eine moderne Nation zu werden, davon abhingen, »arische« Einwanderer anwerben und durch die entsprechende Durchmischung der »Rassen« den »eugenischen Vorrat« seiner Bevölkerung aufstocken zu können. Die rassistische Position Viannas erfüllte eine klare politische Aufgabe: Sie diente dazu, die Interessen der herrschenden Oligarchien gegen die neuen städtischen Gruppierungen zu verteidigen, die mit Streiks und Protesten öffentlich sichtbar wurden.[32] Der Rassismus Oliveira Viannas entpolitisiert diesen Protest, indem er ihn zum Ausdruck der »exzessiven«, »unregelmäßigen«, »diskontinuierlichen« und subversiven »Psychophysiologie« macht, »deren großer Feind die Herrschaft [ist], die bestimmt, die befiehlt, die diszipliniert, die zwingt, die beschränkt, die einkerkert [...].«[33]

32 In dieser Interpretation der politischen Funktionalität der Rassentheorien Oliveira Viannas folge ich: Paiva, Vanilda: Oliveira Vianna: nacionalismo ou racismo? Encontros com a Civilização Brasileira 3, 1978, S. 127-156. Ausführlicher: Costa, Sérgio: Vom Nordatlantik zu ›Black Atlantic‹, Bielefeld: transcript, 2007, S. 209.

33 Oliveira Vianna, Francisco José: Populações Meridionais do Brasil e Instituições Políticas Brasileiras. Brasília: Câmara dos Deputados, 1982 [zuerst 1919], S. 180.

Diese Vorstellung, nach der Brasilien von einer weißen Elite zu führen sei, lehnte der Autor von *Die Wurzeln Brasiliens* ab: »Gegen den Vorschlag Oliveira Viannas, wonach unsere Vergangenheit und Zukunft arisch seien, setze ich das Erbe der Indianer und des Mameluco [des Nachfahren von Indigenen und Portugiesen].«[34] Hier treffen sich Buarque de Holanda und Gilberto Freyre, denn auch Freyre hob den Beitrag hervor, den Indigene und Afrikaner zur Konstruktion Brasiliens leisteten.

Als Schüler des in die USA emigrierten deutsch-jüdischen Ethnologen Franz Boas lehnte Freyre das Rassendenken ab. Sein Buch *Herrenhaus & Sklavenhütte* rekonstruiert die Geschichte Brasiliens als die glückliche Verschmelzung von portugiesischen, indigenen und afrikanischen Menschen, die komplementäre Beiträge zur Konstituierung des Landes geleistet hätten. Dank ihrer Geschichte, die den Osten wie den Westen, Europa, Afrika und Asien verbindet, hätten die Portugiesen eine besondere Gabe entwickelt, sich mit anderen Völkern zu vermischen. Freyre zufolge pflegten die Portugiesen eine Vorliebe für dunkelhäutige maurische Frauen, die sich unmittelbar auf die brasilianische Indianerin übertrug.

Was die Indigenen anbelangt, wird die Rolle der Indianerin unterstrichen, die Freyre zufolge neben breiten kulinari-

34 Holanda, Sérgio B. de/Graham, Richard: An Interview ..., S. 13. Den deutschen Leser wundert es vielleicht, daß Buarque de Holanda trotz der Ablehnung des Rassismus den Begriff »Rasse« führt. Damit meint der Autor allerdings keine biologische Konstante, sondern eine kulturelle Konstruktion, die aus der existierenden Deutungspraxis von kulturellen, habituellen und Körpermerkmalen resultiert. Mit diesen Konnotationen wird der Begriff bis heute in Brasilien verwendet und von den antirassistischen Bewegungen als unverzichtbar behandelt. Vgl.: Costa, Sérgio: Ein Ort für den schwarzen Körper: Antirassismus in Brasilien. In: Diehl, Paula/ Koch, Gertrud (Hg.). Der Körper als Medium. Inszenierungen der Politik. München: Fink, 2007, S. 141-160.

schen Fertigkeiten vor allem auch ihren Sinn für Sauberkeit, Fleiß und emotionale Stabilität in die brasilianische Kultur einbringen konnte. Der (männliche) Indianer präge dagegen den brasilianischen Charakter durch seinen Mangel an Disziplin und die Nichtachtung von Privateigentum und gesetzlicher Ordnung eher negativ. Die Schwarzen wiederum hätten den flexiblen und lockeren brasilianischen Umgangsformen eine Gestalt gegeben. Freyre lehnte die Ansichten über die geistige Minderwertigkeit der Schwarzen entschieden ab und meinte, daß ihre untergeordnete Sozialstellung allein durch historische Umstände zu erklären sei.[35]

In Hinblick auf den Mestizisierungstopos weicht Buarque de Holanda in zwei entscheidenden Aspekten von Freyre ab – bezüglich der Auseinandersetzung mit Kolonialzeit und portugiesischem Vermächtnis sowie bezüglich der Frage politischer Macht. In seinem Bemühen, das Projekt einer gemischten Nation historisch zu begründen, tendiert Freyre dazu, die Barbareien der Kolonialzeit und selbst die Sklaverei zu verharmlosen. Er betont die soziale Nähe zwischen Kolonisatoren und Kolonisierten, Herren und Sklaven, und stilisiert die Portugiesen zu besseren Kolonialherrschern. Freyre hat auch kein klares politisches Projekt, wonach Brasilien zu einer weniger asymmetrischen Gesellschaft würde. Nach Freyres Vorstellung erscheint die vermeintlich harmonische Durchmischung der Ethnien schon per se als gerecht, als bräuchte ein Volk, das die Tugenden der freundlichen Durchmischung im Alltag erlebt, keine politische Demokratie und materielle Umverteilung mehr. In Holandas Buch hingegen werden die politischen und sozialen Probleme Brasiliens auf die portugiesische Kolonisierung zurückgeführt. Die Vorstellung der Portugiesen als gute Herrscher lehnt Bu-

35 Ausführlicher: Costa, Sérgio: Vom Nordatlantik zum ›Black Atlantic‹ ..., S. 150 ff.

arque de Holanda also entschieden ab. Genau wie die Verherrlichung der »Mestizisierung« als Ersatz für Demokratie: Holanda will die politischen Distanzen überwinden und sucht konsequent nach dem politischen Subjekt, das die verstreuten Interessen der Mehrheit verkörpern könnte.

Caio Prado Júniors *Politische Evolution Brasiliens*[36] betonte schon in seinem ursprünglichen Untertitel die theoretische Affinität seines Autors: *Ein materialistischer Interpretationsessay der Geschichte Brasiliens*[37]. In der Tat leistete Caio Prado Júnior die erste konsequente Anwendung des Marxismus zur Analyse der brasilianischen Geschichte[38] von der Kolonialzeit und bis zum Ende des Kaiserreichs im 19. Jahrhundert. In der Einordnung der brasilianischen Kolonialwirtschaft in die *global history* besteht Prado Júniors Pionierleistung. Die Tendenz zum Ökonomismus in der Deutung politischer Prozesse ist seine analytische Schwäche. Hierin liegt auch der hauptsächliche Unterschied zwischen Prado Júniors Essay und den *Wurzeln Brasiliens*. Entschieden sucht Buarque de Holanda die Wurzeln Brasiliens nämlich nicht nur in der Ökonomie, er räumt auch der Politik eine hohe geschichtliche Gestaltungsmacht ein. Ebensowenig teilt er die Überzeugung Prado Júniors, daß eine gerechte Gesellschaft erst mit der Überwindung des Kapitalismus entsteht. Was Buarque de Holanda hier »unsere Revolution« nennt, ent-

36 Das umfassendere Werk von Prado Júnior, das in der Regel neben »Herrenhaus & Sklavenhütte« und »Die Wurzeln Brasiliens« als die Gründungsbeiträge der »nationalen Bildungsliteratur« gezählt wird, ist das »Formação Política do Brasil Contemporâneo«, das erst 1942 erschien. Ich nenne allerdings hier das weniger wichtige Buch von Caio Prado Júnior aus dem Jahr 1933, um das intellektuelle Klima zu rekonstruieren, in dem das vorliegende Buch erschienen ist.

37 Die weiteren Ausgaben erschienen ohne den Untertitel und sind um weitere Essays des Autors ergänzt. Prado Júnior, Caio: Evolução Política do Brasil e outros Estudos. São Pauo: Brasiliense, 1957 [1933].

38 Siehe Iglésias, Francisco: Historia e Literatura ..., S. 75.

spricht eher einer profunden Demokratisierung, die die Herrschaft einer kleinen Elite überwindet. Im Zentrum steht also nicht die soziale Umverteilung, sondern die Entschärfung der politischen Asymmetrien.

Der Text

Die heuristischen Möglichkeiten seines Genres, also des Essays, werden in *Die Wurzeln Brasiliens* umfassend erschlossen. Sérgio Buarque de Holanda wählt eine plastische Sprache, und es gelingt ihm damit, komplexe Sachverhalte in ein allgemeinverständliches Vokabular zu übersetzen. So greift er auf ausdrucksvolle Oppositionspaare wie Arbeiter und Abenteuer oder Sämann und Fliesenleger zurück, um umfassende Handlungsmuster prägnant zu beschreiben und zu typisieren. Aus den Spannungen zwischen diesen Polen ergebe sich dabei die Bewegung, die Geschichte vorantreibt. Darin wird freilich auf die Weberschen Idealtypen und die Dialektik Hegels rekurriert.[39]

Vier Motive oder Thematiken prägen *Die Wurzeln Brasiliens*: das portugiesische Kolonialsystem, das ländliche Patriarchat, der »herzliche« Mensch sowie die Aporien des brasilianischen Liberalismus. Die Auseinandersetzung mit der portugiesischen Kolonisierung erfolgt vor allem im Kapitel 1, 2. Im Kapitel 4 versucht Buarque de Holanda die spanische und portugiesische Kolonialherrschaft deutlicher zu trennen, um damit das, was vielfach als iberisches Kolonialmuster bezeichnet wird, auszudifferenzieren. Danach hätten sich die Spanier in ihren Kolonien bemüht, die »wilde Landschaft zu besiegen und sie zu Geraden auszurichten«[40]. Für Portugal indes war die Kolonie im amerikanischen Kon-

39 Cândido, Antônio: O Significado de Raízes do Brasil. S. xiv.
40 Holanda, Sérgio B. de, Die Wurzeln ..., S. 103.

tinent »sowohl für die Regierung als auch für deren Untertanen nur eine Durchgangsstation [...].«[41]

Im Gegensatz zu einem durch die protestantische Arbeitsethik geprägten Nordeuropa attestiert Buarque de Holanda den Portugiesen eine schwach entwickelte Arbeitsmoral, die »gut zur eingeschränkten Fähigkeit paßt, sich gesellschaftlich zu organisieren.«[42] Dieses Merkmal ist angeblich geschichtlich bedingt, da das Aufkommen der portugiesischen Bourgeoisie die alte Elite nicht einfach absetzte, sondern sie als parasitäre Gruppe mitsamt angestammten Privilegien fortbestehen ließ. Und dieses Defizit an gesellschaftlicher Organisation hätte auch die koloniale Herrschaft Brasiliens beeinflußt: Die Kolonisierung, die nach der Ankunft an der Küste Brasiliens im Jahr 1500 erfolgte, sei nicht genau geplant oder durchdacht gewesen: Sie »vollzog sich trotz derer, die sie unternahmen«.[43] Dort wären für Holanda nämlich »Abenteurer«, nicht »Arbeiter« am Werk gewesen.

Diese allgemeine Bewertung der portugiesischen Kolonisierung wird begründet und entsprechend den spezifischen Möglichkeiten eines Essays gut dokumentiert. Holandas Intention war es nicht, die Kolonisierung als gescheitert zu erklären, sondern die Kolonialgeschichte analytisch unter die Lupe zu nehmen, um seine Interpretation der brasilianischen Gesellschaft »auf historischen Grundlagen zu fundieren«[44].

41 Holanda, Sérgio B. de, Die Wurzeln ..., S. 107. Für eine anschauliche Diskussion der Darstellung der portugiesischen und spanischen Kolonisierung im vorliegenden Essay siehe: Vargas, Everton V.: O legado do discurso. Brasilidade e Hispanidades no Pensamento Social Brasileiro e Latino-Americano. Brasília: Min. Relações Exteriores/Fund. Alexandre de Gusmão, 2007.

42 Holanda, Sérgio B. de, Die Wurzeln ..., S. 19.

43 Holanda, Sérgio B. de, Die Wurzeln ..., S. 23.

44 Schwarz, Lilia: Sérgio Buarque de Holanda ou a »história como comprimido«: – de longa duração, S. 81. In: Revista tempo Brasileiro 149, 2002, S. 75-90.

Er bietet uns dabei einen tiefen Einblick in die Praktiken der kolonialen Verwaltung, in die wirtschaftlichen Leistungen der Kolonie und auch in den Alltag eines kastenähnlichen Systems, in dem Menschen als Weiße, Schwarze und Indios klassifiziert und entsprechend sozial eingeordnet wurden. Zugleich rekonstruiert Buarque de Holanda akkurat, wie Recht und Verwaltung eingesetzt werden, um die Eindeutigkeit dieser Klassifikation von Menschen nach sozialen und körperlichen Merkmalen wiederherzustellen, wenn sie etwa durch »Mischehen« aufzubrechen drohte.

Das Zusammenleben von Weißen und Schwarzen, Herren und Sklaven, wird anhand der Diskussion über das ländliche Patriarchat im Kapitel 3 detailliert geschildert. Hier wird das Landgut als ein in sich geschlossenes System beschrieben, in dem der Großgrundbesitzer über unbegrenzte Entscheidungsmacht verfügt. Innerhalb der Grenzen eines Landguts galt de facto – und oft auch de jure – kein anderes Recht als der Wille des Landherrn, der über das Leben seiner Familienmitglieder, seiner Sklaven und eventuell auch das von »freien« Arbeitern bestimmte, die auf dem Landgut lebten. Buarque de Holanda zeigt, daß das ländliche Patriarchat wie keine andere soziale Institution die Kolonialzeit in Brasilien kennzeichnete, und daß das Herrschaftssystem vor allem im brasilianischen Nordosten während des 16. und 17. Jahrhunderts, und zwar in der Zuckerrohrplantage, zugespitzte Formen annahm. Als *Die Wurzeln Brasiliens* erschien, wurden Morphologie und Strukturen des Landpatriarchats im Nordosten Brasiliens von Freyre bereits im Detail erforscht. Wie Buarque de Holanda selbst feststellt, wählt Freyre jedoch eine rückwärtsgewandte Perspektive, »die letztendlich dazu dient, die gröbsten Widersprüche zu versöhnen«[45] und

45 Holanda, Sérgio, B. de, Sociedade Patriarcal 2ª. parte, In: Folha da Manhã, 13.11.1951. Verfügbar in: ⟨http://almanaque.folha.uol.com.br/sergiobuarque_patriarcal2.htm⟩.

die Mißstände im Rahmen der Zuckerrohrplantage zu einem harmonischen Ganzen zu stilisieren. Im vorliegenden Essay wird das ländliche Patriarchat allerdings aus einer machtkritischen Perspektive analysiert. Demzufolge stellt das Patriarchat nicht ein bloßes ländliches Phänomen dar, es wird vielmehr als weiter reichendes Muster der Machtausübung konzipiert. Die Übermacht der Landpatriarchen unterminiert nämlich die Entfaltung eines urbanen Bürgertums mit seiner freiheitlichen politischen Kultur. Und in dem politischen Vakuum, das durch das Fehlen einer konsolidierten Stadtbourgeoisie entstand, gedeiht, so Buarque de Holanda, die »Diktatur der Landgüter« und das damit einhergehende Herrschaftsmuster:

> »Die patriarchalische Familie stellt auf diese Weise das große Modell dar, nach dem das politische Leben, die Beziehungen zwischen Herrschern und Herrschenden, zwischen Monarchen und Untertanen geformt werden sollen.«[46]

Das Patriarchat als ein umfassendes Machtsystem bildet das Umfeld, in dem sich der »herzliche Mensch« entwickelt. Der »herzliche Mensch« stellt den analytischen Kern dieses Essays dar und wird deshalb begrifflich umfassend ausgewiesen. Er entspricht einem sozialpsychologischen Idealtyp und zugleich einem Vergesellschaftungsmuster. Mit dem »herzlichen Menschen« will Buarque de Holanda weder die Großzügigkeit noch die Unschuld der Menschen in Brasilien hervorheben. Um Höflichkeit im Sinne einer ritualisierten Freundlichkeit geht es hier auch gar nicht. Mit »Herzlichkeit« meint Buarque de Holanda vielmehr den immer wiederkehrenden Versuch, jede Interaktion zu personalisieren:

46 Holanda, Sérgio B. de, Die Wurzeln ..., S. 88-89.

Gefühle müssen im Vordergrund stehen, nicht die Anonymität einer verrechtlichten Ordnung, die alle gleich zu behandeln verspricht. Der »herzliche Mensch« will als Person mit seinem Vornamen – möglichst in Verkleinerungsform mit dem Zusatz des Suffixes »nho« bzw. »nha« – und nicht als einer unter Millionen Staatsbürgern angesprochen und gemäß behandelt werden. Er entspricht einem politischen System, in dem nur Freundschaften und persönliche Loyalitäten zählen. Denn emotionsgeleitete Entscheidungsfindungen müssen weder dem Gesetz noch universalisierbaren Argumentationen folgen, ihre Begründung ist stets persönlich und situativ. Mit diesem politischen Muster geht auch die Reproduktion der Machthierarchien einher:

> »In einer herzlichen Gesellschaft hören universelle Prinzipien auf, ein Recht zu sein. Sie werden zu einer regelrechten Strafe für diejenigen, die weder die oberen Ränge in den vielgestaltigen Hierarchien besetzen, die soziale Verhältnisse organisieren, noch über Kontakte zu den Machtzentren verfügen.«[47]

Gleichzeitig ist das Handeln des »herzlichen Menschen« die einzige aussichtsreiche Antwort auf Rechtsunsicherheit; solches Handeln ist nämlich die einzige vernünftige Strategie gegenüber staatlichen Institutionen, die nicht nach berechenbaren Prinzipien der geschriebenen Regel funktionieren, sondern durch »Besitzstandesbeamten« kontrolliert werden, die partikulare Interessen der »Blut- und Herzensbande« umsetzen.[48] In diesem normativ-institutionell instabilen Umfeld versucht der »herzliche Mensch«, Konflikte zu umgehen, Unbekannte in Freunde zu verwandeln und staatliche

47 Rocha, João C. C.: The Origins and Errors of Brazilian Cordiality, S. 75. In: Portuguese Literary & Cultural Studies, 4/5, S. 65-90.
48 Holanda, Sérgio B. de, Die Wurzeln ..., S. 175.

Leistungen stets im Sinne von Gefallen und Gegengefallen zu deuten.[49] Und wenn aber doch Konflikte entstehen, fehlt das institutionelle und persönliche Repertoire, sie friedlich und argumentativ auszutragen. Vor diesem Hintergrund enden Konflikte meist tragisch. Gewaltbereitschaft ist damit also nicht das Gegenteil von Herzlichkeit: Das Gewalttätige ist dem »herzlichen Menschen« notwendig eigentümlich, da ihm jeder Antagonismus wie eine existentielle Bedrohung vorkommt.

Liberale Werte und Diskurse sollten in einer Gesellschaft, in der persönliche Willkür und Familismus vorherrschen, nichts verloren haben. Doch nicht nur in Brasilien, sondern allgemein in Lateinamerika sieht Buarque de Holanda den Rückgriff auf die liberale Rhetorik als ein unverzichtbares Legitimationsinstrument, und das ist vielleicht das tückischste Paradox, das im Buch behandelt wird. Die neuen unabhängigen Nationen konstituierten sich in Lateinamerika als souveräne Staaten im Spiegel eines europäischen *state building*, denn sie müssen nämlich die früheren Kolonialmächte in ihren Werten und Institutionen imitieren, um sich von ihnen befreien zu können. Nur: In der Geschichte Lateinamerikas fehlten die zähen Kämpfe um liberale Errungenschaften, aus denen in Europa neue politische Akteure hervorgingen bzw. sich einschlägige Verschiebungen in der Machtstruktur der Anciens régimes entwickelten. In Lateinamerika wurde Liberalismus als bloße Formel tradiert, die gemäß lokalen historischen Erfahrungen jeweils verbogen wurde: »Die magischen Worte Freiheit, Gleichheit und Brüderlichkeit wurden so interpretiert, daß sie sich an unsere

49 Vgl. Gonçalves, Guilherme L.: Função interpretativa e hermenêutica da cordialidade: alternativas descritivas da diferenciação do direito no Brasil. In: Ronaldo Porto Macedo Jr; Catarina Helena Cortada Barbieri (Hg.). Direito e interpretação: racionalidades e instituições; São Paulo: Saraiva, 2011, S. 419-437.

alten kolonialen Normen besser anpassen ließen.«[50] Dabei trennen sich Liberalismus als Diskurs und Demokratie als gelebte Herrschaftsform, weil eine kleine Minderheit, die die nationalen Unabhängigkeitskämpfe führte, die Freiheitsrhetorik zwar aufgreift und verwendet, aber doch weiterhin despotisch handelt. Liberalismus als Diskurs und Demokratie als politisches Zusammenleben könnten erst nach einer *langfristigen* Revolution und nach der Übernahme der Macht durch das Volk wieder versöhnt werden. Nach Buarque de Holanda ist die Revolution deshalb langwierig, weil die Verankerung der Demokratie in Ländern wie Brasilien sowohl die Transformation der asymmetrischen Machtstrukturen als auch einen Wandel der Persönlichkeitsstruktur des »herzlichen Menschen« verlangt. Die so vorgestellte Revolution setzt also »soziogenetische« und »psychogenetische« Veränderungen voraus.[51]

50 Holanda, Die Wurzeln ..., S. 218.

51 Waizbort erinnert zu Recht daran, daß Buarque de Holanda von der Diskussion über die Bestimmungskraft soziogenetischer und psychogenetischer Faktoren beeinflußt wurde, die in den ersten Jahrzehnten des 20. Jahrhunderts ein zentrales Forschungsthema der deutschen Sozial- und Kulturwissenschaften gewesen war. – »[Diese Diskussion geht] entlang eines Bogens, der von Georg Simmel über Max Weber, Ernst Troeltsch, Werner Sombart bis Hans Freyer, Karl Mannheim und Norbert Elias, um nur einige Namen zu nennen, reicht.« (Waizbort, Leopoldo: O mal-entendido da democracia. Sérgio Buarque de Hollanda, Raizes do Brasil, 1936, S. 41. In: Revista Brasileira de Ciências Sociais, Bd. 26, Nr. 76, 2011, S. 39-62)
Neben den deutschen Quellen ist auch die Untersuchung der Ethnologin Margareth Mead über das Verhältnis von Kultur und Persönlichkeit, die im vorliegenden Essay zitiert wird, für Buarque de Holanda einschlägig. Die Interpretation Waizborts, wonach Buarque de Holanda eine Unmöglichkeit der Demokratie in Brasilien postuliert, weil eine prinzipielle Unvereinbarkeit zwischen dem emotionalen Persönlichkeitstyp des Brasilianers und den unpersönlichen demokratischen Regeln besteht, scheint mir allerdings nicht nachvollziehbar. Denn Buarque de Holanda verdeutlicht, wie eine langfristige (»vertikale«) Re-

Die Frage ist überfällig: Ist das vorliegende Buch noch aktuell? Inwiefern hilft uns das analytische Repertoire von *Die Wurzeln Brasiliens*, ein Land zu begreifen, das im Jahr 2013 knapp 200 Millionen Einwohner zählt; ein Land, in dem die Einkommen zwar sehr ungleich verteilt sind, das aber längst nicht mehr arm ist: Seine Wirtschaft ist die sechststärkste weltweit. Und eine Agrargesellschaft ist Brasilien auch nicht mehr, über 80 % der Brasilianer leben heute in Städten; der Agrarsektor ist im Land der Primärprodukte-Exporte (wieder) mächtig, allerdings ist er nur eine unter mehreren einflußreichen gesellschaftlichen Gruppen – er ist nämlich eine Lobby, keine Oligarchie mehr. Selbst in puncto Geschlechterverhältnisse hat Brasilien in den letzten Jahrzehnten stark aufgeholt. Es bestehen hier weiterhin Ungleichheiten, aber sie sind nicht ausgeprägter als in Deutschland. Heute würden die flanierenden Paare in Hamburg unseren Autor höchstwahrscheinlich nicht mehr so irritieren. Was lehrt uns also Buarque de Holandas Werk über das gegenwärtige Brasilien?

Die Frage adressiert zwei unterschiedliche Reflexionsebenen. Es geht zunächst um eine lineare Lektüre, die fragt, ob und wie die Argumentationslinien noch Gültigkeit haben. Darüber hinaus besteht eine Herausforderung heute darin, *Die Wurzeln Brasiliens* gegen den Strich einer gewissen dekonstruktivistischen Wende in den Kultur- und Sozialwissenschaften zu interpretieren, worin Konzepte wie Nationalität, Demokratie und Universalismus, Begriffe, die über zeitlichen und räumlichen Einschränkungen zu schweben schienen, radikal historisiert werden.

volution die sozio- und psychogenetischen Voraussetzungen für Demokratie herbeiführen könnte.

Die Forschung zu den erwähnten Motiven hat sich unterschiedlich entwickelt. Die Auseinandersetzung mit der portugiesischen Kolonisierung etwa bietet heute – auch dank der späteren Arbeiten Buarque de Holandas selbst – ein viel differenzierteres Bild der Kolonialzeit und Sklaverei, als es dem Autor 1936 gegeben war. Vor allem die komplexe Aushandlung der sozialen und Machthierarchien und die Widerstandsbewegungen gegen die Kolonialherrschaft sind heute breiter erforscht. Abgesehen von der etwas atavistischen Darstellung der Portugiesen als chronisch desorganisiert, werden jedoch Buarque de Holandas Intuitionen hinsichtlich der unterschiedlichen Kolonisierungsmuster, die in den Amerikas herrschten, von der nachfolgenden Historiographie weitergehend bestätigt. Auch der langwierige Weg in die Abhängigkeit und von dort zur Etablierung der Republik wurde in den letzten Jahren intensiv untersucht. Die hohe Bedeutung, die Buarque de Holanda hier sowohl der Übersiedlung des portugiesischen Hofes nach Rio de Janeiro im Jahr 1808 als auch dem brasilianischen Kaiserreich (1822-1889) für die spätere Staatsbildung beimißt, ist immer wieder belegt und bestätigt worden. Ebenfalls bestätigt und belegt werden seine Eindrücke über die Besiedlung des brasilianischen Hinterlands. Der demystifizierende Ton, mit dem Buarque de Holanda die ersten Exploratoren, die *Bandeirantes*, bahnbrechend behandelt, bestimmt bis heute die entsprechende Historiographie.

Das Landpatriarchat war auch mehrere Jahrzehnte nach Erscheinen des vorliegenden Essays ein zentrales Motiv der brasilianischen Politikwissenschaft, die mit den Begriffen Coronelismo, Klientelismus, Caudillismus (caudilhismo) dessen politische Persistenz (und auch die Transformationen) untersucht hat. Die Erwartung, daß das politische Erwachen der urbanen Milieus und die Verallgemeinerung politischer Partizipation die Macht der Landpatriarchen schwächen würden, ist im wesentlichen eingetreten. Heute verfügen mehr als 70 % der Brasilianer über das Wahlrecht (eigentlich ist es eine Wahlpflicht) – um 1930 waren es nur etwa 5 %. Politisch spielt das Landpatriarchat in Brasilien höchstens noch eine residuale Rolle. Es gibt zwar weiterhin Korruption, Vetternwirtschaft und Kungeleien, sie sind aber nicht als eine bloße Reminiszenz zu deuten, sondern als ein strukturelles Merkmal der (modernen) Politik, wie ausgerechnet das Beispiel Deutschland, das rechtsstaatliche Vorbild Buarque de Holandas, es immer wieder bestätigt.

Das dritte Motiv, der »herzliche Mensch«, führte innerhalb der Brasilienforschung praktisch zur Gründung einer eigenen Schule oder besser gleich zweier Schulen. Die erste Interpretationsvariante konzentriert sich auf den »herzlichen Menschen« als sozialpsychologisches Muster und macht ihn zum Nukleus einer brasilianischen Identität, die über die Zeiten unverändert bleibt. Der »herzliche Mensch« ist dann nicht das historische Produkt konkreter sozialer Verhältnisse, wie Buarque de Holanda selbst es betonte, sondern eine ahistorische und essentialistische Synthese vermeintlich brasilianischer Eigenschaften.[52]

Die zweite Interpretationsvariante fragt vor allem nach dem Gesellschaftsmuster, das sich hinter diesem Begriff verbirgt. Sie geht den institutionellen und gesellschaftlichen Hindernissen nach, die die Umsetzungen allgemein geltender Normen in Brasilien (und auch in Lateinamerika) erschweren und die damit die Konsolidierung der Staatsbürgerrechte (*citizenship*) blockieren.[53]

52 Als paradigmatisches Beispiel hierfür gilt: DaMatta, Roberto: Carnivals, rogues, and heroes: an interpretation of the Brazilian dilemma. Notre Dame: Univ. of Notre Dame Press, 1991.

53 Vgl. u. v. a.: Faoro, Raymundo: Sérgio Buarque de Holanda: analista das instituições brasileiras. In Faoro, R.: A República Inacaba. São Paulo: Globo, 207, S. 267-282; Neves, Marcelo: Grenzen der demokrati-

Neuere Forschungen in diesem Feld markieren die analytischen Grenzen der Ansätze, die von einer trennscharfen Unterscheidung zwischen Familien und Staat, Legalität und Illegalität, partikularen Interessen und universellen Normen, Vormoderne und Moderne ausgehen, wie Buarque de Holanda es in Anlehnung an Max Weber postulierte. Es sind dies vor allem Forschungen auf den Gebieten der Soziologie und Ethnologie, die zeigen, daß abstrakte Normen erst im Rahmen interpersoneller Interpretationen und Aushandlungen validiert werden. Neben dem unpersönlichen Diskurs des Rechts oder der staatlichen Bürokratie findet also ein gesellschaftlicher Prozeß der Normendeutung statt, in dem kulturelles und soziales Kapital, Emotionen, persönliche Präferenzen, Netzwerke und Aushandlungsgeschick eine wichtige Rolle spielen. Insofern ist der »herzliche Mensch« nur bedingt eine Erfindung des vormodernen Brasiliens; in jeweils unterschiedlichen Ausmaßen ist Herzlichkeit, wie Buarque de Holanda es definiert, ein konstitutives Element der menschlichen Soziabilität, eben auch in modernen Gesellschaften.

Ein anschauliches Beispiel für die Schwierigkeit, dichotomische Unterscheidungen – wie die zwischen legal vs. illegal, traditionell vs. modern – durchzuhalten, liefern Studien über Warenzirkulation in den lateinamerikanischen Metropolen – unter anderem von »transnationalen« Produkten wie Notebooks oder Smartphones. Es wird dabei gezeigt, daß die Wege, die diese Produkte von ihren womöglich am anderen Ende der Welt gelegenen Produktionsorten bis zum Endkunden in der Peripherie der Großstädte Lateinamerikas absolvieren, die begrifflichen, aber auch die rechtlichen

schen Rechtsstaatlichkeit und des Föderalismus in Brasilien. Fribourg: Institut für Föderalismus, 2000.

Grenzen zwischen formeller und informeller, legaler, illegaler und sogar krimineller Wirtschaft subvertieren[54].

Indem er die Paradoxien thematisiert, die mit dem Import liberaler Werte in eine (post)koloniale Gesellschaft einhergehen, greift Buarque de Holanda etwas auf, das unter dem Begriff Mimikry[55] in heutigen kulturwissenschaftlichen Debatten wieder Relevanz erlangt hat. In den 1970er und 1980er Jahren befaßte sich der brasilianische Literaturkritiker Roberto Schwarz[56] auf folgenreiche Weise mit dem Motiv der politischen Imitation Europas. Schwarz zeigt nämlich, daß das Imitationsspiel im Kontext der Machtreproduktion verstanden werden muß: Einerseits stellt die Idealisierung Europas als Quelle der authentischen modernen Werte eine politische Selbstunterwerfung der brasilianischen und lateinamerikanischen Elite dar. Gleichzeitig aber wirken die imitierten Ideen nach innen wie eine Ideologie, die die Dominanz einer vermeintlichen europäisierten Elite auf die (noch) »nicht europäisierte« breite Masse legitimiert.

Welchen analytischen Mehrwert schließlich kann hier eine dekonstruktivistische Lektüre erzeugen? Edward Saids Theorie des Orientalismus und Stuart Halls Verweis auf die Dichotomie *the west vs. the rest* veranschaulichen auf unterschiedliche und dabei komplementäre Weise, wie die auf Reiseberichten, Mythologien und religiösen Narrativen gründende Unterscheidung zwischen dem »zivilisierten« und »modernen« Europa und dem »unzivilisierten« und »archaischen« Rest der Welt ein für die modernen Wissen-

54 Telles, Vera da S.: Ilegalismos urbanos e a cidade. In: Novos Estudos CEBRAP, 84, 2009, S. 153-173.

55 Vgl. zum Beispiel: Bhabha, Homi K. The Location of Culture. London/New York: Routledge, 1994.

56 Siehe Schwarz, Roberto: Misplaced Ideas: Essays on Brazilian Culture. London/New York: Verso Books, 1992.

schaftsdisziplinen konstitutives und noch existierendes Element ist.[57] Rein in seiner Textform betrachtet, müßten *Die Wurzeln Brasiliens* als ein Beispiel für die Bestätigung der dichotomischen Darstellung von einem modernen Europa und dem archaischen Rest der Welt gesehen werden. Schließlich setzt Buarque de Holanda die Deutungshoheit Europas bei der Definition dessen voraus, was geordnet, modern und demokratisch sei. Demzufolge stelle die brasilianische Gesellschaft das dichotomische Andere dar, sie sei amorph, archaisch, autoritär. Damit wird Brasilien zu einer schlechten Kopie Europas, die dem Original gemäß nachbearbeitet werden muß.

Eine ausgewogene Kritik darf Texte jedoch nicht ungeachtet ihres Kontextes betrachten. Bekanntermaßen sind *Die Wurzeln Brasiliens* nicht in einem poststrukturalistischen Colloquium entstanden, der Essay ist vielmehr eine Antwort auf die politischen Herausforderungen seiner Zeit – vielleicht sogar die bestmögliche. So gesehen, dekonstruiert Buarque de Holanda Herrschaftsdiskurse: der Oligarchien, der Rassisten, der Nationalromantiker. Und dabei stellt die Idealisierung Europas den unvermeidbaren Preis für die Position dar, die Buarque de Holanda annahm: Das »hyperreal Europe«[58] war der notwendige Fluchtpunkt, der dem Projekt des Aufbaus einer modernen Gesellschaft dort Orientie-

57 Vgl: Said, Edward: Orientalism, New York: Vintage, 1978; Hall, Stuart: The West and the Rest. Discourse and Power, In: Hall, Stuart/Held, David/Don, Hubert/Thompson, Kenneth (Hg.): Modernity. Introduction to the Modern Societies, Cambridge/Oxford: Blackwell, 1996, S. 185-227.

58 Chakrabarty, Dipesh: Provincializing Europe. Postcolonial Thought and Historical Difference. Princeton: Princeton Univ. Press, 2007, 2. Auflage, S. 45. »Europa« steht hier eigentlich für einen imaginierten Westen, da es Buarque de Holanda darum ging, Brasilien in einem breiteren Zusammenhang zu positionieren, in dem neben Europa die USA und die Länder Lateinamerikas wichtige Referenzen waren.

rung bot, wo Kolonialismus, Sklaverei und Landpatriarchat vor allem Trümmer hinterlassen hatten.

Werfen wir heute, 77 Jahre nach dem Erscheinen von *Die Wurzeln Brasiliens*, einen Blick auf Brasilien, dann ergibt sich eine klare Bilanz. Unter den vier Gesellschaftsprogrammen, die in den 1930er Jahren verhandelt wurden und die weiter oben gleichsam stellvertretend durch die entsprechenden Werke von Oliveira Vianna, Gilberto Freyre, Caio Prado Júnior und Sérgio Buarque de Holanda illustriert wurden, kommen Holandas Vorstellungen dem modernen und urbanen Brasilien des Jahres 2013 am nächsten.

Das Denken Oliveira Viannas inspirierte zwar autoritäre Machthaber wie Getúlio Vargas und Golbery do Couto Silva[59], den Politikstrategen der Militärdiktatur. Sein rassistisch fundiertes Herrschaftsprojekt ist allerdings nie Wirklichkeit geworden. Der von Freyre idealisierten Mischungsnation kommt historisch eine entscheidende Rolle bei der Überwindung des biologischen Rassismus zu. Der Mestizisierungsdiskurs prägt fortgesetzt das Selbstbild vieler Brasilianer. Doch im heutigen Brasilien scheinen die ethnischen Gruppen, die der Mestizisierungsdiskurs im Laufe der Geschichte zusammenfügen wollte, wieder ihren eigenen Platz in einer multiethnischen Nation finden zu wollen. Sie sehen in diesem Diskurs vor allem eine Ideologie, die die Unterdrückung der Schwarzen und Indigenen legitimiert. Die Überwindung der Klassengesellschaft, mit der die marxistische Sicht Caio Prado Júniors in gewisser Weise zusammenhängt, hat bekanntlich ebensowenig stattgefunden. Dennoch nimmt der Appell zur Entschärfung der sozialen Ungleichheiten – unter Beibehaltung des Kapitalismus, wie Buarque de Holanda es bevorzugt hätte – einen prominenten Platz

59 In einem Interview aus dem Jahr 1981 sagte Holanda: »Bis heute glaubt Golbery blind an alles, was Oliveira Vianna geschrieben hat.« Siehe: Holanda, Sérgio B. de: Corpo e Alma do Brasil, S. 11.

in der politischen Agenda Brasiliens ein: Er ist, wie die Sache der liberalen Werte im 19. Jahrhundert, das Idealbild einer Welt, das der gelebten Erfahrung konkreter Menschen in Brasilien – bislang – fremd und fern bleibt.